Frau Dalloway

Virginia Woolf

Writat

Diese Ausgabe erschien im Jahr 2024

ISBN: 9789359940618

Herausgegeben von
Writat
E-Mail: info@writat.com

FRAU. DALLOWAY

Mrs. Dalloway sagte, sie würde die Blumen selbst kaufen.

Denn Lucy hatte eine Menge Arbeit vor sich. Die Türen würden aus den Angeln gehoben; Rumpelmayers Männer kamen. Und dann, dachte Clarissa Dalloway, was für ein Morgen – frisch, als wäre er an Kinder am Strand verteilt.

Was für ein Spaß! Was für ein Sprung! Denn so war es ihr immer vorgekommen, als sie mit einem leisen Quietschen der Angeln, das sie jetzt hören konnte, die französischen Fenster aufsprengte und sich auf Bourton ins Freie stürzte. Wie frisch, wie ruhig, natürlich ruhiger war die Luft am frühen Morgen; wie der Schlag einer Welle; der Kuss einer Welle; kühl und scharf und doch (für ein achtzehnjähriges Mädchen, wie sie damals war) ernst, als sie am offenen Fenster stand und das Gefühl hatte, dass etwas Schreckliches passieren würde; Ich schaue auf die Blumen, auf die Bäume, von denen der Rauch wegweht, und auf die Türken, die auf- und absteigen; stand da und schaute, bis Peter Walsh sagte: „Nachdenklich im Gemüse?" – war es das? – „Mir sind Männer lieber als Blumenkohl" – war es das? Er muss es eines Morgens beim Frühstück gesagt haben, als sie auf die Terrasse gegangen war – Peter Walsh. Eines Tages, im Juni oder Juli, würde er aus Indien zurückkommen, was sie vergessen hatte, denn seine Briefe waren furchtbar langweilig; es waren seine Worte, an die man sich erinnerte; seine Augen, sein Taschenmesser, sein Lächeln, seine Mürrischkeit und, als Millionen von Dingen völlig verschwunden waren – wie seltsam es war! – ein paar Sprüche wie diese über Kohlköpfe.

Sie versteifte sich ein wenig auf dem Bordstein und wartete darauf, dass Durtnalls Van vorbeifuhr. Scrope Purvis hielt sie für eine charmante Frau (er kannte sie so, wie man Leute kennt, die in Westminster nebenan wohnen); ein Hauch des Vogels um sie herum, des Eichelhähers, blaugrün, hell, lebhaft, obwohl sie über fünfzig war und seit ihrer Krankheit sehr weiß geworden war. Dort saß sie, ohne ihn zu sehen, und wartete darauf, ihn zu überqueren, sehr aufrecht.

Dafür, dass ich schon seit wie vielen Jahren in Westminster lebe? über zwanzig – man hat das Gefühl, dass Clarissa selbst mitten im Verkehr oder beim Aufwachen in der Nacht positiv war, eine besondere Stille oder Feierlichkeit; eine unbeschreibliche Pause; eine Spannung (aber das könnte ihr Herz sein, das angeblich von der Grippe betroffen war), bevor Big Ben zuschlägt. Dort! Es boomte. Zuerst eine Warnung, musikalisch; dann die Stunde, unwiderruflich. Die bleiernen Kreise lösten sich in der Luft auf. Was für Idioten wir sind, dachte sie, als sie die Victoria Street überquerte. Denn der Himmel weiß nur, warum man es so liebt, wie man es so sieht, wie man es erfindet, es um einen herum aufbaut, es umwälzt, es jeden Moment aufs Neue erschafft; aber die allerärmsten Trottel, die niedergeschlagensten Elendskinder, die auf der Türschwelle sitzen (trinken ihren Untergang), tun dasselbe; Sie war sich sicher, dass diese Probleme nicht durch Gesetze des Parlaments geregelt werden können, und zwar aus genau diesem Grund: Sie lieben das Leben. In den Augen der Menschen, im Schaukeln, Trampeln und Stapfen; im Gebrüll und im Aufruhr; die Kutschen, Autos, Omnibusse, Lieferwagen, Sandwichmänner, die schlurfen und schaukeln; Blaskapellen; Drehorgeln; Sie liebte den Triumph, das Geklingel und den seltsam hohen Gesang eines Flugzeugs über ihnen; Leben; London; dieser Moment im Juni.

Denn es war Mitte Juni. Der Krieg war vorbei, außer dass sich jemand wie Mrs. Foxcroft gestern Abend in der Botschaft das Herz aus dem Leib gefressen hat, weil dieser nette Junge getötet wurde, und jetzt muss das alte Herrenhaus an einen Cousin gehen; oder Lady Bexborough, die mit dem Telegramm in der Hand einen Basar eröffnete und John, ihren Liebling , tötete; aber es war vorbei; Dem Himmel sei Dank – vorbei. Es war Juni. Der König und die Königin waren im Palast. Und überall, obwohl es noch so früh war, gab es Schläge, ein Rühren galoppierender Ponys und das Klopfen von Cricketschlägern; Lords, Ascot, Ranelagh und alles andere; eingehüllt in das weiche Geflecht der graublauen Morgenluft, die sie im Laufe des Tages entfaltete und die hüpfenden Ponys auf ihren Rasenflächen und Spielfeldern absetzte, deren Vorderfüße gerade den Boden berührten und sie wirbelnd aufsprangen junge Männer und lachende Mädchen in ihren durchsichtigen Musselinanzügen, die selbst jetzt, nachdem sie die ganze Nacht durchgetanzt hatten, mit ihren absurden Wollhunden einen Lauf machten; und selbst jetzt, zu dieser Stunde, schossen diskrete alte Witwen in ihren Autos auf mysteriöse Besorgungen hinaus; und die Ladenbesitzer fummelten in ihren Schaufenstern herum mit ihrer Paste und ihren Diamanten, ihren schönen alten meergrünen Broschen in Fassungen aus dem 18. Jahrhundert, um die Amerikaner zu verführen (aber man muss sparen , darf nicht voreilig Dinge für Elizabeth kaufen), und auch sie liebte es Da sie es mit einer absurden und treuen Leidenschaft tat und Teil davon war, da ihr Volk zur Zeit der Georges einst Höflinge war, ging auch sie noch in dieser Nacht hin, um zu entzünden und zu erleuchten; um ihr eine Party zu geben. Aber wie seltsam war die Stille beim Betreten des Parks; der Nebel; das Summen; die langsam schwimmenden, fröhlichen Enten; die Vögel im Beutel watscheln; und wer sollte mit dem Rücken zu den Regierungsgebäuden kommen, und zwar am passendsten, mit einem Briefkasten mit dem Stempel des königlichen Wappens, wer außer Hugh Whitbread; ihr alter Freund Hugh – der bewundernswerte Hugh!

„Guten Morgen, Clarissa!" sagte Hugh ziemlich übertrieben, denn sie kannten sich schon als Kinder. "Wo willst du hin?"

„Ich liebe es, in London spazieren zu gehen", sagte Mrs. Dalloway. „Wirklich, es ist besser, als durch das Land zu laufen."

Sie waren – leider – gerade erst hergekommen, um einen Arzt aufzusuchen. Andere Leute kamen, um sich Bilder anzusehen; in die Oper gehen; nimm ihre Töchter mit; Die Whitbreads kamen, „um Ärzte aufzusuchen". Zahllose Male hatte Clarissa Evelyn Whitbread in einem Pflegeheim besucht. War Evelyn wieder krank? „Evelyn sei ziemlich verstimmt", sagte Hugh und deutete dies durch eine Art Schmollmund oder Anschwellen seines sehr gut bedeckten, männlichen, äußerst gutaussehenden, perfekt gepolsterten Körpers an (er war fast immer zu gut gekleidet, musste es aber vermutlich sein, mit seinem kleinen Job am Hof), dass seine Frau ein inneres Leiden hatte, nichts Ernstes, was Clarissa Dalloway als alte Freundin durchaus verstehen würde, ohne dass er es näher erläutern müsste. Ach ja, das tat sie natürlich; was für ein Ärgernis; und fühlte sich gleichzeitig sehr schwesterlich und seltsam bewusst, was ihren Hut anging. Nicht der richtige Hut für den frühen Morgen, oder? Denn Hugh gab ihr immer das Gefühl, während er geschäftig voranging, seinen Hut etwas übertrieben lüftete und ihr versicherte, dass sie ein Mädchen von achtzehn Jahren sein könnte, und natürlich würde er heute Abend zu ihrer Party kommen, Evelyn bestand unbedingt darauf, nur etwas spät vielleicht war er hinter der Party im Palast her, zu der er einen von Jims Jungen mitnehmen musste – neben Hugh kam sie sich immer ein wenig dürftig vor; schulmädchenhaft; aber sie hing an ihm, teilweise weil sie ihn schon immer gekannt hatte, aber sie hielt ihn auf seine Weise für einen guten Kerl, obwohl Richard von ihm fast in den Wahnsinn getrieben wurde, und was Peter Walsh betraf, hatte er ihr bis heute nie verziehen, dass sie ihn mochte ihn.

Sie konnte sich an eine Szene nach der anderen in Bourton erinnern – Peter war wütend; Hugh war natürlich in keiner Weise sein Gegenstück, aber immer noch kein wirklicher Idiot, wie Peter es ausdrückte; kein bloßer Friseursalon. Als seine alte Mutter wollte, dass er das Schießen aufgab oder mit ihr nach Bath ging , tat er es wortlos; Er war wirklich selbstlos, und was die Aussage von Peter angeht, dass er kein Herz, keinen Verstand, nichts als die Manieren und die Erziehung eines englischen Gentlemans habe, so war das nur ihr lieber Peter in seiner schlimmsten Form; und er könnte unerträglich sein; er könnte unmöglich sein; Aber an einem Morgen wie diesem ist es bezaubernd, mit ihm spazieren zu gehen.

(Der Juni hatte jedes Blatt an den Bäumen herausgezogen. Die Mütter von Pimlico säugten ihre Jungen. Von der Flotte gingen Nachrichten an die

Admiralität. Arlington Street und Piccadilly schienen die Luft im Park zu erhitzen und ihre Blätter heiß zu heben. brillant, auf Wellen dieser göttlichen Vitalität, die Clarissa liebte. Zu tanzen, zu reiten, das hatte sie alles geliebt.)

Denn sie und Petrus könnten für Hunderte von Jahren getrennt sein; Sie hat nie einen Brief geschrieben und seine Briefe waren trocken; aber plötzlich überkam sie der Gedanke: Wenn er jetzt bei mir wäre, was würde er sagen? – An manchen Tagen, bei manchen Anblicken brachte er ihn ruhig zu ihr zurück, ohne die alte Bitterkeit; was vielleicht die Belohnung dafür war, sich um die Menschen gekümmert zu haben; Sie kamen an einem schönen Morgen mitten im St. James's Park zurück – tatsächlich. Aber Peter – so schön der Tag auch sein mochte, die Bäume und das Gras und das kleine Mädchen in Rosa – Peter hat von all dem nie etwas gesehen. Er würde seine Brille aufsetzen, wenn sie es ihm befahl; er würde schauen. Es war der Zustand der Welt, der ihn interessierte; Wagner, die Poesie des Papstes, die Charaktere aller Menschen und die Mängel ihrer eigenen Seele. Wie er sie beschimpfte! Wie sie gestritten haben! Sie würde einen Premierminister heiraten und oben auf einer Treppe stehen; Er nannte sie die perfekte Gastgeberin (sie hatte darüber in ihrem Schlafzimmer geweint), sie habe das Zeug zur perfekten Gastgeberin, sagte er.

Also würde sie sich immer noch im St. James's Park streiten und immer noch behaupten, dass sie Recht gehabt hatte – und das hatte sie auch –, ihn nicht zu heiraten. Denn in der Ehe muss es eine kleine Freiheit , ein wenig Unabhängigkeit zwischen Menschen geben, die Tag für Tag im selben Haus zusammenleben; was Richard ihr gab, und sie ihm. (Wo war er zum Beispiel heute Morgen? Irgendein Ausschuss, sie hat nie gefragt, was.) Aber mit Peter musste alles geteilt werden; alles hineingegangen. Und es war unerträglich, und als es zu dieser Szene in dem kleinen Garten am Brunnen kam, musste sie mit ihm brechen, sonst wären sie zerstört worden, beide ruiniert, war sie überzeugt; obwohl sie den Kummer und die Qual jahrelang mit sich herumgetragen hatte wie ein Pfeil, der in ihrem Herzen steckte; Und dann der Schrecken des Augenblicks, als ihr jemand auf einem Konzert erzählte, dass er eine Frau geheiratet hatte, die er auf dem Boot nach Indien kennengelernt hatte! Das alles sollte sie nie vergessen! Kalt, herzlos, prüde nannte er sie. Sie konnte nie verstehen, wie sehr er sich darum kümmerte. Aber diese indischen Frauen haben es vermutlich getan – dumme, hübsche, fadenscheinige Trottel. Und sie hat ihr Mitleid verschwendet. Denn er sei ganz glücklich, versicherte er ihr – vollkommen glücklich, obwohl er nie etwas getan habe, worüber sie gesprochen hätten; sein ganzes Leben war ein Misserfolg gewesen. Es machte sie immer noch wütend.

Sie hatte die Parktore erreicht. Sie stand einen Moment da und betrachtete die Omnibusse in Piccadilly.

Sie würde jetzt von niemandem auf der Welt sagen, dass er dies oder das sei. Sie fühlte sich sehr jung; zugleich unsagbar gealtert. Sie schnitt wie ein Messer durch alles; war gleichzeitig draußen und schaute zu. Während sie die Taxis beobachtete, hatte sie ständig das Gefühl, draußen zu sein, draußen, weit draußen auf dem Meer und allein; Sie hatte immer das Gefühl, dass es sehr, sehr gefährlich sei, auch nur einen Tag zu leben. Nicht, dass sie sich selbst für schlau oder außergewöhnlich gehalten hätte. Wie sie mit den wenigen Wissenszweigen, die Fräulein Daniels ihnen gab, durchs Leben gekommen war, konnte sie sich nicht vorstellen. Sie wusste nichts; keine Sprache, keine Geschichte; sie las jetzt kaum noch ein Buch, außer Memoiren im Bett; und doch war es für sie absolut fesselnd; all das; die vorbeifahrenden Taxis; und sie würde nicht von Petrus sagen, sie würde nicht von sich selbst sagen: Ich bin dies, ich bin das.

Ihre einzige Gabe bestand darin, Menschen fast instinktiv zu kennen, dachte sie, während sie weiterging. Wenn man sie mit jemandem in ein Zimmer steckte , hob sich ihr Rücken wie der einer Katze; oder sie schnurrte. Devonshire House, Bath House, das Haus mit dem Porzellankakadu , sie hatte sie alle einmal erleuchtet gesehen; und erinnerte sich an Sylvia, Fred, Sally Seton – so viele Menschen; und die ganze Nacht tanzen; und die Wagen, die vorbei zum Markt stapfen; und durch den Park nach Hause fahren . Sie erinnerte sich, dass sie einmal einen Schilling in die Serpentine geworfen hatte. Aber jeder erinnerte sich; Was sie liebte, war dies, hier, jetzt, vor ihr; die dicke Dame im Taxi. Spielte es dann eine Rolle, fragte sie sich, als sie in Richtung Bond Street ging, spielte es eine Rolle, dass sie unweigerlich ganz aufhören musste? das alles muss ohne sie weitergehen; war sie darüber verärgert? Oder war es nicht tröstlich zu glauben, dass der Tod endgültig endete? aber dass sie irgendwie in den Straßen von London, im Auf und Ab der Dinge, hier und da, überlebte, Peter überlebte, ineinander lebte, sie war, davon war sie überzeugt, ein Teil der Bäume zu Hause; von dem Haus dort, so hässlich und verfallen es auch war; ein Teil von Menschen, die sie nie getroffen hatte; Wie ein Nebel lag sie zwischen den Menschen, die sie am besten kannte, die sie auf ihren Ästen trugen, wie sie gesehen hatte, wie die Bäume den Nebel aufhoben, aber er breitete sich immer weiter aus, ihr Leben, sie selbst. Aber was träumte sie, als sie in das Schaufenster von Hatchards blickte? Was versuchte sie wiederherzustellen? Was für ein Bild der weißen Morgendämmerung im Land, wie sie in dem aufgeschlagenen Buch las:

Fürchten Sie sich nicht mehr vor der Hitze der Sonne

Auch nicht die Wut des wütenden Winters.

Dieses späte Zeitalter der Welterfahrung hatte in ihnen allen, allen Männern und Frauen, eine Quelle der Tränen hervorgebracht. Tränen und Sorgen; Mut und Ausdauer; eine vollkommen aufrechte und stoische Haltung. Denken Sie zum Beispiel an die Frau, die sie am meisten bewunderte, Lady Bexborough, als sie den Basar eröffnete.

Es gab Jorrocks ' *Ausflüge und Vergnügungen* ; Es gab *Soapy Sponge* und Mrs. Asquith's *Memoirs* and *Big Game Shooting in Nigeria* , alle aufgeschlagen. Es gab so viele Bücher; Aber keines schien genau das Richtige für Evelyn Whitbread in ihrem Pflegeheim zu sein. Nichts, was dazu dienen könnte, sie zu amüsieren und die unbeschreiblich ausgetrocknete kleine Frau, als Clarissa eintrat, für einen Moment herzlich aussehen zu lassen; bevor sie sich auf das übliche endlose Gespräch über Frauenleiden einließen. Wie sehr sie sich das wünschte – dass die Leute bei ihrem Eintreten zufrieden aussahen, dachte Clarissa, drehte sich um und ging verärgert zurück zur Bond Street, weil es albern war, andere Gründe dafür zu haben. Viel lieber wäre sie einer dieser Menschen wie Richard gewesen, die Dinge für sich selbst täten, während sie, dachte sie, während sie darauf wartete, die Grenze zu überschreiten, die Hälfte der Zeit Dinge nicht einfach, nicht für sich selbst tat; sondern um die Leute dazu zu bringen, dies oder das zu denken; vollkommene Idiotie, das wusste sie (und jetzt hob der Polizist die Hand), denn niemand ließ sich auch nur eine Sekunde lang darauf ein. Oh , wenn sie ihr Leben noch einmal hätte haben können! dachte sie, als sie den Bürgersteig betrat, es hätte sogar anders aussehen können!

Erstens wäre sie dunkel wie Lady Bexborough gewesen, mit einer Haut aus zerknittertem Leder und wunderschönen Augen. Sie wäre, wie Lady Bexborough, langsam und stattlich gewesen; eher groß; wie ein Mann an Politik interessiert; mit einem Landhaus; sehr würdevoll, sehr aufrichtig. Stattdessen hatte sie eine schmale Figur aus Erbsenstäbchen; ein lächerliches kleines Gesicht, ein Schnabel wie der eines Vogels. Dass sie sich gut hielt, stimmte; und hatte schöne Hände und Füße; und gut gekleidet, wenn man bedenkt, dass sie wenig ausgegeben hat. Aber oft schien dieser Körper, den sie jetzt trug (sie blieb stehen, um ein niederländisches Bild zu betrachten), dieser Körper mit all seinen Fähigkeiten nichts – überhaupt nichts. Sie hatte das seltsame Gefühl, selbst unsichtbar zu sein; ungesehen; Unbekannt; Jetzt gibt es kein Heiraten mehr, keine Kinder mehr, sondern nur noch diesen erstaunlichen und ziemlich feierlichen Fortschritt mit den anderen, die Bond Street hinauf, das hier ist Mrs. Dalloway; nicht einmal Clarissa mehr ; Dies ist Frau Richard Dalloway.

Die Bond Street faszinierte sie; Bond Street am frühen Morgen der Saison; seine Fahnen wehen; seine Geschäfte; kein Spritzer; kein Glitzer; eine Rolle

Tweed in dem Laden, in dem ihr Vater fünfzig Jahre lang seine Anzüge gekauft hatte; ein paar Perlen; Lachs auf einem Eisblock .

„Das ist alles", sagte sie und blickte auf den Laden des Fischhändlers . „Das ist alles", wiederholte sie und blieb einen Moment am Schaufenster eines Handschuhgeschäfts stehen, in dem man vor dem Krieg nahezu perfekte Handschuhe kaufen konnte. Und ihr alter Onkel William pflegte zu sagen, eine Frau erkennt man an ihren Schuhen und Handschuhen. Eines Morgens, mitten im Krieg, hatte er sein Bett umgedreht. Er hatte gesagt: „Ich habe genug." Handschuhe und Schuhe; sie hatte eine Leidenschaft für Handschuhe; Aber ihre eigene Tochter, ihre Elisabeth, kümmerte sich überhaupt nicht um sie beide.

Kein Strohhalm, dachte sie, als sie die Bond Street hinauf zu einem Laden ging, wo Blumen für sie aufbewahrt wurden, wenn sie eine Party gab. Elizabeth kümmerte sich wirklich am meisten um ihren Hund. Das ganze Haus roch heute Morgen nach Teer. Trotzdem, besser armer Grizzle als Miss Kilman; Besser sind Staupe und Teer und all das, als miauend mit einem Gebetbuch in einem stickigen Schlafzimmer zu sitzen! Besser alles, war sie geneigt zu sagen. Aber es könnte nur eine Phase sein, wie Richard sagte, wie sie alle Mädchen durchmachen. Es könnte sein, dass man sich verliebt. Aber warum mit Miss Kilman? der natürlich schlecht behandelt worden war; Das muss man berücksichtigen, und Richard sagte, sie sei sehr fähig und habe einen wirklich historischen Geist. Jedenfalls waren sie unzertrennlich, und Elisabeth, ihre eigene Tochter, ging zur Kommunion; und wie sie sich kleidete, wie sie die Leute behandelte, die zum Mittagessen kamen, war ihr völlig egal, da sie die Erfahrung gemacht hatte, dass die religiöse Ekstase die Menschen gefühllos machte (ebenso wie die Ursachen); trübte ihre Gefühle, denn Miss Kilman würde alles für die Russen tun, hungerte für die Österreicher, verübte aber privat tatsächlich Folter, so gefühllos war sie, gekleidet in einen grünen Regenmantel. Jahr für Jahr trug sie diesen Mantel; sie schwitzte; Sie war nie fünf Minuten lang im Raum, ohne dass Sie ihre Überlegenheit, Ihre Unterlegenheit spürten. wie arm sie war; wie reich du warst; Wie sie in einem Slum ohne Kissen, Bett, Teppich oder was auch immer lebte, ihre ganze Seele verrostet von diesem Kummer, ihrer Entlassung aus der Schule während des Krieges – armes, verbittertes, unglückliches Geschöpf! Denn nicht sie wurde gehasst, sondern die Vorstellung von ihr, die zweifellos viel in sich gesammelt hatte, was nicht Miss Kilman war; war zu einem dieser Gespenster geworden , mit denen man nachts kämpft; eines dieser Gespenster , die rittlings auf uns stehen und die Hälfte unseres Lebensblutes aufsaugen, Herrscher und Tyrannen; Denn ohne Zweifel hätte sie bei einem weiteren Würfelwurf Miss Kilman geliebt, wenn Schwarz oben und nicht Weiß gewesen wäre! Aber nicht in dieser Welt. NEIN.

Es machte sie jedoch wahnsinnig, dieses brutale Monster in sich zu sehen! das Knacken von Zweigen zu hören und zu spüren, wie Hufe in die Tiefen dieses mit Blättern bedeckten Waldes gepflanzt werden, die Seele; niemals ganz zufrieden oder ganz sicher zu sein, denn jeden Moment würde das Tier sich aufregen, dieser Hass, der, besonders seit ihrer Krankheit, die Macht hatte, ihr das Gefühl zu geben, aufgeschürft zu sein, Schmerzen in ihrem Rückgrat zu haben; verursachte ihr körperliche Schmerzen und ließ alle Freude an der Schönheit, an der Freundschaft, am Wohlergehen, daran, geliebt zu werden und ihr Zuhause lieblich zu machen, schaukeln, zittern und beugen, als ob tatsächlich ein Monster an den Wurzeln wühlte, als ob die ganze Palette Der Inhalt war nichts als Selbstliebe ! dieser Hass!

Unsinn, Unsinn! „„ schrie sie vor sich hin und stieß die Schwingtüren von Mulberry's, dem Floristen, auf.

Sie kam leicht, groß und sehr aufrecht und wurde sofort von der knopfgesichtigen Miss Pym begrüßt, deren Hände immer leuchtend rot waren, als ob sie mit den Blumen in kaltes Wasser gestellt worden wären.

Es gab Blumen: Rittersporn, Wicken, Fliederbüschel; und Nelken, jede Menge Nelken. Es gab Rosen; Es gab Schwertlilien. Ach ja – also atmete sie den erdigen, süßen Gartenduft ein, während sie dastand und sich mit Miss Pym unterhielt, die ihr Hilfe schuldig war und sie für freundlich hielt, denn sie war vor Jahren freundlich gewesen; sehr nett, aber dieses Jahr sah sie älter aus, als sie zwischen den Schwertlilien und Rosen den Kopf von einer Seite zur anderen drehte und mit halb geschlossenen Augen Fliederbüschel nickte und nach dem Straßenlärm den köstlichen Duft und die exquisite Kühle einatmete. Und als sie dann die Augen öffnete, sahen die Rosen so frisch aus wie gerüschtes Leinen, das frisch aus einer in Korbkörben gelegten Wäsche stammte; und dunkel und frisch die roten Nelken, die ihre Köpfe hochhalten; und all die Wicken breiteten sich in ihren Schalen aus, violett gefärbt, schneeweiß, blass – als wäre es Abend und Mädchen in Musselinkleidern kämen nach dem herrlichen Sommertag mit seinem fast blauschwarzen Himmel heraus, um Wicken und Rosen zu pflücken , seine Rittersporn, seine Nelken, seine Aronstablilien waren vorbei; und es war der Moment zwischen sechs und sieben, in dem jede Blume – Rosen, Nelken, Schwertlilien, Flieder – leuchtet; weiß, violett, rot, tieforange; jede Blume scheint von selbst zu brennen, sanft, rein in den nebligen Beeten; Und wie sehr sie es liebte, wie die grauweißen Falter über dem Kirschkuchen und über den Nachtkerzen ein- und ausschwirrten!

Und als sie anfing, mit Miss Pym von Glas zu Glas zu gehen und Unsinn, Unsinn auszuwählen, sagte sie sich immer sanfter, als ob diese Schönheit, dieser Duft, diese Farbe und Miss Pym sie mochten und ihr vertrauten: waren eine Welle, die sie über sich ergießen ließ und diesen Hass, dieses Ungeheuer, überwand alles; und es hob sie immer weiter, als – oh! ein Pistolenschuss draußen auf der Straße!

„Meine Güte, diese Autos", sagte Miss Pym, ging zum Fenster, um nachzuschauen, und kam zurück und lächelte entschuldigend, die Hände voller Zuckererbsen, als ob diese Autos, diese Autoreifen allein *ihre Schuld* wären .

Die heftige Explosion, die Mrs. Dalloway dazu brachte, zusammenzuzucken und Miss Pym zum Fenster zu gehen und sich zu entschuldigen, kam von einem Auto, das genau gegenüber von Mulberrys Schaufenster an den Straßenrand gefahren war. Passanten, die natürlich stehen blieben und starrten, hatten gerade noch Zeit, auf der taubengrauen Polsterung ein äußerst bedeutsames Gesicht zu erkennen, bevor eine männliche Hand die Jalousie zog und außer einem Taubenquadrat nichts mehr zu sehen war grau.

Doch sofort kursierten Gerüchte von der Mitte der Bond Street zur Oxford Street auf der einen Seite und zu Atkinsons Parfümerie auf der anderen Seite, die unsichtbar und unhörbar vorüberzogen wie eine Wolke, schnell und schleierartig über Hügel herabsinkend, tatsächlich mit einer gewissen Kraft die plötzliche Nüchternheit und Stille einer Wolke auf Gesichtern, die noch eine Sekunde zuvor völlig unordentlich gewesen waren. Aber jetzt hatte das Geheimnis sie mit seinen Flügeln berührt; sie hatten die Stimme der Autorität gehört; Der Geist der Religion war weit verbreitet, ihre Augen waren fest verbunden und ihre Lippen weit geöffnet. Aber niemand wusste, wessen Gesicht gesehen worden war. War es das des Prinzen von Wales, der Königin, des Premierministers? Wessen Gesicht war es? Niemand wusste.

Edgar J. Watkiss sagte mit seiner Rolle aus Bleipaspeln um den Arm hörbar, natürlich humorvoll: „Der Kyar des Proime- Ministers ."

Septimus Warren Smith, der nicht passieren konnte, hörte ihn.

Septimus Warren Smith, etwa dreißig Jahre alt, blass im Gesicht, mit Schnabelnase, in braunen Schuhen und einem schäbigen Mantel, mit haselnussbraunen Augen, in denen jener Ausdruck der Besorgnis lag, der auch völlig Fremde beunruhigt. Die Welt hat ihre Peitsche erhoben; Wohin wird es hinabsteigen?

Alles war zum Stillstand gekommen. Das Pochen der Motoren klang wie ein Puls, der unregelmäßig durch einen ganzen Körper trommelt. Die Sonne wurde außerordentlich heiß, weil das Auto vor dem Schaufenster von Mulberry angehalten hatte; alte Damen breiteten auf den Dächern von Omnibussen ihre schwarzen Sonnenschirme aus; hier ein grüner, hier ein roter Sonnenschirm öffnete sich mit einem kleinen Knall. Mrs. Dalloway, die mit den Armen voller Zuckererbsen ans Fenster trat, schaute mit fragend gespitztem rosa Gesicht hinaus. Jeder schaute auf das Auto. Septimus schaute. Jungen auf Fahrrädern sprangen davon. Der Verkehr staute sich. Und da stand das Auto, mit heruntergelassenen Jalousien und darauf ein merkwürdiges Muster wie ein Baum, dachte Septimus, und dieses allmähliche Zusammenziehen von allem zu einem Mittelpunkt vor seinen Augen, als wäre ein Schrecken fast an die Oberfläche gekommen und würde verschwinden kurz davor, in Flammen aufzugehen, versetzte ihn in Angst und Schrecken. Die Welt schwankte und bebte und drohte in Flammen aufzugehen. Ich bin es, der den Weg versperrt, dachte er. Wurde er nicht angeschaut und auf ihn gezeigt? Wurde er dort nicht zu einem bestimmten Zweck wie angewurzelt auf das Pflaster geworfen? Aber zu welchem Zweck?

„Lass uns weitermachen, Septimus", sagte seine Frau, eine kleine Frau mit großen Augen in einem blassen, spitzen Gesicht; ein italienisches Mädchen.

Aber Lucrezia selbst konnte nicht umhin, das Auto und das Baummuster auf den Jalousien zu betrachten. War es die Königin da drin – die Königin, die einkaufen ging?

Der Chauffeur, der etwas geöffnet, gedreht, etwas verschlossen hatte, stieg auf die Kiste.

„Komm schon", sagte Lucrezia.

Aber ihr Mann, denn sie waren jetzt schon vier, fünf Jahre verheiratet, sprang auf, zuckte zusammen und sagte: „Alles klar!" wütend, als hätte sie ihn unterbrochen.

Die Leute müssen es bemerken; Die Leute müssen sehen. Menschen, dachte sie und blickte auf die Menge, die das Auto anstarrte; das englische Volk mit seinen Kindern, seinen Pferden und seiner Kleidung, die sie in gewisser Weise bewunderte; aber sie waren jetzt „Menschen", weil Septimus gesagt hatte: „Ich werde mich umbringen"; Es ist schrecklich, das zu sagen. Angenommen, sie hätten ihn gehört? Sie blickte auf die Menge. Hilfe Hilfe! sie wollte zu den Metzgerjungen und -frauen rufen. Helfen! Erst letzten Herbst hatten sie und Septimus in demselben Umhang gehüllt am Ufer gestanden, und als Septimus eine Zeitung las, anstatt zu reden, hatte sie sie ihm aus der Hand gerissen und dem alten Mann, der sie sah, ins Gesicht gelacht! Aber Misserfolge verschweigt man. Sie muss ihn in einen Park mitnehmen.

„Jetzt werden wir überqueren", sagte sie.

Sie hatte ein Recht auf seinen Arm, wenn auch ohne Gefühl. Er würde ihr, die so einfach und impulsiv war, erst vierundzwanzig, ohne Freunde in England, die Italien seinetwegen verlassen hatte, ein Stück Knochen geben.

Das Auto fuhr mit heruntergelassenen Jalousien und einer Miene unergründlicher Zurückhaltung in Richtung Piccadilly, immer noch angestarrt, immer noch mit dem gleichen dunklen Hauch der Verehrung, der die Gesichter auf beiden Seiten der Straße zerzauste, wusste niemand, ob es sich um Königin, Prinz oder Premierminister handelte. Das Gesicht selbst war für ein paar Sekunden nur einmal von drei Personen gesehen worden. Sogar das Geschlecht war nun umstritten. Aber es konnte keinen Zweifel daran geben, dass die Größe in ihm ruhte; Größe zog im Verborgenen die Bond Street entlang vorüber, nur um eine Handbreit von den gewöhnlichen Menschen entfernt, die nun zum ersten und letzten Mal in Sprechweite der Majestät Englands sein könnten, des dauerhaften Symbols des Staates, der es tun wird neugierigen Altertumsforschern bekannt sein, die die Ruinen der Zeit durchforsten, wenn London ein grasbewachsener Weg ist und alle, die an diesem Mittwochmorgen über den Bürgersteig eilen, nur noch Knochen sind, in deren Staub ein paar Eheringe und die Goldauflagen unzähliger Verfallener verstreut sind Zähne. Das Gesicht im Auto wird dann bekannt sein.

Es ist wahrscheinlich die Königin, dachte Mrs. Dalloway, als sie mit ihren Blumen aus Mulberry's kam; die Königin. Und für eine Sekunde wirkte sie äußerst würdevoll, als sie im Sonnenlicht neben dem Blumenladen stand, während das Auto mit heruntergelassenen Jalousien im Schritttempo vorbeifuhr. Die Königin geht in ein Krankenhaus; Die Königin eröffnet einen Basar, dachte Clarissa.

Der Andrang war für die Tageszeit großartig. Lords, Ascot, Hurlingham , was war das? fragte sie sich, denn die Straße war blockiert. Die britische Mittelschicht, die mit Paketen und Regenschirmen, ja, an einem Tag wie diesem sogar mit Pelzen, seitwärts auf den Dächern von Omnibussen saß, war ihrer Meinung nach lächerlicher und unähnlicher als alles, was es jemals gegeben hatte, als man sich vorstellen konnte; und die Königin selbst hielt stand; Die Königin selbst konnte nicht passieren. Clarissa wurde auf einer Seite der Brook Street suspendiert; Sir John Buckhurst, der alte Richter auf der anderen Seite, mit dem Auto zwischen ihnen (Sir John hatte jahrelang das Gesetz festgelegt und mochte eine gut gekleidete Frau), als der Chauffeur, der sich ganz leicht vorbeugte, dem Polizisten etwas sagte oder zeigte , der salutierte, den Arm hob, den Kopf ruckte und den Omnibus zur Seite bewegte, und das Auto fuhr hindurch. Langsam und ganz lautlos nahm es seinen Weg.

Clarissa vermutete; Clarissa wusste es natürlich; Sie hatte etwas Weißes, Magisches, Kreisförmiges in der Hand des Lakaien gesehen, eine Scheibe mit der Aufschrift eines Namens – der der Königin, des Prinzen von Wales, des Premierministers? –, die sich mit der Kraft ihres eigenen Glanzes durchbrannte (Clarissa sah, wie das Auto kleiner wurde, verschwand, um zwischen Kandelabern, glitzernden Sternen und von Eichenblättern steifen Brüsten zu lodern, Hugh Whitbread und alle seine Kollegen, die Herren Englands, in dieser Nacht im Buckingham Palace. Und auch Clarissa gab eine Party. Sie versteifte sich ein wenig; also würde sie oben auf ihrer Treppe stehen.

Das Auto war weg, aber es hatte eine leichte Welle hinterlassen, die durch Handschuhgeschäfte, Hutgeschäfte und Schneidereien auf beiden Seiten der Bond Street floss. Dreißig Sekunden lang waren alle Köpfe in die gleiche Richtung geneigt – zum Fenster. Bei der Auswahl eines Paares Handschuhe – sollten sie bis zum Ellenbogen oder darüber reichen, zitronengelb oder hellgrau ? – hielten die Damen inne; Als der Satz zu Ende war, war etwas passiert. Etwas, das in einzelnen Fällen so unbedeutend war, dass kein mathematisches Instrument, obwohl es in China Stöße übertragen konnte, die Vibration registrieren konnte; doch in seiner Fülle eher beeindruckend und in seiner Gesamtwirkung emotional; denn in allen Hutgeschäften und Schneidereien sahen sich Fremde an und dachten an die Toten; der Flagge; des Imperiums. In einem Wirtshaus in einer Seitenstraße beleidigte ein Kolonialherr das Haus Windsor, was zu Worten, zerbrochenen Biergläsern und einer allgemeinen Schimpferei führte, die seltsamerweise auf der anderen Straßenseite in den Ohren von Mädchen widerhallte, die weiße Unterwäsche mit reinweißen Bändern für sie kauften Hochzeiten. Denn die oberflächliche Aufregung des vorbeifahrenden Autos, als es sank, berührte etwas sehr Tiefgründiges.

Das Auto glitt über Piccadilly und bog in die St. James's Street ein. Große Männer, Männer von kräftigem Körperbau, gut gekleidete Männer mit Frack, weißen Slips und nach hinten gekämmtem Haar, die aus schwer zu unterscheidenden Gründen im Erkerfenster von Brooks''s standen, die Hände hinter dem Schwanz ihres Mannes verschränkt Als Coats hinausschaute, spürte er instinktiv, dass Größe vorüberzog, und das blasse Licht der unsterblichen Präsenz fiel auf sie, wie es auf Clarissa Dalloway gefallen war. Sofort richteten sie sich noch aufrechter auf, entfernten ihre Hände und schienen bereit zu sein, ihren Souverän bei Bedarf an die Kanonenmündung zu führen, wie es ihre Vorfahren vor ihnen getan hatten. Die weißen Büsten und die kleinen Tische im Hintergrund, die mit Kopien des *Tatler* und Siphons mit Sodawasser bedeckt waren, schienen zu gefallen; schien auf den fließenden Mais und die Herrenhäuser Englands hinzuweisen; und um das schwache Summen der Motorräder zu erwidern, wie die Wände einer flüsternden Galerie eine einzelne Stimme erwidern, die durch die Macht einer ganzen Kathedrale erweitert und klangvoll gemacht wird. Die bekleidete Moll Pratt mit ihren Blumen auf dem Bürgersteig wünschte dem lieben Jungen alles Gute (es war mit Sicherheit der Prinz von Wales) und hätte den Preis eines Topfes Bier – einen Strauß Rosen – vor lauter Licht in die St. James's Street geworfen - Herzlichkeit und Verachtung der Armut, wenn sie nicht den Blick des Polizisten auf sich gesehen hätte, der die Loyalität einer alten Irin entmutigte. Die Wachposten von St. James salutierten; Der Polizist von Königin Alexandra stimmte zu.

Unterdessen hatte sich eine kleine Menschenmenge vor den Toren des Buckingham Palace versammelt. Lustlos und doch zuversichtlich, allesamt arme Menschen, warteten sie; schaute auf den Palast selbst mit wehender Flagge; bei Victoria, die sich auf ihrem Hügel bauschte, bewunderte sie ihre Regale mit fließendem Wasser und ihre Geranien; Ich habe aus den Autos im Einkaufszentrum zuerst dieses, dann jenes herausgegriffen; schenkte Bürgern, die sich auf eine Autofahrt begaben, vergeblich Emotionen; erinnerte sich an ihren Tribut, den Betrag nicht ausgegeben zu lassen, während dieses und jenes Auto vorbeifuhr; und die ganze Zeit über ließen sie Gerüchte in ihren Adern strömen und die Nerven in ihren Schenkeln erregen, wenn sie daran dachten, dass das Königshaus sie ansah; die Königin verneigt sich; der Prinz salutiert; beim Gedanken an das himmlische Leben, das den Königen von Gott geschenkt wurde; von den Stallmeistern und tiefen Knicksen; vom alten Puppenhaus der Königin; von Prinzessin Mary, verheiratet mit einem Engländer, und dem Prinzen – ah! der Prinz! Sie sagten, der habe dem alten König Eduard wunderbar nachgeahmt, sei aber um einiges schlanker gewesen. Der Prinz lebte in St. James's; aber er könnte am Morgen vorbeikommen, um seine Mutter zu besuchen.

So sagte Sarah Bletchley mit ihrem Baby im Arm und bewegte ihren Fuß auf und ab, als wäre sie an ihrem eigenen Kotflügel in Pimlico, behielt aber die Mall im Auge, während Emily Coates über die Palastfenster schlenderte und an die Hausmädchen dachte: die unzähligen Hausmädchen, die Schlafzimmer, die unzähligen Schlafzimmer. Zusammen mit einem älteren Herrn mit einem Aberdeen- Terrier und Männern ohne Beruf wuchs die Menge. Der kleine Mr. Bowley, der Zimmer im Albany hatte und mit Wachs über den tieferen Quellen des Lebens versiegelt war, aber durch so etwas plötzlich, unangemessen, sentimental entsiegelt werden konnte – arme Frauen, die darauf warteten, dass die Königin vorbeikam – arme Frauen , nette kleine Kinder, Waisen, Witwen, der Krieg – tut-tut – hatte tatsächlich Tränen in den Augen. Eine warme Brise wehte durch die dünnen Bäume durch die Mall , vorbei an den bronzenen Helden, und ließ eine Flagge in der britischen Brust von Mr. Bowley wehen. Als das Auto in die Mall einbog, lüftete er seinen Hut und hielt ihn hoch wie das Auto näherte sich; und ließ die armen Mütter von Pimlico sich eng an ihn drängen und stand sehr aufrecht da. Das Auto kam.

Plötzlich blickte Mrs. Coates in den Himmel. Das Geräusch eines Flugzeugs bohrte sich bedrohlich in die Ohren der Menge. Da flog es über die Bäume und stieß hinter sich weißen Rauch aus, der sich kräuselte und drehte und tatsächlich etwas schrieb! Buchstaben in den Himmel schreiben! Alle blickten auf.

Als das Flugzeug tot zu Boden fiel, flog es gerade nach oben, drehte eine Schleife, raste, sank, stieg auf, und was auch immer es tat, wohin es auch flog, hinter ihm flatterte eine dicke, gekräuselte Wolke aus weißem Rauch, die sich in Buchstaben kräuselte und am Himmel kräuselte. Aber welche Buchstaben? War es ein C ? ein E, dann ein L? Nur für einen Moment lagen sie still; Dann bewegten sie sich und schmolzen und wurden in den Himmel gerieben, und das Flugzeug schoss weiter weg und begann erneut, in einem frischen Raum am Himmel, ein K, ein E, vielleicht ein Y zu schreiben?

„Glaxo", sagte Mrs. Coates mit angespannter, ehrfürchtiger Stimme und blickte gerade nach oben, und ihr Baby, das steif und weiß in ihren Armen lag, blickte gerade nach oben.

„ Kreemo ", murmelte Mrs. Bletchley wie eine Schlafwandlerin. Während Mr. Bowley seinen Hut vollkommen ruhig in der Hand hielt, blickte er gerade nach oben. Überall in der Mall standen Leute und schauten in den Himmel. Während sie hinsahen, wurde die ganze Welt völlig still, und ein Schwarm Möwen flog über den Himmel, zuerst eine Möwe voran, dann eine andere, und in dieser außergewöhnlichen Stille und diesem Frieden, in dieser Blässe, in dieser Reinheit schlugen Glocken elfmal, der Ton dort oben zwischen den Möwen verblassen.

Das Flugzeug drehte sich, raste und schwebte genau dahin, wo es wollte, schnell, frei, wie ein Schlittschuhläufer –

„Das ist ein E", sagte Mrs. Bletchley – oder eine Tänzerin –

„Es ist Toffee", murmelte Mr. Bowley – (und der Wagen fuhr durch die Tore, und niemand sah ihn an), und als er den Rauch abstellte, rauschte er immer weiter, und der Rauch ließ nach und sammelte sich um die breiten weißen Formen der Wolken.

Es war verschwunden; es war hinter den Wolken. Es gab keinen Ton. Die Wolken, an denen sich die Buchstaben E, G oder L befestigt hatten, bewegten sich frei, als ob sie dazu bestimmt wären, von West nach Ost zu reisen, auf einer Mission von größter Bedeutung, die niemals enthüllt werden würde, und doch war es das ganz sicher – eine Mission von die größte Bedeutung. Dann plötzlich, als ein Zug aus einem Tunnel kommt, raste das

Flugzeug wieder aus den Wolken, der Klang bohrte sich in die Ohren aller Menschen in der Mall , im Green Park, in Piccadilly, in der Regent Street, im Regent's Park, Und die Rauchsäule krümmte sich nach hinten und sie fiel herab, und sie erhob sich und schrieb einen Buchstaben nach dem anderen – aber welches Wort schrieb sie?

Lucrezia Warren Smith, die neben ihrem Mann auf einem Sitzplatz im Regent's Park am Broad Walk saß, blickte auf.

„Schau, schau, Septimus!" Sie weinte. Denn Dr. Holmes hatte ihr gesagt, sie solle ihren Mann (der nichts Ernstes mit sich hatte, aber ein wenig verstimmt war) dazu bringen, sich für Dinge außerhalb seiner selbst zu interessieren.

Also, dachte Septimus und blickte auf, sie geben mir ein Zeichen . Tatsächlich nicht in tatsächlichen Worten; das heißt, er konnte die Sprache noch nicht lesen; Aber es war klar genug, diese Schönheit, diese exquisite Schönheit, und Tränen füllten seine Augen, als er die Rauchwörter betrachtete, die am Himmel schmachteten und schmolzen und ihm in ihrer unerschöpflichen Nächstenliebe und lachenden Güte eine Gestalt nach der anderen von unvorstellbarer Schönheit verliehen Sie signalisieren damit ihre Absicht, ihn umsonst und für immer , zum bloßen Schauen, mit Schönheit, noch mehr Schönheit zu versorgen! Tränen liefen ihm über die Wangen.

Es war Toffee; Sie machten Werbung für Toffee, sagte ein Kindermädchen zu Rezia. Gemeinsam begannen sie, t ... o ... f ... zu buchstabieren.

„K ... R ...", sagte das Kindermädchen, und Septimus hörte sie dicht an seinem Ohr „Kay Arr " sagen, tief und sanft, wie eine sanfte Orgel, aber mit einer Rauheit in ihrer Stimme wie die einer Heuschrecke, die krächzte Köstlich bewegte er seine Wirbelsäule und schickte Geräuschwellen in sein Gehirn, die erschütternd brachen. In der Tat eine wunderbare Entdeckung – dass die menschliche Stimme unter bestimmten atmosphärischen Bedingungen (denn man muss wissenschaftlich sein, vor allem wissenschaftlich) Bäume zum Leben erwecken kann! Glücklich legte Rezia ihre Hand mit einem enormen Gewicht auf sein Knie, so dass er niedergedrückt und wie gebannt war, oder die Aufregung der Ulmen, die sich hoben und senkten, sich hoben und senkten, mit all ihren Blättern, und der Farbe , die von Blau nach Blau immer dünner und dicker wurde Das Grün einer hohlen Welle, wie Federn auf Pferdeköpfen, Federn auf Damenköpfen, so stolz, dass sie sich hoben und senkten, so prächtig, hätte ihn in den Wahnsinn getrieben. Aber er würde nicht verrückt werden. Er würde seine Augen schließen; er würde nichts mehr sehen.

Aber sie winkten; Blätter lebten; Bäume lebten. Und die Blätter, die durch Millionen von Fasern mit seinem eigenen Körper verbunden waren, fächerten ihn dort auf dem Sitz auf und ab; Als sich der Ast ausstreckte , gab auch er diese Aussage ab. Die Spatzen, die in gezackten Fontänen flatterten, aufstiegen und fielen, waren Teil des Musters; das Weiß und Blau, mit schwarzen Zweigen umrankt. Klänge harmonierten mit Vorsatz; Die Räume zwischen ihnen waren ebenso bedeutsam wie die Geräusche. Ein Kind weinte. Zu Recht ertönte in weiter Ferne eine Hupe. Alles zusammen bedeutete die Geburt einer neuen Religion –

„Septimus!" sagte Rezia. Er begann heftig. Die Leute müssen es bemerken.

„Ich werde zum Brunnen und zurück gehen", sagte sie.

Denn sie konnte es nicht länger ertragen. Dr. Holmes könnte sagen, es sei nichts los. Viel lieber wäre es ihr, er wäre tot! Sie konnte nicht neben ihm sitzen, wenn er sie so anstarrte und sie nicht sah und alles schrecklich machte; Himmel und Baum, spielende Kinder, Karren ziehen, Pfeifen blasen, hinfallen; alle waren schrecklich. Und er würde sich nicht umbringen; und sie konnte es niemandem erzählen. „Septimus hat zu hart gearbeitet" – das war alles, was sie ihrer eigenen Mutter sagen konnte. Lieben macht einsam, dachte sie. Sie konnte es niemandem sagen, jetzt nicht einmal Septimus, und als sie zurückblickte, sah sie ihn allein in seinem schäbigen Mantel auf dem Sitz sitzen, zusammengekrümmt und starrend. Und es war feige von einem Mann zu sagen, er würde sich umbringen, aber Septimus hatte gekämpft; er war mutig; er war jetzt nicht mehr Septimus. Sie zog ihren Spitzenkragen an. Sie setzte ihren neuen Hut auf und er bemerkte es nicht; und er war glücklich ohne sie. Ohne ihn könnte sie nichts glücklich machen! Nichts! Er war egoistisch. So sind Männer. Denn er war nicht krank. Dr. Holmes sagte, mit ihm sei nichts los. Sie breitete ihre Hand vor sich aus. Sehen! Ihr Ehering ist ihr abgerutscht – sie war so dünn geworden. Sie war es, die litt – aber sie hatte niemanden, dem sie es sagen konnte.

Weit entfernt war Italien und die weißen Häuser und der Raum, in dem ihre Schwestern saßen und Hüte machten, und die Straßen waren jeden Abend voller Menschen, die laut lachten und nicht halb lebendig waren wie die Menschen hier, zusammengekauert in Bath-Stühlen und auf ein paar hässliche Blumen starrend in Töpfen stecken geblieben!

„Denn du solltest dir die Mailänder Gärten ansehen", sagte sie laut. Aber an wen?

Da war niemand. Ihre Worte verklangen. So verblasst eine Rakete. Seine Funken, die ihren Weg in die Nacht gestreift haben, ergeben sich ihr, Dunkelheit senkt sich herab, ergießt sich über die Umrisse von Häusern und Türmen; kahle Hänge werden weicher und fallen ein. Aber obwohl sie verschwunden sind, ist die Nacht voll von ihnen; Ihrer Farbe beraubt , ohne Fenster, existieren sie schwerfälliger und vermitteln, was das offene

Tageslicht nicht zu vermitteln vermag – die Unruhe und Spannung der Dinge, die dort in der Dunkelheit zusammengeballt sind; zusammengedrängt in der Dunkelheit; ohne die Erleichterung, die die Morgendämmerung mit sich bringt, wenn alles wieder für das Auge geschmückt ist, wenn die Wände weiß und grau werden, jede Fensterscheibe sichtbar wird, der Nebel von den Feldern verschwindet und die rotbraunen Kühe friedlich grasen; existiert wieder. Ich bin alleine; Ich bin alleine! „ schrie sie am Brunnen im Regent's Park (und starrte auf den Indianer und sein Kreuz), als vielleicht um Mitternacht, wenn alle Grenzen verloren gehen, das Land zu seiner alten Form zurückkehrt, wie die Römer es bewölkt daliegen sahen, als sie landeten." und die Hügel hatten keine Namen und Flüsse flossen, sie wussten nicht wohin – so war ihre Dunkelheit; Als sie plötzlich, als ob ein Regal herausgeschossen wäre und sie darauf stand, sagte, sie sei seine Frau, habe vor Jahren in Mailand geheiratet, seine Frau, und würde niemals, niemals sagen, dass er verrückt sei! Als ich mich umdrehte, fiel das Regal; runter, runter fiel sie. Denn er war weg, dachte sie – weg, als er drohte, sich umzubringen – sich unter einen Karren zu werfen! Aber nein; da war er; Er saß immer noch allein auf dem Sitz, in seinem schäbigen Mantel, die Beine übereinandergeschlagen, starrte und redete laut.

Männer dürfen keine Bäume fällen. Es gibt einen Gott. (Er vermerkte solche Enthüllungen auf der Rückseite von Umschlägen.) Verändere die Welt. Niemand tötet aus Hass. Machen Sie es bekannt (er hat es aufgeschrieben). Er wartete. Er hörte zu. Ein Spatz, der auf dem Geländer gegenüber saß, zwitscherte vier- oder fünfmal „Septimus, Septimus" und sang dann, seine Töne ausziehend, frisch und durchdringend in griechischen Worten, dass es kein Verbrechen gibt, und zusammen mit einem anderen Spatz sangen sie mit Stimmen langwierig und durchdringend in griechischen Worten, von Bäumen auf der Wiese des Lebens jenseits eines Flusses, wo die Toten wandeln, wie es keinen Tod gibt.

Da war seine Hand; dort die Toten. Hinter dem Geländer gegenüber versammelten sich weiße Dinger. Aber er wagte es nicht hinzusehen. Evans war hinter dem Geländer!

"Was sagst du?" sagte Rezia plötzlich und setzte sich neben ihn.

Schon wieder unterbrochen! Sie unterbrach mich ständig.

Weg von den Menschen – sie müssen von den Menschen wegkommen, sagte er (und sprang auf), sofort dort drüben, wo Stühle unter einem Baum standen und der lange Hang des Parks wie ein grüner Streifen unter einer blauen Decke abfiel und rosafarbener Rauch hoch oben, und da war ein Wall aus sehr unregelmäßigen Häusern, die in Rauch gehüllt waren, der Verkehr summte im Kreis, und auf der rechten Seite streckten dunkelbraune Tiere ihre langen Hälse über die Zäune des Zoos und bellten und heulten. Dort setzten sie sich unter einen Baum.

„Sehen Sie", beschwor sie ihn und zeigte auf eine kleine Truppe von Jungen, die Cricket-Stümpfe trugen, und einer schlurfte, drehte sich auf dem Absatz um und schlurfte, als würde er im Varieté einen Clown spielen.

„Sehen Sie", flehte sie ihn an, denn Dr. Holmes hatte ihr gesagt, sie solle ihn auf echte Dinge aufmerksam machen, in ein Varieté gehen, Cricket spielen – genau das sei das Spiel, sagte Dr. Holmes, ein schönes Spiel im Freien , genau das Spiel für ihren Mann.

„Schau", wiederholte sie.

Schauen Sie, das Unsichtbare befahl ihm, die Stimme, die jetzt mit ihm kommunizierte, dem Größten der Menschheit, Septimus, der kürzlich vom Leben in den Tod genommen wurde, dem Herrn, der gekommen war, um die Gesellschaft zu erneuern, der wie eine Bettdecke lag, eine nur von Schnee bedeckte Decke die Sonne, für immer unvergeudet, für immer leidend , der Sündenbock, der ewige Leidende, aber er wollte es nicht, er stöhnte und vertrieb mit einer Handbewegung dieses ewige Leiden, diese ewige Einsamkeit.

„Schau", wiederholte sie, denn draußen durfte er nicht laut mit sich selbst reden.

„Oh, schau mal", flehte sie ihn an. Aber was gab es zu sehen? Ein paar Schafe. Das war alles.

Den Weg zur U-Bahn-Station Regent's Park – konnte man ihr den Weg zur U-Bahn-Station Regent's Park sagen – wollte Maisie Johnson wissen. Sie war erst vor zwei Tagen aus Edinburgh aufgetaucht.

„Nicht hier entlang – da drüben!" rief Rezia aus und winkte sie zur Seite, damit sie Septimus nicht sah.

Beide schienen seltsam, dachte Maisie Johnson. Alles schien sehr seltsam. Als sie zum ersten Mal nach London kam, um eine Stelle bei ihrem Onkel in der Leadenhall Street anzutreten, und als sie nun morgens durch den Regent's Park spazierte, warf ihr dieses Paar auf den Stühlen eine ganz schöne Wendung; die junge Frau wirkt fremdländisch, der Mann wirkt seltsam; So würde sie sich, selbst wenn sie sehr alt wäre, immer noch daran erinnern und es wieder in ihren Erinnerungen zum Klingen bringen, wie sie an einem schönen Sommermorgen vor fünfzig Jahren durch den Regent's Park gelaufen war. Denn sie war erst neunzehn und hatte es endlich geschafft, nach London zu kommen; Und nun, wie seltsam es war, dieses Paar, nach dem sie gefragt hatte, und das Mädchen zuckte zusammen und machte eine Bewegung mit der Hand, und der Mann – er schien furchtbar seltsam; Streit vielleicht; vielleicht für immer Abschied nehmen ; Etwas war im Gange, das wusste sie; Und jetzt wirkten all diese Leute (denn sie kehrte zum Broad Walk zurück), die Steinbecken, die gepflegten Blumen, die alten Männer und Frauen, die meisten von ihnen in Badestühlen – alle kamen ihr nach Edinburgh so seltsam vor. Und Maisie Johnson, als sie sich dieser sanft marschierenden, vage blickenden, vom Wind umwehten Gesellschaft anschloss – Eichhörnchen, die sich hockten und putzten, Spatzenfontänen, die nach Krümeln suchten, Hunde, die mit den Geländern beschäftigt waren, miteinander beschäftigt, während die weiche, warme Luft sie umspülte und Verlieh dem starren, nicht überraschten Blick, mit dem sie das Leben empfingen, etwas Launenhaftes und Besänftigtes – Maisie Johnson hatte förmlich das Gefühl, sie müsse „Oh!" weinen. (Denn dieser junge Mann auf dem Sitz hatte ihr eine ziemliche Wendung gegeben. Sie wusste, dass etwas nicht stimmte.)

Grusel! Grusel! sie wollte weinen. (Sie hatte ihre Leute verlassen; sie hatten sie gewarnt, was passieren würde.)

Warum war sie nicht zu Hause geblieben? „, schrie sie und drehte den Knopf des Eisengeländers.

Dieses Mädchen, dachte Mrs. Dempster (die Krusten für die Eichhörnchen aufbewahrte und oft im Regent's Park zu Mittag aß), weiß noch nichts; und tatsächlich schien es ihr besser, ein wenig beleibt zu sein, ein wenig nachlässig, ein wenig gemäßigt in seinen Erwartungen. Percy trank. Nun, es ist besser, einen Sohn zu haben, dachte Mrs. Dempster. Sie hatte es schwer gehabt und konnte nicht anders, als ein Mädchen wie dieses anzulächeln. Du wirst heiraten, denn du bist hübsch genug, dachte Mrs. Dempster. Heirate, dachte sie, dann weißt du es. Oh, die Köche und so weiter. Jeder Mann hat seine Wege. Aber ob ich mich ganz so entschieden hätte, wenn ich es gewusst hätte, dachte Mrs. Dempster und konnte nicht umhin, Maisie Johnson ein Wort zuzuflüstern; den Kuss des Mitleids auf der Faltentasche ihres abgenutzten alten Gesichts zu spüren. Denn es war ein hartes Leben, dachte Mrs. Dempster. Was hatte sie nicht gegeben? Rosen; Figur; auch ihre Füße. (Sie zog die noppenartigen Beulen unter ihren Rock.)

Rosen, dachte sie sardonisch. Alles Müll, meine Liebe . Denn wirklich, mit Essen, Trinken und Paarung, den schlechten und guten Tagen, war das Leben nicht nur eine Frage von Rosen gewesen, und darüber hinaus hatte Carrie Dempster, lassen Sie mich Ihnen sagen, keine Lust, ihr Schicksal zu ändern, wenn irgendeine Frau dabei war Kentish Town! Aber, flehte sie, Mitleid. Schade um den Verlust der Rosen. Sie bat um Mitleid mit Maisie Johnson, die neben den Hyazinthenbeeten stand.

Ah, aber dieses Flugzeug ! Hatte sich Mrs. Dempster nicht schon immer danach gesehnt, fremde Gegenden zu sehen? Sie hatte einen Neffen, einen Missionar. Es flog und schoss. Sie ging in Margate immer aufs Meer, ohne das Land außer Sichtweite zu lassen, aber sie hatte keine Geduld mit Frauen, die Angst vor Wasser hatten. Es fegte und fiel. Ihr Magen war in ihrem Mund. Wieder oben. An Bord sei ein hübscher junger Kerl, wettete Mrs. Dempster, und immer weiter verschwand es, schnell und verblassend, immer weiter der Flugzeugschuss ; über Greenwich und alle Masten schwebend; über die kleine Insel aus grauen Kirchen, St. Paul's und den anderen, bis sich auf beiden Seiten von London Felder und dunkelbraune Wälder ausbreiteten, wo abenteuerlustige Drosseln, die kühn hüpften und schnell hinschauten, die Schnecke schnappten und sie einmal auf einen Stein klopften, zweimal, dreimal.

Hin und her schoss das Flugzeug , bis es nur noch ein heller Funke war; ein Wunsch; eine Konzentration; ein Symbol (so schien es Mr. Bentley, als er seinen Rasenstreifen in Greenwich energisch rollte) der menschlichen Seele; von seiner Entschlossenheit, dachte Mr. Bentley, während er um die Zeder herum fegte, durch Gedanken, Einstein, Spekulation, Mathematik, die Mendelsche Theorie aus seinem Körper, aus seinem Haus herauszukommen – weg vom Flugzeugschuss .

Dann, während ein schäbig aussehender, unscheinbarer Mann mit einer Ledertasche auf den Stufen der St. Paul's Cathedral stand und zögerte, denn in ihm war was für ein Balsam, wie groß der Empfang, wie viele Gräber mit wehenden Bannern, nicht als Zeichen von Siegen über Armeen, aber über, dachte er, diesen quälenden Geist der Wahrheitssuche, der mich derzeit ohne Situation zurücklässt, und darüber hinaus bietet die Kathedrale Gesellschaft, dachte er, lädt Sie zur Mitgliedschaft in einer Gesellschaft ein; große Männer gehören dazu; Märtyrer sind dafür gestorben; Warum nicht eintreten, dachte er, diesen mit Broschüren gefüllten Lederbeutel vor einen Altar stellen, ein Kreuz, das Symbol für etwas, das sich über das Suchen, Suchen und Zusammenklopfen von Worten erhob und ganz Geist geworden ist, körperlos, gespenstisch – warum nicht eintreten? dachte er und während er zögerte, flog das Flugzeug über den Ludgate Circus.

Es war komisch; es war immer noch. Über dem Verkehr war kein Laut zu hören. Ungeführt schien es; aus freien Stücken beschleunigt. Und jetzt, immer höher und höher, gerade nach oben, wie etwas, das in Ekstase, in purer Freude aufsteigt, strömte hinter ihm weißer Rauch in Schleifen hervor und schrieb ein T, ein O, ein F.

"Was betrachten sie?" sagte Clarissa Dalloway zu dem Dienstmädchen, das ihre Tür öffnete.

Die Halle des Hauses war kühl wie ein Gewölbe. Mrs. Dalloway hob ihre Hand vor ihre Augen, und als das Dienstmädchen die Tür schloss und sie das Rascheln von Lucys Röcken hörte, fühlte sie sich wie eine Nonne, die die Welt verlassen hat und spürt, wie sich die vertrauten Schleier und die Reaktion um sie legen zu alten Andachten. Der Koch pfiff in der Küche. Sie hörte das Klicken der Schreibmaschine. Es war ihr Leben, und als sie ihren Kopf über den Flurtisch beugte, verneigte sie sich unter dem Einfluss, fühlte sich gesegnet und gereinigt und sagte sich, als sie den Block mit der Telefonnachricht entgegennahm, wie Momente wie dieser Knospen auf der Welt sind Baum des Lebens, Blumen der Dunkelheit, dachte sie (als ob eine schöne Rose nur für ihre Augen erblüht wäre); keinen Augenblick glaubte sie an Gott; aber umso mehr, dachte sie, während sie den Block aufgriff, muss man im täglichen Leben den Dienern etwas zurückzahlen, ja, den Hunden und Kanarienvögeln, vor allem ihrem Mann Richard, der die Grundlage dafür war – der fröhlichen Klänge, der grüne Lichter, sogar das Pfeifen der Köchin, denn Mrs. Walker war Irin und pfiff den ganzen Tag – man muss sich von diesem geheimen Schatz an exquisiten Momenten zurückzahlen, dachte sie und hob den Block hoch, während Lucy neben ihr stand und versuchte zu erklären, wie .

"Herr. Dalloway, gnädige Frau" –

Clarissa las auf dem Telefonblock: „Lady Bruton möchte wissen, ob Mr. Dalloway heute mit ihr zu Mittag essen wird."

"Herr. Dalloway, Ma'am, hat mir gesagt, dass ich Ihnen sagen soll, dass er auswärts zu Mittag essen wird."

"Lieb!" sagte Clarissa, und Lucy teilte mit, wie sie sie zu ihrer Enttäuschung (aber nicht zum Schmerz) meinte; spürte die Eintracht zwischen ihnen; verstand den Hinweis; dachte, wie der Adel liebt; vergoldete ihre eigene Zukunft mit Ruhe; und indem er Mrs. Dalloways Sonnenschirm nahm, handhabte er ihn wie eine heilige Waffe, die eine Göttin, nachdem sie sich auf dem Schlachtfeld ehrenhaft geschlagen hatte, ablegte, und stellte ihn in den Schirmständer.

„Fürchte dich nicht mehr", sagte Clarissa. Fürchte dich nicht mehr vor der Hitze der Sonne; denn der Schock, als Lady Bruton Richard zum Mittagessen ohne sie aufforderte, ließ den Moment, in dem sie gestanden hatte, erschaudern, wie eine Pflanze auf dem Flussbett den Schock eines vorbeifahrenden Ruders spürt und erschaudert: so schaukelte sie: so zitterte sie.

Millicent Bruton, deren Mittagspartys angeblich außerordentlich amüsant waren, hatte sie nicht gefragt. Keine vulgäre Eifersucht konnte sie von Richard trennen. Aber sie fürchtete die Zeit selbst und las auf Lady Brutons

Gesicht, als wäre es ein in den teilnahmslosen Stein gehauenes Zifferblatt, das Schwinden des Lebens; wie Jahr für Jahr ihr Anteil abgeschnitten wurde; Wie wenig war der verbliebene Rand noch in der Lage, sich zu dehnen und wie in den Jugendjahren die Farben , Salze und Töne des Daseins aufzunehmen, so dass sie den Raum, den sie betrat, ausfüllte und oft spürte, wie sie einen Moment lang zögernd dastand Die Schwelle ihres Wohnzimmers, eine exquisite Spannung, wie sie einen Taucher zurückhalten könnte, bevor er untergeht, während das Meer unter ihm dunkler und heller wird und die Wellen, die zu brechen drohen, ihre Oberfläche aber nur sanft spalten, rollen und verbergen und verkrusten Sie drehen das Unkraut einfach mit Perlmutt um.

Sie legte den Block auf den Flurtisch. Sie begann langsam die Treppe hinaufzugehen, die Hand auf dem Geländer, als ob sie eine Party verlassen hätte, wo jetzt diese Freundin, jetzt die, ihr Gesicht, ihre Stimme zurückgeblitzt war; hatte die Tür geschlossen, war hinausgegangen und allein dagestanden, eine einzige Gestalt vor der schrecklichen Nacht, oder besser gesagt, vor dem starren Blick dieses sachlichen Junimorgens; Sanft mit dem Glanz von Rosenblättern für manche, das wusste sie und spürte es, als sie am offenen Treppenhausfenster stehen blieb, das flatternde Jalousien und bellende Hunde hereinließ, hereingelassen, dachte sie und fühlte sich plötzlich verschrumpelt , gealtert, ohne Brüste Mahlen, Blasen, Blühen des Tages, im Freien, aus dem Fenster, aus ihrem Körper und Gehirn, was nun scheiterte, da Lady Bruton, deren Mittagspartys angeblich außerordentlich amüsant waren, sie nicht gefragt hatte.

Wie eine Nonne, die sich zurückzieht, oder wie ein Kind, das einen Turm erkundet, ging sie nach oben, blieb am Fenster stehen und kam ins Badezimmer. Da war das grüne Linoleum und ein tropfender Wasserhahn. Im Herzen des Lebens herrschte eine Leere; ein Dachzimmer. Frauen müssen ihre kostbare Kleidung ablegen. Mittags müssen sie sich ausziehen. Sie durchbohrte das Nadelkissen und legte ihren gefiederten gelben Hut auf das Bett. Die Laken waren sauber und von einer Seite zur anderen in einem breiten weißen Band straff gespannt. Immer schmaler würde ihr Bett werden. Die Kerze war halb abgebrannt und sie hatte tief in Baron Marbots Buch gelesen *Erinnerungen* . Sie hatte spät in der Nacht vom Rückzug aus Moskau gelesen. Denn das Haus saß so lange, dass Richard nach ihrer Krankheit darauf bestand, dass sie ungestört schlafen müsse. Und eigentlich las sie lieber vom Rückzug aus Moskau. Er wusste es. Das Zimmer war also ein Dachboden; das Bett schmal; und als sie dort lag und las, konnte sie, weil sie schlecht schlief, die Jungfräulichkeit, die sie durch die Geburt bewahrt hatte und die wie ein Laken an ihr klebte, nicht ablegen. Als Mädchen so schön, kam plötzlich ein Moment – zum Beispiel am Fluss unterhalb des Waldes bei

Clieveden –, in dem sie ihn durch eine Kontraktion dieses kalten Geistes im Stich gelassen hatte. Und dann in Konstantinopel und immer wieder. Sie konnte sehen, was ihr fehlte. Es war keine Schönheit; Es war kein Verstand. Es war etwas Zentrales, das durchdrang; etwas Warmes, das die Oberflächen auflöste und den kalten Kontakt von Mann und Frau oder von Frauen miteinander kräuselte. Das konnte *sie* undeutlich wahrnehmen. Sie war darüber verärgert, bekam weiß Gott wo Skrupel, oder, wie sie empfand, von der Natur (die immer weise ist) gesandt; Dennoch konnte sie nicht widerstehen, sich manchmal dem Charme einer Frau hinzugeben, nicht eines Mädchens, einer Frau, die ihr, wie sie es oft taten, irgendeinen Ärger oder eine Torheit gestand. Und ob es nun Mitleid war oder ihre Schönheit, oder dass sie älter war, oder irgendein Unfall – wie ein schwacher Geruch oder eine Geige nebenan (so seltsam ist die Macht der Geräusche in bestimmten Momenten), sie fühlte damals zweifellos, was Männer waren gefühlt. Nur für einen Moment; aber es hat gereicht. Es war eine plötzliche Offenbarung, ein Anflug wie ein Erröten, den man zu unterdrücken versuchte, und dann, als er sich ausbreitete, gab man seiner Ausdehnung nach und eilte bis zum äußersten Rand, wo er zitterte und spürte, wie die Welt näher kam, angeschwollen von einer erstaunlichen Bedeutung , ein gewisser Druck der Verzückung, der seine dünne Haut aufspaltete und mit einer außergewöhnlichen Linderung über die Risse und Wunden strömte und ergoss! Dann hatte sie für diesen Moment eine Erleuchtung gesehen; ein Streichholz, das in einem Krokus brennt; eine innere Bedeutung, die fast zum Ausdruck kommt. Aber der Nahe zog sich zurück; das Harte wurde weicher. Es war vorbei – der Moment. Solchen Momenten (auch bei Frauen) standen (als sie ihren Hut niederlegte) das Bett und Baron Marbot und die halb verbrannte Kerze gegenüber. Als ich wach lag, knarrte der Boden; Das erleuchtete Haus wurde plötzlich dunkel, und wenn sie den Kopf hob, konnte sie gerade noch das Klicken des Griffs hören, den Richard so sanft wie möglich löste, der in seinen Socken nach oben schlüpfte und dann, wie oft nicht, seine Wärmflasche fallen ließ und fluchte! Wie sie lachte!

Aber diese Frage der Liebe (dachte sie und legte ihren Mantel weg), dieses Verlieben in Frauen. Nehmen Sie Sally Seton; ihre frühere Beziehung zu Sally Seton. War das nicht doch Liebe gewesen?

Sie saß auf dem Boden – das war ihr erster Eindruck von Sally – sie saß auf dem Boden, die Arme um die Knie geschlungen, und rauchte eine Zigarette. Wo könnte es gewesen sein? Die Mannings? Die Kinloch-Jones? Auf einer Party (wo sie sich nicht sicher sein konnte), denn sie konnte sich genau erinnern, wie sie zu dem Mann, mit dem sie zusammen war, gesagt hatte: „Wer ist *das*?" Und er hatte es ihr erzählt und gesagt, dass Sallys Eltern nicht miteinander auskamen (wie schockierte sie das – dass die Eltern sich streiten sollten!). Aber den ganzen Abend konnte sie Sally nicht aus den Augen lassen. Es war eine außergewöhnliche Schönheit von der Art, die sie am meisten bewunderte, dunkel, mit großen Augen, mit der Qualität, um die sie sie immer beneidete, da sie sie selbst nicht hatte – eine Art Hingabe, als ob sie alles sagen und tun könnte ; eine Eigenschaft, die bei Ausländern viel häufiger vorkommt als bei Engländerinnen. Sally sagte immer, sie habe französisches Blut in ihren Adern, ein Vorfahre sei mit Marie Antoinette zusammen gewesen, ihm sei der Kopf abgeschlagen worden und er habe einen Rubinring hinterlassen. Vielleicht kam sie in diesem Sommer nach Bourton, um eines Abends nach dem Abendessen ganz unerwartet ohne einen Penny in der Tasche hereinzukommen und die arme Tante Helena so sehr zu verärgern, dass sie ihr nie verziehen hatte. Zu Hause hatte es Streit gegeben. Als sie an jenem Abend zu ihnen kam, hatte sie im wahrsten Sinne des Wortes keinen Cent dabei – sie hatte eine Brosche verpfändet, um herunterzukommen. Sie war leidenschaftlich davongerannt. Sie saßen bis in die Nacht hinein und unterhielten sich. Sally war es, die ihr zum ersten Mal das Gefühl gab, wie behütet das Leben in Bourton war. Sie wusste nichts über Sex – nichts über soziale Probleme. Sie hatte einmal einen alten Mann gesehen, der tot auf einem Feld umgefallen war – sie hatte Kühe gesehen, kurz nachdem ihre Kälber geboren worden waren. Aber Tante Helena diskutierte nie gern über irgendetwas (als Sally ihr William Morris schenkte, musste er in braunes Papier eingewickelt sein). Dort saßen sie Stunde für Stunde und unterhielten sich in ihrem Schlafzimmer oben im Haus, über das Leben und darüber, wie sie die Welt reformieren sollten. Sie wollten eine Gesellschaft zur Abschaffung des Privateigentums gründen und ließen tatsächlich einen Brief schreiben, der jedoch nicht verschickt wurde. Die Ideen stammten natürlich von Sally – aber schon bald war sie genauso begeistert – sie las Platon vor dem Frühstück im Bett; lesen Sie Morris; Lesen Sie Shelley stundenweise.

Sallys Kraft war erstaunlich, ihre Gabe, ihre Persönlichkeit. Da war zum Beispiel ihre Art mit Blumen. Bei Bourton standen immer steife kleine Vasen ganz unten auf dem Tisch. Sally ging raus, pflückte Stockrosen und Dahlien – alle Arten von Blumen, die man noch nie zusammen gesehen hatte –, schnitt ihnen die Köpfe ab und ließ sie in Schüsseln auf dem Wasser schwimmen. Der Effekt war außergewöhnlich – im Sonnenuntergang zum Abendessen hereinzukommen. (Natürlich fand Tante Helena es böse, Blumen so zu behandeln.) Dann vergaß sie ihren Schwamm und rannte nackt den Gang entlang. Das grimmige alte Hausmädchen, Ellen Atkins, ging murrend umher : „ Was wäre, wenn einer der Herren es gesehen hätte?“ Tatsächlich hat sie die Leute schockiert. Sie sei unordentlich, sagte Papa.

Das Merkwürdige im Rückblick war die Reinheit und Integrität ihrer Gefühle für Sally. Es war nicht so, als würde man Gefühle für einen Mann empfinden.

Es war völlig desinteressiert und außerdem hatte es eine Eigenschaft, die nur zwischen Frauen existieren konnte, zwischen Frauen, die gerade erst erwachsen geworden waren. Es war ihrerseits ein Schutz; entsprang dem Gefühl, im Bunde zu sein, einer Vorahnung von etwas, das sie zwangsläufig trennen würde (sie sprachen von der Ehe immer als einer Katastrophe), was zu dieser Ritterlichkeit, diesem beschützenden Gefühl führte, das viel mehr auf ihrer Seite war als auf Sallys. Denn damals war sie völlig rücksichtslos; tat aus Tapferkeit die idiotischsten Dinge; radelte um die Brüstung der Terrasse herum; geräucherte Zigarren. Absurd, sie war – sehr absurd. Aber der Zauber war überwältigend, zumindest für sie, so dass sie sich daran erinnern konnte, wie sie in ihrem Schlafzimmer oben im Haus stand, die Heißwasserkanne in den Händen hielt und laut sagte: „Sie ist unter diesem Dach … Sie." ist unter diesem Dach!"

Nein, die Worte bedeuteten ihr jetzt absolut nichts mehr. Sie konnte nicht einmal ein Echo ihrer alten Gefühle wiedererlangen. Aber sie konnte sich daran erinnern, dass ihr vor Aufregung kalt wurde und sie sich in einer Art Ekstase die Haare frisierte (nun kam das alte Gefühl wieder in ihr hoch, als sie ihre Haarnadeln herausnahm, sie auf den Frisiertisch legte und begann, sich die Haare zu frisieren), mit den Krähen, die im rosafarbenen Abendlicht auf und ab stolzierten, sich anzogen, die Treppe hinuntergingen und beim Durchqueren der Halle das Gefühl hatten, „wenn es jetzt sterben würde, wären wir jetzt am glücklichsten." Das war ihr Gefühl – Othellos Gefühl, und sie fühlte es, davon war sie überzeugt, so stark, wie Shakespeare meinte, dass Othello es fühlen sollte, und das alles nur, weil sie in einem weißen Kleid zum Abendessen herunterkam, um Sally Seton zu treffen!

Sie trug rosa Gaze – war das möglich? Sie *wirkte* jedenfalls ganz leicht und leuchtend, wie ein Vogel oder ein Luftball, der eingeflogen ist und sich für einen Moment an einem Brombeerstrauch festklammert. Aber nichts ist so seltsam, wenn man verliebt ist (und was war das außer verliebt zu sein?), als die völlige Gleichgültigkeit anderer Menschen. Tante Helena ist gerade nach dem Abendessen weggegangen; Papa hat die Zeitung gelesen. Peter Walsh könnte dort gewesen sein, und die alte Miss Cummings; Joseph Breitkopf war es auf jeden Fall, denn er kam jeden Sommer wochenlang, der arme alte Mann, und tat so, als würde er mit ihr Deutsch lesen, spielte aber in Wirklichkeit Klavier und sang Brahms ohne Stimme.

Für Sally war das alles nur ein Hintergrund. Sie stand am Kamin und redete mit dieser wunderschönen Stimme, die alles, was sie sagte, wie eine Liebkosung klingen ließ, mit Papa, der sich gegen seinen Willen angezogen fühlte (er kam nie darüber hinweg, ihr eines seiner Bücher zu leihen und es durchnässt vorzufinden). auf der Terrasse), als sie plötzlich sagte: „Was für eine Schande, drinnen zu sitzen!" und sie gingen alle auf die Terrasse und gingen auf und ab. Peter Walsh und Joseph Breitkopf redeten weiter über

Wagner. Sie und Sally fielen etwas zurück. Dann kam der schönste Moment ihres ganzen Lebens, als sie eine Steinurne mit Blumen darin passierte. Sally blieb stehen; pflückte eine Blume; küsste sie auf die Lippen. Die ganze Welt könnte auf den Kopf gestellt sein! Die anderen verschwanden; da war sie allein mit Sally. Und sie hatte das Gefühl, als hätte man ihr ein Geschenk gegeben, eingepackt und gesagt, sie solle es nur behalten und nicht ansehen – ein Diamant, etwas unendlich Kostbares, eingepackt, das, während sie gingen (auf und ab, auf und ab).), enthüllte sie, oder der durchgebrannte Glanz, die Offenbarung, das religiöse Gefühl! – als der alte Joseph und Petrus ihnen gegenüberstanden:

"Sterne beobachten?" sagte Peter.

Es war, als würde man in der Dunkelheit mit dem Gesicht gegen eine Granitwand laufen! Es war schockierend; Es war schrecklich!

Nicht für sie selbst. Sie spürte nur, wie Sally bereits misshandelt wurde; sie spürte seine Feindseligkeit; seine Eifersucht; seine Entschlossenheit, in ihre Kameradschaft einzubrechen. All dies sah sie, wie man eine Landschaft im Blitzlichtstrahl sieht – und Sally (noch nie hatte sie sie so sehr bewundert!) ging galant und unbesiegt ihren Weg. Sie lachte. Sie ließ den alten Joseph ihr die Namen der Sterne sagen, was er sehr gern tat. Sie stand da: Sie hörte zu. Sie hörte die Namen der Sterne.

„ Oh, dieser Horror!" sagte sie sich, als hätte sie die ganze Zeit gewusst, dass etwas ihren Glücksmoment unterbrechen, verbittern würde.

Doch wie viel hatte sie ihm später doch zu verdanken. Wenn sie an ihn dachte, dachte sie immer aus irgendeinem Grund an ihre Streitigkeiten – vielleicht weil sie seine gute Meinung so sehr wollte. Sie schuldete ihm Worte: „sentimental", „ zivilisiert "; Sie begannen jeden Tag ihres Lebens, als ob er sie beschützen würde. Ein Buch war sentimental; eine sentimentale Lebenseinstellung. „Sentimental", vielleicht sollte sie an die Vergangenheit denken. Was würde er denken, fragte sie sich, wenn er zurückkam?

Dass sie älter geworden war? Würde er das sagen, oder würde sie ihn bei seiner Rückkehr denken sehen, dass sie älter geworden sei? Es war wahr. Seit ihrer Krankheit war sie fast weiß geworden.

Als sie ihre Brosche auf den Tisch legte, verspürte sie einen plötzlichen Krampf, als hätten die eisigen Krallen, während sie nachdachte, Gelegenheit gehabt, sich in ihr festzusetzen. Sie war noch nicht alt. Sie war gerade in ihr zweiundfünfzigstes Lebensjahr eingetreten. Monatelang blieb es noch unberührt. Juni Juli August! Jedes blieb noch fast ganz, und als ob sie den fallenden Tropfen auffangen wollte, tauchte Clarissa (sie ging zum Frisiertisch) ins Innerste des Augenblicks, fixierte ihn dort – den Moment dieses Junimorgens, der unter Druck stand an all die anderen Morgen, an denen sie das Glas, den Frisiertisch und alle Flaschen neu sah, an einem Punkt (als sie in das Glas blickte) ihr ganzes Ich sah und das zarte rosa Gesicht der Frau sah, die genau das war Nacht, um eine Party zu geben; von Clarissa Dalloway; von sich selbst.

Wie viele Millionen Mal hatte sie ihr Gesicht gesehen, und immer mit der gleichen unmerklichen Kontraktion! Sie schürzte die Lippen, als sie in das Glas blickte. Es sollte ihrem Gesichtsausdruck etwas verleihen. Das war ihr Selbstbewusstsein; pfeilartig; definitiv. Das war ihr Selbst , als eine Anstrengung, ein Aufruf an sie, sie selbst zu sein , die Teile zusammenfügte, sie allein wusste, wie unterschiedlich, wie unvereinbar und so für die Welt nur in einem Zentrum , einem Diamanten, einer Frau, die in ihr saß, zusammengesetzt Salon und wurde zu einem Treffpunkt, zweifellos ein Glanzlicht in manchen langweiligen Leben, vielleicht ein Zufluchtsort für die Einsamen; sie hatte jungen Menschen geholfen, die ihr dankbar waren; hatte versucht, immer die Gleiche zu sein und niemals ein Zeichen all ihrer anderen Seiten zu zeigen – Fehler, Eifersüchteleien, Eitelkeiten, Misstrauen, wie das, als Lady Bruton sie nicht zum Mittagessen einlud; Was, dachte sie (und kämmte sich schließlich die Haare), absolut gemein ist! Wo war nun ihr Kleid?

Ihre Abendkleider hingen im Schrank. Clarissa tauchte ihre Hand in die Weichheit, löste sanft das grüne Kleid und trug es zum Fenster. Sie hatte es zerrissen. Jemand war auf den Rock getreten. Sie hatte gespürt, wie es auf der Botschaftsparty oben zwischen den Falten nachgab. Durch künstliches Licht leuchtete das Grün, verlor aber nun in der Sonne seine Farbe . Sie würde es reparieren. Ihre Mägde hatten zu viel zu tun. Sie würde es heute Abend tragen. Sie würde ihre Seide, ihre Schere, ihren – was war das? – ihren Fingerhut natürlich mit ins Wohnzimmer nehmen, denn sie musste auch schreiben und dafür sorgen, dass die Dinge im Großen und Ganzen mehr oder weniger in Ordnung waren.

Seltsam, dachte sie, während sie auf dem Treppenabsatz stehen blieb und diese rautenförmige Gestalt, diese einzelne Person, zusammensetzte, seltsam, wie eine Herrin den genauen Moment, die genaue Stimmung in ihrem Haus kennt! Schwache Geräusche stiegen spiralförmig die Treppe hinauf; das Rauschen eines Wischmopps; Klopfen; Klopfen; eine Lautstärke, als sich die Haustür öffnete; eine Stimme, die im Keller eine Nachricht wiederholt; der Silbersplitter auf einem Tablett; Sauberes Silber für die Party. Alles war für die Party.

(Und Lucy kam mit ausgestrecktem Tablett ins Wohnzimmer, stellte die riesigen Kerzenständer auf den Kaminsims, die silberne Schatulle in die Mitte, und drehte den Kristalldelfin zur Uhr. Sie würden kommen; sie würden stehen; sie würden reden In den vorlauten Tönen, die sie nachahmen konnte, meine Damen und Herren, war ihre Herrin die Schönste – Herrin des Silbers, des Leinens, des Porzellans , denn die Sonne, das Silber, Türen aus den Angeln, Rumpelmayers Männer, gaben ihr einen Sinn , als sie das Papiermesser auf den mit Intarsien verzierten Tisch legte, sagte sie, als sie zu ihren alten Freunden in der Bäckerei sprach, die in das Glas schaute Lady Angela, die Prinzessin Mary betreute, als Mrs. Dalloway hereinkam .)

„Oh Lucy", sagte sie, „das Silber sieht wirklich schön aus!"

„Und wie", sagte sie und drehte den Kristalldelfin so, dass er gerade stand, „wie hat Ihnen das Stück gestern Abend gefallen?" „Oh, sie mussten vor dem Ende gehen!" Sie sagte. „Sie mussten um zehn zurück sein!" Sie sagte. „ Sie wissen also nicht, was passiert ist", sagte sie. „Das scheint Pech zu haben", sagte sie (denn ihre Diener blieben später, wenn sie sie darum baten). „Das kommt mir ziemlich schade vor", sagte sie, nahm das alte, kahl aussehende Kissen in der Mitte des Sofas, legte es in Lucys Arme, gab ihr einen kleinen Schubs und weinte:

"Nimm es weg! Geben Sie es Frau Walker mit meinen Komplimenten! Nimm es weg!" Sie weinte.

Und Lucy blieb an der Wohnzimmertür stehen, hielt das Kissen in der Hand und sagte ganz schüchtern und leicht rosa: „ Könnte sie nicht helfen, das Kleid auszubessern?"

Aber, sagte Mrs. Dalloway, sie habe schon genug zu tun, genug, um darauf verzichten zu können.

„Aber danke, Lucy, oh, danke", sagte Mrs. Dalloway, und danke, danke, fuhr sie fort (sie setzte sich auf das Sofa, ihr Kleid über den Knien, ihre Schere, ihre Seide), „Danke, danke", fuhr sie fort und bedankte sich allgemein bei ihren Dienern dafür, dass sie ihr geholfen hatten, so zu sein, das zu sein, was sie wollte: sanftmütig, großzügigherzig. Ihre Diener mochten sie. Und dann dieses Kleid von ihr – wo war der Riss? und jetzt muss ihre Nadel eingefädelt werden. Dies war ein Lieblingskleid , eines von Sally Parker, das letzte, das sie jemals angefertigt hatte, leider, denn Sally war jetzt im Ruhestand und lebte in Ealing, und wenn ich jemals einen Moment Zeit hätte, dachte Clarissa (aber sie würde nie mehr einen Moment Zeit haben).), werde ich sie in Ealing besuchen. Denn sie war eine Figur, dachte Clarissa, eine echte Künstlerin. Sie dachte an kleine, ungewöhnliche Dinge; Dennoch waren ihre Kleider nie seltsam. Sie könnten sie bei Hatfield tragen; im Buckingham Palace. Sie hatte sie in Hatfield getragen; im Buckingham Palace.

Stille überkam sie, ruhig, zufrieden, als ihre Nadel die Seide sanft bis zum sanften Stillstand zog, die grünen Falten zusammenfasste und sie ganz leicht am Gürtel befestigte. An einem Sommertag sammeln sich die Wellen, geraten aus dem Gleichgewicht und fallen . sammeln und fallen; und die ganze Welt scheint immer schwerfälliger zu sagen: „Das ist alles", bis sogar das Herz im Körper, der in der Sonne am Strand liegt, auch sagt: „Das ist alles." Fürchte dich nicht mehr, sagt das Herz. Fürchte dich nicht mehr, sagt das Herz und übergibt seine Bürde einem Meer, das gemeinsam nach allen Sorgen seufzt und erneuert, beginnt, sammelt, fallen lässt. Und der Körper allein hört auf die vorbeiziehende Biene; die Welle bricht; Der Hund bellt, in der Ferne bellt und bellt.

„Himmel, die Haustürklingel!" rief Clarissa und hielt ihre Nadel zurück. Aufgeweckt lauschte sie.

"Frau. „Dalloway wird mich empfangen", sagte der ältere Mann im Flur. „Oh ja, sie wird *mich sehen* ", wiederholte er, schob Lucy sehr wohlwollend beiseite und rannte ganz schnell nach oben. „Ja, ja, ja", murmelte er, als er nach oben rannte. „Sie wird mich sehen. Nach fünf Jahren in Indien wird mich Clarissa wiedersehen."

„Wer kann – was kann?", fragte Mrs. Dalloway (sie fand es unverschämt, am Morgen des Tages, an dem sie eine Party gab, um elf Uhr unterbrochen zu werden), als sie Schritte auf der Treppe hörte. Sie hörte eine Hand an der Tür. Sie bemühte sich, ihr Kleid zu verstecken, wie eine Jungfrau, die ihre Keuschheit beschützt und ihre Privatsphäre respektiert. Jetzt ist der Messingknopf abgerutscht. Jetzt öffnete sich die Tür und herein kam sie – eine Sekunde lang konnte sie sich nicht erinnern, wie er hieß! Sie war so überrascht, ihn zu sehen, so froh, so schüchtern, so völlig überrascht, dass Peter Walsh am Morgen unerwartet zu ihr kam! (Sie hatte seinen Brief nicht gelesen.)

"Und wie geht es dir?" sagte Peter Walsh regelrecht zitternd; nahm beide Hände; küsst beide Hände. Sie ist älter geworden, dachte er und setzte sich. Ich werde ihr nichts davon erzählen, dachte er, denn sie ist älter geworden. Sie sieht mich an, dachte er, und eine plötzliche Verlegenheit überkam ihn, obwohl er ihre Hände geküsst hatte. Er steckte die Hand in die Tasche, holte ein großes Taschenmesser heraus und öffnete die Klinge halb.

Genau das Gleiche, dachte Clarissa; das gleiche seltsame Aussehen; der gleiche karierte Anzug; Sein Gesicht ist ein wenig aus dem Gleichgewicht geraten, ein wenig dünner, trockener vielleicht, aber er sieht trotzdem furchtbar gut aus.

„Wie himmlisch es ist, dich wiederzusehen!" rief sie aus. Er hatte sein Messer gezückt. Das sieht ihm so ähnlich, dachte sie.

Er sei erst letzte Nacht in der Stadt angekommen, sagte er; müsste sofort aufs Land gehen; und wie war alles, wie ging es allen – Richard? Elisabeth?

„Und was ist das alles?" sagte er und richtete sein Taschenmesser auf ihr grünes Kleid.

Er ist sehr gut gekleidet, dachte Clarissa; Dennoch kritisiert er immer *Mich* .

Hier flickt sie ihr Kleid; wie üblich ihr Kleid flicken, dachte er; hier sitzt sie die ganze Zeit, die ich in Indien bin; ihr Kleid reparieren; Herumspielen; auf Partys gehen; zum Haus und zurück rennen und so weiter, dachte er und wurde immer gereizter, immer aufgeregter, denn nichts auf der Welt ist für manche Frauen so schlimm wie die Ehe, dachte er; und Politik; und einen konservativen Ehemann zu haben, wie den bewundernswerten Richard. So ist es, so ist es, dachte er und klappte sein Messer mit einem Knall zu.

„Richard geht es sehr gut. „Richard ist in einem Ausschuss", sagte Clarissa.

Und sie öffnete ihre Schere und sagte: Hat es ihm etwas ausgemacht, dass sie gerade zu Ende ging, was sie an ihrem Kleid machte, denn an diesem Abend gab es eine Party?

„Worum ich Sie nicht bitten werde", sagte sie. „Mein lieber Peter!" Sie sagte.

Aber es war köstlich, sie das sagen zu hören – mein lieber Peter! Tatsächlich war alles so köstlich – das Silber, die Stühle; alles so lecker!

Warum sollte sie ihn nicht zu ihrer Party einladen? er hat gefragt.

Natürlich, dachte Clarissa, er ist bezaubernd! absolut bezaubernd! Jetzt erinnere ich mich, wie unmöglich es war, mich jemals zu entscheiden – und warum habe ich mich entschieden – ihn nicht zu heiraten? Sie fragte sich, dieser schreckliche Sommer?

„Aber es ist so außergewöhnlich, dass du heute Morgen gekommen bist!" Sie weinte und legte ihre Hände übereinander auf ihr Kleid.

„Erinnern Sie sich", sagte sie, „wie in Bourton früher die Jalousien flatterten?"

„Das haben sie", sagte er; und er erinnerte sich, wie er sehr unbeholfen allein mit ihrem Vater gefrühstückt hatte; wer war gestorben; und er hatte Clarissa nicht geschrieben. Aber mit dem alten Parry, diesem mürrischen alten Mann mit den schwachen Knien, Clarissas Vater Justin Parry, hatte er sich nie gut verstanden.

„Ich wünschte oft, ich wäre mit deinem Vater besser klargekommen", sagte er.

„Aber er mochte nie jemanden , der – unsere Freunde", sagte Clarissa; und sie hätte sich auf die Zunge beißen können, weil sie Peter so daran erinnert hatte, dass er sie hatte heiraten wollen.

Natürlich habe ich das getan, dachte Peter; Es hat mir auch fast das Herz gebrochen, dachte er; und wurde von seinem eigenen Kummer überwältigt, der wie ein Mond aufging, der von einer Terrasse aus betrachtet wurde, gespenstisch schön im Licht des versunkenen Tages. Ich war unglücklicher als je zuvor, dachte er. Und als ob er tatsächlich dort auf der Terrasse säße, schob er sich ein wenig auf Clarissa zu; strecke seine Hand aus; hob es an; Lass es fallen. Da über ihnen hing er, dieser Mond. Auch sie schien mit ihm auf der Terrasse im Mondlicht zu sitzen.

„Herbert hat es jetzt", sagte sie. „Ich gehe jetzt nie dorthin", sagte sie.

Dann, so wie es auf einer Terrasse im Mondlicht passiert, wenn der eine beginnt, sich zu schämen, weil er sich schon langweilt, und während der andere still da sitzt, ganz still, traurig auf den Mond blickt, nicht gern spricht, sich bewegt Fuß, räuspert sich, bemerkt eine eiserne Schriftrolle auf einem Tischbein, rührt ein Blatt, sagt aber nichts – so tat Peter Walsh jetzt. Denn warum so in die Vergangenheit zurückkehren? er dachte. Warum sollte er noch einmal darüber nachdenken? Warum ihn leiden lassen, wenn sie ihn so höllisch gefoltert hatte? Warum?

„Erinnerst du dich an den See?" sagte sie mit schroffer Stimme, unter dem Druck einer Emotion, die ihr Herz packte, ihre Halsmuskeln steif machte und ihre Lippen zu einem Krampf zusammenzog, als sie „See" sagte. Denn sie war ein Kind, das den Enten zwischen ihren Eltern Brot zuwarf, und gleichzeitig eine erwachsene Frau, die zu ihren Eltern kam, die am See standen und ihr Leben in den Armen hielten, die größer und größer wurden, je näher sie ihnen kam größer in ihren Armen, bis daraus ein ganzes Leben wurde, ein vollständiges Leben, das sie von ihnen niederlegte und sagte: „Das ist es, was ich daraus gemacht habe! Das!" Und was hatte sie daraus gemacht? Was eigentlich? Ich sitze heute Morgen da und nähe mit Peter.

Sie sah Peter Walsh an; Ihr Blick, der die ganze Zeit und dieses Gefühl überdauerte, erreichte ihn zweifelnd; ließ sich unter Tränen auf ihn nieder; und erhob sich und flatterte davon, wie ein Vogel einen Ast berührt und aufsteht und davonflattert. Sie wischte sich ganz einfach die Augen.

„Ja", sagte Peter. „Ja, ja, ja", sagte er, als würde sie etwas an die Oberfläche holen, das ihn förmlich verletzte, als es aufstieg. Stoppen! Stoppen! er wollte weinen. Denn er war nicht alt; sein Leben war noch nicht vorbei; auf keinen Fall. Er war erst knapp über fünfzig. Soll ich es ihr sagen, dachte er, oder nicht? Er möchte aus all dem eine saubere Brust machen. Aber ihr ist zu kalt, dachte er; Nähen mit ihrer Schere; Daisy würde neben Clarissa gewöhnlich aussehen. Und sie würde mich für einen Versager halten, was ich in ihrem Sinne auch bin, dachte er; im Sinne von Dalloways . Oh ja, daran hatte er keinen Zweifel; Er war ein Versager, verglichen mit all dem – dem Tisch mit Intarsien, dem montierten Papiermesser, dem Delphin und den Kerzenleuchtern, den Stuhlbezügen und den alten wertvollen englischen Farbdrucken – er war ein Versager! Ich verabscheue die Selbstgefälligkeit der ganzen Angelegenheit, dachte er; Richards Werk, nicht Clarissas; außer dass sie ihn geheiratet hat. (Hier kam Lucy ins Zimmer und trug Silber, noch mehr Silber, aber bezaubernd, schlank, anmutig sah sie aus, dachte er, als sie sich bückte, um es abzulegen.) Und das ging die ganze Zeit so weiter! er dachte; Woche für Woche; Clarissas Leben; während ich – dachte er; und auf einmal schien alles von ihm auszustrahlen; Reisen; Fahrgeschäfte; Streit; Abenteuer; Brückenpartys; Liebesaffären; arbeiten; Arbeit Arbeit! und er holte ganz offen sein Messer heraus – sein altes Messer mit Horngriff, von dem Clarissa schwören konnte, dass er es seit dreißig Jahren besaß – und ballte seine Faust darauf.

Was für eine außergewöhnliche Angewohnheit das war, dachte Clarissa. immer mit dem Messer spielen. Man fühlt sich immer auch leichtsinnig; leer im Kopf; ein bloßer alberner Schwätzer, wie er es benutzte. Aber ich auch, dachte sie, nahm ihre Nadel und rief sie herbei wie eine Königin, deren Wächter eingeschlafen sind und sie schutzlos zurückgelassen haben (dieser Besuch hatte sie ganz verblüfft – er hatte sie verärgert), damit jeder umherschlendern kann Treten Sie ein und schauen Sie sie sich an, wie sie mit den sich über ihr windenden Brombeersträuchern liegt und ihr zu Hilfe gerufen wird für die Dinge, die sie getan hat. die Dinge, die sie mochte; ihr Ehemann; Elisabeth; Kurz gesagt, sie selbst , die Peter jetzt kaum noch kannte, kam um sie herum und schlug den Feind zurück.

„Na, und was ist mit dir passiert?" Sie sagte. Bevor also eine Schlacht beginnt, scharren die Pferde auf dem Boden; werfen ihre Köpfe zurück; das Licht scheint auf ihre Flanken; ihre Hälse sind gebogen. Also forderten Peter Walsh und Clarissa, die Seite an Seite auf dem blauen Sofa saßen, einander heraus. Seine Kräfte ließen und schwankten in ihm. Er sammelte aus verschiedenen Gegenden alles Mögliche; Lob; seine Karriere in Oxford; seine Ehe, von der sie überhaupt nichts wusste; wie er geliebt hatte; und hat im Großen und Ganzen seinen Job gemacht.

„Millionen Dinge!" rief er und hob, angetrieben von der Ansammlung von Mächten, die jetzt hin und her stürmten und ihm das zugleich beängstigende und äußerst berauschende Gefühl gaben, auf den Schultern von Menschen, die er nicht mehr sehen konnte, durch die Luft geschleudert zu werden, seine Stimme Hände an seine Stirn.

Clarissa saß sehr aufrecht; holte tief Luft.

„Ich bin verliebt", sagte er, allerdings nicht zu ihr, sondern zu jemandem, der im Dunkeln aufgestellt wurde, sodass du sie nicht berühren konntest, sondern deinen Kranz im Dunkeln ins Gras legen musstest.

„Verliebt", wiederholte er und sprach nun eher trocken zu Clarissa Dalloway; „verliebt in ein Mädchen in Indien." Er hatte seine Girlande abgelegt. Clarissa konnte daraus machen, was sie wollte.

"Verliebt!" Sie sagte. Dass er in seinem Alter von diesem Monster in seine kleine Fliege gesaugt werden sollte! Und an seinem Hals ist kein Fleisch; seine Hände sind rot; und er ist sechs Monate älter als ich! ihr Blick blitzte zu ihr zurück; aber in ihrem Herzen spürte sie trotzdem, dass er verliebt war. Er hat das, fühlte sie; er ist verliebt.

Aber der unbezähmbare Egoismus, der die Heerscharen, die sich ihm widersetzen, für immer hinunterschwemmt, der Fluss, der „Weiter, weiter, weiter" sagt; auch wenn es, wie es zugibt, vielleicht überhaupt kein Ziel für uns gibt, immer noch weiter, weiter; dieser unbezähmbare Egoismus füllte ihre Wangen mit Farbe ; ließ sie sehr jung aussehen; sehr rosa; Mit ganz strahlenden Augen saß sie da, ihr Kleid auf dem Knie, die Nadel am Ende der grünen Seide festgehalten, und zitterte ein wenig. Er war verliebt! Nicht mit ihr. Natürlich mit einer jüngeren Frau.

"Und wer ist sie?" Sie fragte.

Nun muss diese Statue aus ihrer Höhe geholt und zwischen ihnen abgesetzt werden.

„Leider eine verheiratete Frau", sagte er; „die Frau eines Majors der indischen Armee."

Und mit einer merkwürdig ironischen Süße lächelte er, als er sie auf diese lächerliche Weise vor Clarissa stellte.

(Trotzdem ist er verliebt, dachte Clarissa.)

„Sie hat", fuhr er sehr vernünftig fort, „zwei kleine Kinder; ein Junge und ein Mädchen; und ich bin wegen der Scheidung zu meinen Anwälten gekommen."

Da sind sie! er dachte. Mach mit ihnen, was du willst, Clarissa! Da sind sie! Und von Sekunde zu Sekunde kam es ihm so vor, als würden die Frau des Majors der indischen Armee (seine Daisy) und ihre beiden kleinen Kinder immer liebenswerter, je mehr Clarissa sie ansah; als hätte er ein graues Kügelchen auf einem Teller angezündet und dort wäre in der frischen, vom Meer gesalzenen Luft ihrer Intimität ein schöner Baum aufgegangen (denn in gewisser Weise verstand ihn niemand und fühlte mit ihm nicht so wie Clarissa) – ihre exquisite Intimität.

Sie schmeichelte ihm; Sie hat ihn getäuscht, dachte Clarissa; Sie formt die
Frau, die Frau des Majors der indischen Armee, mit drei Messerhieben. Was
für eine Verschwendung! Was für eine Torheit! Sein ganzes Leben lang war
Peter so getäuscht worden; Zuerst wurde er von Oxford nach unten
geschickt; Als nächstes heiratet er das Mädchen auf dem Boot, das nach
Indien fährt. Jetzt war sie die Frau eines Majors der indischen Armee – Gott
sei Dank hatte sie sich geweigert, ihn zu heiraten! Dennoch war er verliebt;
ihr alter Freund, ihr lieber Peter, er war verliebt.

„Aber was wirst du tun?" Sie hat ihn gefragt. Oh, die Anwälte und Anwälte,
die Herren Hooper und Grateley von Lincoln's Inn, sie würden es tun, sagte
er. Und er hat sich tatsächlich mit seinem Taschenmesser die Nägel
geschliffen.

Um Himmels willen, lass dein Messer in Ruhe! sie weinte in unbändiger
Verärgerung vor sich hin; es war seine alberne Unkonventionalität, seine
Schwäche; ihm fehlte der Hauch einer Ahnung davon, was irgendjemand
sonst empfand, was sie geärgert hatte, sie schon immer geärgert hatte; und
jetzt in seinem Alter, wie albern!

Das weiß ich alles, dachte Peter; Ich weiß, womit ich es zu tun habe, dachte
er und fuhr mit dem Finger über die Klinge seines Messers, Clarissa und
Dalloway und alle anderen; aber ich werde es Clarissa zeigen – und dann
brach er zu seiner völligen Überraschung, plötzlich von diesen
unkontrollierbaren Kräften, die durch die Luft geschleudert wurden, in
Tränen aus; weinte; weinte ohne die geringste Scham, saß auf dem Sofa und
die Tränen liefen ihm über die Wangen.

Und Clarissa hatte sich nach vorne gebeugt, seine Hand genommen, ihn an
sich gezogen, ihn geküsst – hatte tatsächlich sein Gesicht auf ihrem gespürt,
bevor sie das Schwingen silberner, blitzender Federn wie Pampasgras in
einem tropischen Sturm in ihrer Brust unterdrücken konnte, die, Nachdem
sie nachgelassen hatte, hielt sie seine Hand, tätschelte sein Knie, und als sie
sich außerordentlich wohl und unbeschwert mit ihm zurücklehnte, überkam
sie plötzlich: „Wenn ich ihn geheiratet hätte, wäre diese Fröhlichkeit mir
zugefallen." den ganzen Tag!

Für sie war alles vorbei. Das Laken war gespannt und das Bett schmal. Sie
war allein in den Turm hinaufgegangen und hatte sie in der Sonne
Brombeeren brüten lassen. Die Tür hatte sich geschlossen, und da, zwischen
dem Staub des heruntergefallenen Putzes und dem Übereinander von
Vogelnestern, wie weit die Aussicht gewirkt hatte, und die Geräusche waren
dünn und kalt (einmal auf Leith Hill, erinnerte sie sich), und Richard,
Richard! Sie weinte, wie ein Schläfer in der Nacht aufschreckt und im

Dunkeln hilfesuchend die Hand ausstreckt. Beim Mittagessen mit Lady Bruton kam es ihr wieder in den Sinn. Er hat mich verlassen; „Ich bin für immer allein" , dachte sie und faltete die Hände auf dem Knie.

Peter Walsh war aufgestanden, ging zum Fenster, stand mit dem Rücken zu ihr und schnippte mit einem Kopftuch von einer Seite zur anderen. Er sah meisterhaft, trocken und trostlos aus, seine dünnen Schulterblätter hoben leicht seinen Mantel; putzte sich heftig die Nase. Nimm mich mit, dachte Clarissa impulsiv, als würde er direkt zu einer großen Reise aufbrechen; und dann, im nächsten Moment, war es, als ob die fünf Akte eines Theaterstücks, das sehr aufregend und bewegend gewesen war, nun zu Ende wären und sie ein Leben lang in ihnen gelebt hatte und weggelaufen wäre, mit Peter zusammengelebt hätte und es nun vorbei wäre.

Nun war es an der Zeit, umzuziehen, und als eine Frau ihre Sachen, ihren Umhang, ihre Handschuhe, ihr Opernglas, zusammenpackt und aufsteht, um aus dem Theater auf die Straße zu gehen, stand sie vom Sofa auf und ging zu Peter .

Und es war furchtbar seltsam, dachte er, wie sie immer noch die Macht hatte, den Mond, den er verabscheute, bei Bourton auf der Terrasse aufgehen zu lassen, während sie klingelnd und raschelnd durch das Zimmer kam, immer noch die Macht hatte, den Mond, den er verabscheute, aufgehen zu lassen der Sommerhimmel.

„Erzähl es mir " , sagte er und packte sie an den Schultern. „Bist du glücklich, Clarissa? Hat Richard –"

Die Tür öffnete sich.

„Hier ist meine Elizabeth", sagte Clarissa emotional, vielleicht theatralisch.

„Wie geht's ?" sagte Elizabeth und trat vor.

Der Klang von Big Ben, der die halbe Stunde schlug, erklang mit außergewöhnlicher Kraft zwischen ihnen , als würde ein junger Mann, stark, gleichgültig, rücksichtslos, Hanteln hin und her schwingen.

„Hallo, Elizabeth!" rief Peter, steckte sein Taschentuch in die Tasche, ging schnell auf sie zu, sagte „Lebe wohl, Clarissa", ohne sie anzusehen, verließ schnell das Zimmer, rannte die Treppe hinunter und öffnete die Flurtür.

"Peter! Peter!" rief Clarissa und folgte ihm auf den Treppenabsatz. „Meine Party heute Abend! Erinnern Sie sich an meine Party heute Abend!" Sie weinte, musste ihre Stimme gegen den Lärm im Freien erheben, und überwältigt vom Verkehr und dem Lärm aller Uhren, die schlugen, rief ihre

Stimme: „Erinnern Sie sich an meine Party heute Abend!" klang zerbrechlich und dünn und sehr weit weg, als Peter Walsh die Tür schloss.

„Erinnern Sie sich an meine Party, erinnern Sie sich an meine Party", sagte Peter Walsh, als er die Straße entlangging und rhythmisch mit sich selbst sprach, im Takt des Klangflusses, dem direkten, geradezu Klang des Big Ben, der die halbe Stunde schlug. (Die bleiernen Kreise lösten sich in der Luft auf.) Oh, diese Partys, dachte er; Clarissas Partys. Warum gibt sie diese Partys, dachte er. Nicht, dass er ihr oder diesem Bildnis eines Mannes im Frack und mit einer Nelke im Knopfloch, der auf ihn zukam, einen Vorwurf machte. Nur ein einziger Mensch auf der Welt konnte so sein, wie er war: verliebt. Und da war er, dieser glückliche Mann, er selbst, gespiegelt in der Glasscheibe eines Automobilherstellers in der Victoria Street. Ganz Indien lag hinter ihm; Ebenen, Berge; Cholera-Epidemien; ein Bezirk, der doppelt so groß ist wie Irland; Entscheidungen, die er allein getroffen hatte – er, Peter Walsh; der jetzt zum ersten Mal in seinem Leben wirklich verliebt war. Clarissa war hart geworden, dachte er; und obendrein ein wenig sentimental, vermutete er, als er sich die großen Automobile ansah, die dazu in der Lage waren – wie viele Meilen mit wie vielen Gallonen? Denn er hatte ein Faible für Mechanik; hatte in seinem Bezirk einen Pflug erfunden, hatte Schubkarren aus England bestellt, aber die Kulis wollten sie nicht benutzen, wovon Clarissa überhaupt nichts wusste.

Die Art und Weise, wie sie sagte: „Hier ist meine Elizabeth!" – das ärgerte ihn. Warum nicht einfach „Here's Elizabeth"? Es war unaufrichtig. Und Elizabeth gefiel es auch nicht. (Noch immer erschütterte das letzte Zittern der großen dröhnenden Stimme die Luft um ihn herum; die halbe Stunde; noch früh; erst noch halb elf.) Denn er verstand junge Leute; er mochte sie. In Clarissa war immer etwas Kaltes, dachte er. Sie hatte schon immer, schon als Mädchen, eine Art Schüchternheit gehabt, die im mittleren Alter zur Konvention wird, und dann ist alles vorbei, es ist alles vorbei, dachte er, blickte ziemlich trübsinnig in die gläsernen Tiefen und fragte sich, ob sie zu dieser Stunde anrief er hatte sie geärgert; Plötzlich überkam mich die Scham darüber, ein Narr gewesen zu sein; weinte; war emotional; erzählte ihr alles, wie immer, wie immer.

Während eine Wolke die Sonne durchquert, herrscht Stille über London; und fällt mir in den Sinn. Die Anstrengung hört auf. Zeitklappen am Mast. Da bleiben wir stehen; Da stehen wir. Starr, allein das Skelett der Gewohnheit trägt den menschlichen Körper. Wo nichts ist, sagte sich Peter Walsh; Ich fühle mich ausgehöhlt, völlig leer im Inneren. Clarissa lehnte mich ab, dachte er. Er stand da und dachte: Clarissa lehnte mich ab.

„Ah", sagte St. Margaret's, wie eine Gastgeberin, die pünktlich zur vollen Stunde in ihr Wohnzimmer kommt und ihre Gäste dort bereits vorfindet. Ich bin nicht zu spät. Nein, es sei genau halb elf, sagt sie. Doch obwohl sie vollkommen Recht hat, zögert ihre Stimme, da sie die Stimme der Gastgeberin ist, ihre Individualität hervorzuheben. Etwas Trauer um die Vergangenheit hält es zurück; etwas Sorge um die Gegenwart. Es ist halb elf, sagt sie, und der Klang der Margaretenkirche dringt in die Tiefen des Herzens und vergräbt sich in einem Klang nach dem anderen, wie etwas Lebendiges, das sich anvertrauen, sich zerstreuen, sein will, mit einem Schauder der Freude, in Ruhe – wie Clarissa selbst, dachte Peter Walsh, als sie pünktlich zur vollen Stunde in Weiß die Treppe herunterkam. Es ist Clarissa selbst, dachte er mit tiefer Rührung und einer außerordentlich klaren, aber dennoch rätselhaften Erinnerung an sie, als wäre diese Glocke vor Jahren in das Zimmer gekommen, in dem sie in einem Moment großer Intimität saßen, und verschwunden von einem zum anderen und war wie eine Biene mit Honig, beladen mit dem Moment, gegangen. Aber welches Zimmer? Welcher Moment? Und warum hatte er sich so sehr gefreut, als die Uhr schlug? Dann, als der Klang der St.-Margaret-Kirche verklang, dachte er: Sie war krank, und der Klang drückte Trägheit und Leiden aus. Es war ihr Herz, erinnerte er sich; und die plötzliche Lautstärke des letzten Schlags läutete den Tod ein, der mitten im Leben überraschte, als Clarissa dort, wo sie stand, in ihrem Wohnzimmer fiel. NEIN! NEIN! er weinte. Sie ist nicht tot! „Ich bin nicht alt", rief er und marschierte die Whitehall hinauf, als ob dort kraftvoll und endlos seine Zukunft auf ihn zurollte.

Er war nicht im Geringsten alt, gefestigt oder ausgetrocknet. Was die Frage anging, was sie über ihn sagten – die Dalloways , die Whitbreads und ihre Gruppe –, es kümmerte ihn nicht im Geringsten – nicht im Geringsten (obwohl es wahr war, dass er irgendwann einmal abwarten musste, ob Richard nicht helfen konnte ihn zu einem Job). Mit großen Schritten starrte er auf die Statue des Herzogs von Cambridge. Er war aus Oxford hergeschickt worden – stimmt. Er war ein Sozialist gewesen, in gewisser Weise ein Versager – wahr. Dennoch liege die Zukunft der Zivilisation , dachte er, in den Händen solcher jungen Männer; von jungen Männern wie er vor dreißig Jahren; mit ihrer Liebe zu abstrakten Prinzipien; Sie bekamen Bücher von London bis zu einem Gipfel im Himalaya geschickt; Wissenschaft lesen; Lesephilosophie. In den Händen solcher jungen Männer liegt die Zukunft, dachte er.

Von hinten ertönte ein Prasseln wie das Klappern von Blättern in einem Wald, und mit ihm ein raschelndes, gleichmäßiges, dröhnendes Geräusch, das, als es ihn überholte, ohne sein Zutun seine Gedanken streng im Gleichschritt die Whitehall hinauf trommelte. Jungen in Uniform, bewaffnet mit Waffen, marschierten mit den Augen voraus, marschierten mit steifen

Armen und auf ihren Gesichtern ein Ausdruck wie die Buchstaben einer Legende, die um den Sockel einer Statue geschrieben war, die Pflicht, Dankbarkeit, Treue und Liebe zu England preist .

Es ist eine sehr gute Ausbildung, dachte Peter Walsh, als er begann, mit ihnen Schritt zu halten. Aber sie sahen nicht robust aus. Die meisten von ihnen waren verkümmert, sechzehnjährige Jungen, die vielleicht morgen hinter Reisschüsseln und Seifenstücken auf der Arbeitsplatte stehen würden. Jetzt trugen sie, ungerührt von sinnlichem Vergnügen oder alltäglichen Sorgen, die Feierlichkeit des Kranzes, den sie vom Finsbury-Pflaster zum leeren Grab geholt hatten. Sie hatten ihr Gelübde abgelegt. Der Verkehr respektierte es; Transporter wurden angehalten.

Ich kann nicht mit ihnen mithalten, dachte Peter Walsh, als sie Whitehall hinaufmarschierten, und tatsächlich marschierten sie weiter, an ihm vorbei, an jedem vorbei, auf ihre gleichmäßige Art und Weise, als würde man Beine und Arme gleichmäßig bearbeiten , und Das Leben mit seinen Vielfalten und Widerständlichkeiten war unter einem Pflaster aus Denkmälern und Kränzen gelegt und durch Disziplin zu einem steifen, aber starrenden Leichnam gemacht worden. Man musste es respektieren; man könnte lachen; aber man müsse es respektieren, dachte er. Da haben sie es, dachte Peter Walsh und blieb am Rand des Bürgersteigs stehen; und all die erhabenen Statuen, Nelson, Gordon, Havelock, die Schwarzen, die spektakulären Bilder großer Soldaten standen da und schauten vor sich, als hätten auch sie denselben Verzicht geleistet (Peter Walsh hatte das Gefühl, dass auch er es geschafft hatte, den großen Verzicht). , zertrampelt unter den gleichen Versuchungen und erlangte schließlich einen marmornen Blick. Aber den Blick, den Peter Walsh für sich selbst nicht brauchte; obwohl er es bei anderen respektieren konnte. Er konnte es bei Jungen respektieren. Sie kennen die Nöte des Fleisches noch nicht, dachte er, als die marschierenden Jungen in Richtung Strand verschwanden – alles, was ich durchgemacht habe, dachte er, als er die Straße überquerte und unter Gordons Statue stand, Gordon, der als Junge hatte er angebetet; Gordon stand einsam da, mit erhobenem Bein und verschränkten Armen – armer Gordon, dachte er.

Und gerade weil außer Clarissa noch niemand wusste, dass er in London war, und ihm die Erde nach der Reise immer noch wie eine Insel vorkam, überkam ihn die Seltsamkeit, um halb elf allein, lebendig und unbekannt auf dem Trafalgar Square zu stehen. Was ist es? Wo bin ich? Und warum macht man das überhaupt? dachte er, die Scheidung schien nur Mondschein zu sein. Und sein Geist wurde flach wie ein Sumpf, und drei große Gefühle überkamen ihn; Verständnis; eine große Philanthropie; und schließlich, als wäre es das Ergebnis der anderen, ein unbändiges, exquisites Vergnügen; als würden in seinem Gehirn von einer anderen Hand Fäden gezogen, Fensterläden bewegt, und er, der nichts damit zu tun hatte, stand dennoch an der Öffnung endloser Alleen, durch die er, wenn er wollte, wandern konnte. Er hatte sich seit Jahren nicht mehr so jung gefühlt.

Er war entkommen! war völlig frei – wie es beim Untergang der Gewohnheit geschieht, wenn sich der Geist wie eine unbewachte Flamme beugt und beugt und den Eindruck erweckt, als würde er gleich aus seiner Umklammerung gerissen. Ich habe mich seit Jahren nicht mehr so jung gefühlt! dachte Peter, der (natürlich nur für etwa eine Stunde) dem Sein entkam, der er war, und sich wie ein Kind fühlte, das aus der Tür rennt und dabei sieht, wie seine alte Amme am falschen Fenster winkt. Aber sie ist außerordentlich attraktiv, dachte er, als eine junge Frau auf sie zukam, als sie über den Trafalgar Square in Richtung Haymarket ging. Als sie an Gordons Statue vorbeikam, schien Peter Walsh (so empfänglich er auch war) einen Schleier nach dem anderen abzuwerfen , bis sie genau die Frau wurde, die er immer im Sinn hatte; jung, aber stattlich; fröhlich, aber diskret; schwarz, aber bezaubernd.

Er richtete sich auf und griff heimlich nach seinem Taschenmesser, um ihr zu folgen, um dieser Frau zu folgen, dieser Erregung, die sogar mit dem Rücken zu ihm ein Licht zu werfen schien, das sie verband, das ihn hervorhob, als ob der zufällige Aufruhr der Der Verkehr hatte durch ausgehöhlte Hände seinen Namen geflüstert, nicht Peter, sondern seinen Privatnamen, den er sich in seinen eigenen Gedanken nannte. „Du", sagte sie, nur „du", sagte sie mit ihren weißen Handschuhen und ihren Schultern. Dann wehte der dünne lange Umhang, den der Wind bewegte, als sie an Dents Laden in der Cockspur Street vorbeiging, mit einer umhüllenden Freundlichkeit, einer traurigen Zärtlichkeit, wie von Armen, die sich öffnen und die Müden aufnehmen würden –

Aber sie ist nicht verheiratet; Sie ist jung; Ziemlich jung, dachte Peter, die rote Nelke, die er gesehen hatte, als sie über den Trafalgar Square kam, brannte wieder in seinen Augen und ließ ihre Lippen rot werden. Aber sie wartete am Bordstein . Sie hatte eine Würde. Sie war nicht weltgewandt wie Clarissa; nicht reich, wie Clarissa. War sie, fragte er sich, während sie sich bewegte, respektabel? Witzig, mit der flackernden Zunge einer Eidechse, dachte er (denn man muss erfinden, muss sich ein wenig Ablenkung gönnen), ein kühler, abwartender Witz, ein scharfsinniger Witz; nicht laut.

Sie ist umgezogen; sie ging hinüber; er folgte ihr. Sie in Verlegenheit zu bringen war das Letzte, was er wollte. Wenn sie jedoch anhielt, sagte er: „Komm und iss ein Eis", und sie antwortete ganz einfach: „Oh ja."

Aber andere Leute stellten sich auf der Straße zwischen sie, behinderten ihn und überdeckten sie. Er verfolgte; Sie hat sich verändert. Ihre Wangen waren rot ; Spott in ihren Augen; Er war ein Abenteurer, rücksichtslos, dachte er, schnell, wagemutig, tatsächlich (wie er letzte Nacht aus Indien gelandet war) ein romantischer Freibeuter, der sich nicht um all diese verdammten

Anstandsregeln kümmerte, gelbe Morgenmäntel, Pfeifen, Angelruten, im Laden Fenster; und Seriosität und Abendpartys und gepflegte alte Männer, die weiße Slips unter ihren Westen tragen. Er war ein Freibeuter. Sie ging immer weiter, über Piccadilly und die Regent Street hinauf, vor ihm her, ihr Umhang, ihre Handschuhe, ihre Schultern vermischten sich mit den Fransen und Spitzen und den Federboas in den Fenstern, um den Geist von Pracht und Launen zu erzeugen, der schwand aus den Geschäften auf den Bürgersteig, während das Licht einer Lampe nachts über Hecken in der Dunkelheit schwankt.

Lachend und erfreut hatte sie die Oxford Street und die Great Portland Street überquert und war in eine der kleinen Straßen abgebogen, und jetzt, und jetzt, rückte der große Moment näher, denn jetzt ließ sie nach, öffnete ihre Tasche und warf einen Blick in seine Richtung , aber nicht auf ihn, ein Blick, der Abschied nahm, die ganze Situation zusammenfasste und sie triumphierend für immer abtat , sie hatte ihren Schlüssel hineingesteckt, die Tür geöffnet und war gegangen! Clarissas Stimme, die sagte: „Erinnere dich an meine Party, Erinnere dich an meine Party", sang in seinen Ohren. Das Haus war eines dieser flachen roten Häuser mit hängenden Blumenkörben, die irgendwie unpassend waren. Es war vorbei.

Nun, ich hatte meinen Spaß; Ich habe es satt, dachte er und blickte zu den schaukelnden Körben mit hellen Geranien auf. Und es wurde in Atome zerschlagen – sein Spaß, denn es war halbfertig, wie er sehr gut wusste; erfunden, diese Eskapade mit dem Mädchen; geschminkt, so wie man den größten Teil des Lebens wieder gut macht, dachte er – sich selbst schminken; sie erfinden; ein exquisites Vergnügen schaffen und noch etwas mehr. Aber es war seltsam und ganz wahr; All dies konnte man niemals teilen – es zerschmetterte in Atome.

Er hat sich gedreht; ging die Straße hinauf und überlegte, einen Platz zum Sitzen zu finden, bis es Zeit für Lincoln's Inn war – für die Herren Hooper und Grateley . Wohin soll er gehen? Egal. Dann die Straße hinauf in Richtung Regent's Park. Seine Stiefel auf dem Bürgersteig schlugen „egal"; denn es war früh, noch sehr früh.

Und es war ein herrlicher Morgen. Wie der Puls eines perfekten Herzens pulsierte das Leben direkt durch die Straßen. Es gab kein Herumtasten, kein Zögern. Das Auto schwenkte und schwenkte präzise, pünktlich und geräuschlos, und genau im richtigen Moment hielt es vor der Tür. Das Mädchen, in Seidenstrümpfen, mit Federn behangen, flüchtig, aber für ihn nicht besonders attraktiv (denn er hatte seine Affäre gehabt), stieg aus. Bewundernswerte Butler, gelbbraune Chow-Dogs, Flure mit schwarz-weißen Rauten und wehenden weißen Jalousien – Peter sah durch die geöffnete Tür und war begeistert. Immerhin eine auf ihre Weise herrliche

Leistung, London; die Jahreszeit; die Zivilisation ... Da er aus einer angesehenen anglo-indischen Familie stammte, die seit mindestens drei Generationen die Angelegenheiten eines Kontinents verwaltet hatte (seltsam, dachte er, was für ein Gefühl ich diesbezüglich habe, da er Indien, das Empire und die Armee so sehr verabscheute), gab es Momente, da ihm die Zivilisation , selbst diese Art, wie ein persönlicher Besitz lieb und teuer erschien; Momente, in denen er stolz auf England war, auf Butler, Chow-Dogs, Mädchen in ihrer Geborgenheit. Lächerlich genug, aber es gibt sie noch immer, dachte er. Und die Ärzte und Geschäftsleute und tüchtigen Damen, die alle ihren Geschäften nachgingen, pünktlich, aufmerksam und robust, erschienen ihm durch und durch bewundernswert, gute Kerle, denen man sein Leben anvertrauen würde, Gefährten in der Lebenskunst, die einen durchs Leben begleiten würden. Abgesehen von dem einen oder anderen war die Show eigentlich sehr erträglich; und er setzte sich in den Schatten und rauchte.

Da war der Regent's Park. Ja. Als Kind war er im Regent's Park spazieren gegangen – merkwürdig, dachte er, wie mir die Kindheit immer wieder in den Sinn kommt – vielleicht, weil ich Clarissa gesehen hatte; denn Frauen leben viel mehr in der Vergangenheit als wir, dachte er. Sie hängen an Orten; und an ihren Vätern – eine Frau ist immer stolz auf ihren Vater. Bourton war ein netter Ort, ein sehr netter Ort, aber ich kam nie mit dem alten Mann klar, dachte er. Eines Abends gab es eine ziemliche Szene – einen Streit über irgendetwas, was, er konnte sich nicht erinnern. Vermutlich Politik.

Ja, er erinnerte sich an Regent's Park; der lange gerade Spaziergang; links das kleine Haus, in dem man Luftbälle kaufte; eine absurde Statue mit irgendwo einer Inschrift. Er suchte nach einem freien Platz. Er wollte sich nicht von Leuten belästigen lassen, die ihn nach der Uhrzeit fragten (da er sich ein wenig schläfrig fühlte). Eine ältere, graue Krankenschwester mit einem schlafenden Baby im Kinderwagen – das war das Beste, was er für sich tun konnte; Setzen Sie sich ans andere Ende des Sitzes neben dieser Krankenschwester.

Sie ist ein seltsam aussehendes Mädchen, dachte er und erinnerte sich plötzlich an Elizabeth, als sie ins Zimmer kam und ihrer Mutter zur Seite stand. Groß geworden; ziemlich erwachsen, nicht gerade hübsch; eher hübsch; und sie darf nicht älter als achtzehn sein. Wahrscheinlich versteht sie sich nicht mit Clarissa. „Da ist meine Elizabeth" – so etwas in der Art – warum nicht einfach „Hier ist Elizabeth"? – und wie die meisten Mütter versuchen zu erkennen, dass die Dinge sind, was sie nicht sind. Sie vertraut zu sehr auf ihren Charme, dachte er. Sie übertreibt es.

Der kräftige, wohltuende Zigarrenrauch strömte kühl durch seine Kehle; er blies es erneut in Ringen aus, die einen Moment lang tapfer in der Luft schwebten; blau, kreisförmig – ich werde versuchen, heute Abend allein mit Elizabeth zu reden, dachte er –, dann begann es sich in die Form einer Sanduhr zu bewegen und sich zu verjüngen; Sie nehmen seltsame Formen an, dachte er. Plötzlich schloss er die Augen, hob mühsam die Hand und warf das schwere Ende seiner Zigarre weg. Ein großes Gestrüpp strich glatt über seinen Geist, bewegte Zweige, Kinderstimmen, das Schlurfen von Füßen und vorbeikommende Menschen und das Summen des Verkehrs, steigender und fallender Verkehr. Tiefer, tiefer sank er in die Federn und Federn des Schlafes, sank und wurde eingehüllt.

Die graue Krankenschwester begann weiter zu stricken, während Peter Walsh, der auf dem heißen Sitz neben ihr saß, zu schnarchen begann. In ihrem grauen Kleid, das ihre Hände unermüdlich und doch leise bewegte, wirkte sie wie die Verfechterin der Rechte der Schläfer, wie eine dieser geisterhaften Erscheinungen, die in der Dämmerung in Wäldern aus Himmel und Zweigen aufsteigen. Der einsame Reisende , der Gassen verfolgt, Farne stört und große Hemlockpflanzen vernichtet, blickt auf und sieht plötzlich die riesige Gestalt am Ende der Fahrt.

Da er vielleicht überzeugter Atheist ist, wird er von Momenten außergewöhnlicher Begeisterung überrascht. Außerhalb von uns existiert nichts außer einem Geisteszustand, denkt er; ein Wunsch nach Trost, nach Erleichterung, nach etwas außerhalb dieser elenden Zwerge, dieser schwachen, dieser hässlichen, dieser feigen Männer und Frauen. Aber wenn er sie sich vorstellen kann, dann existiert sie in irgendeiner Form, denkt er, und während er den Weg entlanggeht, den Blick auf den Himmel und die Zweige gerichtet, verleiht er ihnen schnell Weiblichkeit; sieht mit Erstaunen, wie ernst sie werden; Wie majestätisch, während der Wind sie bewegt, verzichten sie auf ein dunkles Flattern der Blätter, Barmherzigkeit, Verständnis, Absolution, und werfen sich dann plötzlich in die Höhe und verwechseln die Frömmigkeit ihres Aussehens mit einem wilden Gelage.

Reisenden große Füllhörner voller Früchte darbieten oder in seinem Ohr murmeln wie Sirenen, die auf den grünen Meereswellen davontanzen, oder die ihm ins Gesicht schlagen wie Rosensträuße oder wie blasse Gesichter an die Oberfläche steigen die Fischer durch die Fluten tappen, um sie zu umarmen.

Das sind die Visionen, die unaufhörlich auftauchen, nebenhergehen und ihre Gesichter vor das eigentliche Ding richten; oft überwältigt es den einsamen Reisenden und nimmt ihm das Gefühl für die Erde, den Wunsch nach Rückkehr und gibt ihm stattdessen einen allgemeinen Frieden, als ob (so denkt er, während er den Waldritt hinunterschreitet) all dieses Fieber des Lebens wäre Einfachheit selbst; und Myriaden von Dingen verschmolzen in einer Sache; und diese Gestalt, die aus Himmel und Zweigen besteht, hatte sich aus dem aufgewühlten Meer erhoben (er ist schon älter, jetzt über fünfzig), als würde eine Gestalt aus den Wellen aufgesaugt werden, um aus ihren prächtigen Händen Mitgefühl, Verständnis, Absolution. Also, denkt er, möge ich nie wieder zum Lampenlicht zurückkehren; zum Wohnzimmer; beende mein Buch nie; Schlag mir niemals die Pfeife aus; Rufen Sie Mrs. Turner niemals an, damit sie wegräumt. Lass mich lieber direkt zu dieser großen Gestalt gehen, die mich mit einer Kopfbewegung auf ihre Luftschlangen besteigen und mich mit den anderen in die Luft jagen lässt.

Das sind die Visionen. Der einsame Reisende ist bald hinter dem Wald; Und dort kommt eine ältere Frau mit beschatteten Augen, möglicherweise um auf seine Rückkehr zu warten, mit erhobenen Händen und wehender weißer Schürze zur Tür, die (so mächtig ist diese Gebrechlichkeit) scheinbar in der Wüste nach einem verlorenen Sohn sucht ; nach einem zerstörten Reiter suchen; die Figur der Mutter zu sein, deren Söhne in den Schlachten der Welt getötet wurden. Als der einsame Reisende die Dorfstraße entlang geht , wo die Frauen stricken und die Männer im Garten buddeln, erscheint der Abend bedrohlich; die Zahlen noch; als ob ein erhabenes Schicksal, das sie kannten und das sie ohne Angst erwarteten, sie in die völlige Vernichtung stürzen würde.

Drinnen, zwischen gewöhnlichen Dingen, dem Schrank, dem Tisch, dem Fensterbrett mit seinen Geranien, werden plötzlich die Umrisse der Wirtin, die sich beugt, um das Tuch abzunehmen, weich im Licht, ein entzückendes Symbol, das uns nur die Erinnerung an kalte menschliche Kontakte verbietet umarmen. Sie nimmt die Marmelade; sie schließt es im Schrank.

„Heute Abend gibt es nichts mehr, Sir?"

Aber wem antwortet der einsame Reisende ?

Also strickte die ältere Krankenschwester im Regent's Park über das schlafende Baby. Also schnarchte Peter Walsh.

Er erwachte äußerst plötzlich und sagte sich: „Der Tod der Seele."

„Herr, Herr!" sagte er laut zu sich selbst, streckte sich und öffnete die Augen. „Der Tod der Seele." Die Worte hingen an einer Szene, an einem Raum, an einer Vergangenheit, von der er geträumt hatte. Es wurde klarer; die Szene, der Raum, die Vergangenheit, von der er geträumt hatte.

Es war in jenem Sommer in Bourton, Anfang der neunziger Jahre, als er so leidenschaftlich in Clarissa verliebt war. Es waren sehr viele Leute da, lachten und redeten, saßen nach dem Tee um einen Tisch und der Raum war in gelbes Licht getaucht und voller Zigarettenrauch. Sie sprachen von einem Mann, der sein Hausmädchen, einen der benachbarten Gutsbesitzer, geheiratet hatte, er hatte seinen Namen vergessen. Er hatte sein Hausmädchen geheiratet, und sie war zu einem Besuch nach Bourton gebracht worden – es war ein schrecklicher Besuch gewesen. Sie war absurd überkleidet, „wie ein Kakadu", hatte Clarissa nachgeahmt, und sie hörte nie auf zu reden. Sie ging immer weiter, immer weiter. Clarissa ahmte sie nach. Dann sagte jemand – es war Sally Seton –, ob es einen wirklichen Unterschied für die Gefühle machte, zu wissen, dass sie vor ihrer Hochzeit ein Baby bekommen hatte? (Damals war das in gemischter Gesellschaft eine kühne Aussage.) Er konnte jetzt Clarissa sehen, die leuchtend rosa wurde; irgendwie zusammenziehend; und sagte: „Oh, ich werde nie wieder mit ihr sprechen können!" Daraufhin schien die ganze Gesellschaft, die um den Teetisch saß, zu schwanken. Es war sehr unangenehm.

Er hatte es ihr nicht verübelt, dass sie sich darüber im Klaren war, da damals ein Mädchen, das so erzogen wurde, nichts wusste, aber es war ihr Verhalten, das ihn ärgerte; schüchtern; hart; etwas Arrogantes; einfallslos; prüde. „Der Tod der Seele." Er hatte das instinktiv gesagt und den Moment wie immer verkündet – den Tod ihrer Seele.

Alle wackelten; Jeder schien sich zu verbeugen, während sie sprach, und dann anders aufzustehen. Er konnte Sally Seton sehen, wie ein Kind, das Unfug getrieben hat, sich nach vorne beugte, ziemlich errötet war und reden wollte, aber Angst hatte, und Clarissa machte den Leuten tatsächlich Angst. (Sie war Clarissas beste Freundin, immer unterwegs, völlig anders als sie, ein attraktives Wesen, gutaussehend, dunkelhäutig, mit dem Ruf, sehr gewagt zu sein, und er schenkte ihr Zigarren, die sie in ihrem Schlafzimmer rauchte. Das hatte sie (Entweder war sie mit jemandem verlobt oder sie hatte Streit mit ihrer Familie, und der alte Parry mochte sie beide gleichermaßen nicht, was eine große Bindung darstellte.) Dann stand Clarissa, immer noch mit der Miene, von allen beleidigt zu sein, auf, entschuldigte sich und ging weg. allein. Als sie die Tür öffnete, kam dieser große, struppige Hund herein, der den Schafen nachlief. Sie warf sich auf ihn, geriet ins Schwärmen. Es war, als ob sie zu Peter sagte – es war alles auf ihn gerichtet, das wusste er – „ Ich weiß, dass du mich gerade wegen dieser Frau für absurd gehalten hast; aber sehen Sie, wie außerordentlich mitfühlend ich bin; Schau, wie ich meinen Rob liebe!"

Sie hatten immer diese seltsame Fähigkeit, ohne Worte zu kommunizieren. Sie wusste sofort, dass er sie kritisierte . Dann würde sie etwas ganz Offensichtliches tun, um sich zu verteidigen, wie diese Aufregung mit dem Hund – aber es hat ihn nie gefangen genommen, er hat Clarissa immer durchschaut. Natürlich hat er nichts gesagt; saß einfach nur da und schaute bedrückt. So begannen ihre Streitigkeiten oft.

Sie schloss die Tür. Sofort wurde er extrem deprimiert. Es schien alles sinnlos – weiterhin verliebt zu sein; weiter streiten; Er dachte weiter darüber nach, und er wanderte allein zwischen Nebengebäuden und Ställen umher und betrachtete die Pferde. (Der Ort war ziemlich bescheiden; den Parrys ging es nie sehr gut; aber es waren immer Pferdeknechte und Stallburschen da – Clarissa liebte das Reiten – und ein alter Kutscher – wie war sein Name? – eine alte Krankenschwester, der alte Moody, die alte Goody, so nannten sie sie, die man in einem kleinen Raum mit vielen Fotos und vielen Vogelkäfigen besuchte.)

Es war ein schrecklicher Abend! Er wurde immer düsterer, nicht nur deswegen; über alles. Und er konnte sie nicht sehen; konnte es ihr nicht erklären; Konnte es nicht herausbekommen. Es waren immer Leute da – sie tat so, als wäre nichts passiert. Das war der teuflische Teil von ihr – diese Kälte, dieses Hölzerne, etwas sehr Tiefes in ihr, das er heute Morgen wieder gespürt hatte, als er mit ihr gesprochen hatte; eine Undurchdringlichkeit. Doch der Himmel weiß, dass er sie liebte. Sie hatte eine seltsame Fähigkeit, einem auf die Nerven zu gehen und die Nerven in Geigensaiten zu verwandeln, ja.

Er war ziemlich spät zum Abendessen gegangen, aus der dummen Idee heraus, sich bemerkbar zu machen, und hatte sich bei der alten Miss Parry – Tante Helena – Mr. Parrys Schwester, die den Vorsitz führen sollte. Da saß sie in ihrem weißen Kaschmirschal , den Kopf gegen das Fenster gelehnt – eine beeindruckende alte Dame, aber freundlich zu ihm, denn er hatte eine seltene Blumc für sie gefunden, und sie war eine große Botanikerin und marschierte in dicken Stiefeln mit einem schwarzen Hut davon Sammelbox zwischen ihren Schultern. Er setzte sich neben sie und konnte nicht sprechen. Alles schien an ihm vorbeizurasen; Er saß einfach da und aß. Und dann, mitten im Abendessen, sah er zum ersten Mal zu Clarissa hinüber. Sie sprach mit einem jungen Mann zu ihrer Rechten. Er hatte eine plötzliche Offenbarung. „Sie wird diesen Mann heiraten“, sagte er sich. Er kannte nicht einmal seinen Namen.

Denn natürlich war es an diesem Nachmittag, genau an diesem Nachmittag, als Dalloway vorbeigekommen war; und Clarissa nannte ihn „Wickham“; das war der Anfang von allem. Jemand hatte ihn hergebracht; und Clarissa hat seinen Namen falsch verstanden. Sie stellte ihn allen als Wickham vor. Schließlich sagte er: „Mein Name ist Dalloway!“ – das war sein erster Blick auf Richard – einen schönen jungen Mann, ziemlich unbeholfen, der auf einem Liegestuhl saß und herausplatzte: „Mein Name ist Dalloway! “ Sally

hat es in die Finger bekommen; Danach nannte sie ihn immer „Mein Name
ist Dalloway!"

Er war damals Opfer von Enthüllungen. Diese Frage – dass sie Dalloway
heiraten würde – war im Moment überwältigend und überwältigend. Es war
eine Art – wie konnte er es ausdrücken? – eine Art Leichtigkeit in ihrem
Verhalten ihm gegenüber; etwas Mütterliches; etwas Sanftes. Sie redeten über
Politik. Während des gesamten Abendessens versuchte er zu verstehen, was
sie sagten.

Danach konnte er sich daran erinnern, wie er neben dem Stuhl der alten Miss
Parry im Wohnzimmer gestanden hatte. Clarissa kam mit ihren perfekten
Manieren wie eine echte Gastgeberin und wollte ihn jemandem vorstellen –
sie sprach, als ob sie sich noch nie zuvor getroffen hätten, was ihn wütend
machte. Doch schon damals bewunderte er sie dafür. Er bewunderte ihren
Mut; ihr sozialer Instinkt; er bewunderte ihre Fähigkeit, Dinge
durchzusetzen. „Die perfekte Gastgeberin", sagte er zu ihr, woraufhin sie
zusammenzuckte. Aber er wollte, dass sie es spürte. Er hätte alles getan, um
sie zu verletzen, nachdem er sie mit Dalloway gesehen hatte. Also verließ sie
ihn. Und er hatte das Gefühl, dass sie sich alle hinter seinem Rücken zu einer
Verschwörung gegen ihn versammelt hatten – lachten und redeten. Da stand
er wie aus Holz geschnitzt neben Miss Parrys Stuhl und redete über wilde
Blumen. Noch nie hatte er so höllisch gelitten! Er muss vergessen haben,
auch nur so zu tun, als würde er zuhören; endlich wachte er auf ; Er sah, wie
Miss Parry ziemlich beunruhigt und empört aussah, während ihre
hervorstehenden Augen auf ihn gerichtet waren. Er schrie fast auf, dass er
nicht teilnehmen konnte, weil er in der Hölle war! Die Leute begannen, den
Raum zu verlassen. Er hörte, wie sie davon redeten, Mäntel zu holen;
darüber, dass es auf dem Wasser kalt ist und so weiter. Sie machten bei
Mondschein eine Bootsfahrt auf dem See – eine von Sallys verrückten Ideen.
Er konnte hören, wie sie den Mond beschrieb. Und sie gingen alle raus. Er
blieb ganz allein zurück.

„Willst du nicht mit ihnen gehen?" sagte Tante Helena – die alte Miss Parry!
– sie hatte es erraten. Und er drehte sich um und da war wieder Clarissa. Sie
war zurückgekommen, um ihn abzuholen. Er war überwältigt von ihrer
Großzügigkeit – ihrer Güte.

„Komm mit", sagte sie. „Sie warten."

Er hatte sich in seinem ganzen Leben noch nie so glücklich gefühlt! Ohne
ein Wort haben sie es erfunden. Sie gingen zum See hinunter. Er hatte
zwanzig Minuten vollkommenen Glücks. Ihre Stimme, ihr Lachen, ihr Kleid
(etwas Schwebendes, Weißes, Purpurrotes), ihr Geist, ihre Abenteuerlust; sie
ließ sie alle von Bord gehen und die Insel erkunden; sie erschreckte eine
Henne; Sie lachte; Sie sang. Und die ganze Zeit, das wusste er ganz genau,

verliebte sich Dalloway in sie; sie verliebte sich in Dalloway; aber es schien keine Rolle zu spielen. Nichts war wichtig. Sie saßen auf dem Boden und redeten – er und Clarissa. Sie gingen ohne jede Anstrengung in den Geist des anderen ein und aus. Und dann war es in einer Sekunde vorbei. Als sie ins Boot stiegen, sagte er zu sich selbst: „Sie wird diesen Mann heiraten", dumpf und ohne jeglichen Groll; aber es war eine offensichtliche Sache. Dalloway würde Clarissa heiraten.

Dalloway ruderte sie hinein. Er sagte nichts. Doch als sie zusahen, wie er anfing, auf sein Fahrrad sprang, zwanzig Meilen durch den Wald fuhr, die Auffahrt hinuntertaumelte, mit der Hand wedelte und verschwand, spürte er das alles offensichtlich instinktiv, ungeheuer stark; die Nacht; die Romanze; Clarissa. Er hatte es verdient, sie zu haben.

Für sich selbst war er absurd. Seine Forderungen an Clarissa (er konnte es jetzt sehen) waren absurd. Er stellte unmögliche Dinge. Er machte schreckliche Szenen. Sie hätte ihn vielleicht noch akzeptiert, wenn er weniger absurd gewesen wäre. Sally dachte es. Sie schrieb ihm den ganzen Sommer lang Briefe; wie sie über ihn gesprochen hatten; Wie hatte sie ihn gelobt, wie Clarissa in Tränen ausbrach! Es war ein außergewöhnlicher Sommer – alle Briefe, Szenen, Telegramme – ich kam früh am Morgen in Bourton an und blieb dort, bis die Dienerschaft aufstand; entsetzliche *Tête-à-Têtes* mit dem alten Mr. Parry beim Frühstück; Tante Helena beeindruckend, aber freundlich; Sally entführt ihn zu Gesprächen in den Gemüsegarten; Clarissa liegt mit Kopfschmerzen im Bett.

Die letzte Szene, die schreckliche Szene, von der er glaubte, dass sie ihm in seinem ganzen Leben am wichtigsten gewesen sei (vielleicht war es übertrieben, aber jetzt schien es immer noch so), ereignete sich um drei Uhr nachmittags an einem sehr heißen Tag . Es war eine Kleinigkeit, die dazu führte – Sally sagte beim Mittagessen etwas über Dalloway und nannte ihn „Mein Name ist Dalloway"; Daraufhin versteifte sich Clarissa plötzlich, errötete auf ihre Art und klopfte scharf: „Wir haben genug von diesem schwachen Witz." Das war alles; aber für ihn war es genau so, als hätte sie gesagt: „Ich amüsiere mich nur mit dir; Ich habe eine Vereinbarung mit Richard Dalloway." Also nahm er es. Er hatte nächtelang nicht geschlafen. „Es muss so oder so fertig werden", sagte er sich. Er schickte ihr eine Nachricht von Sally, in der er sie aufforderte, sich um drei mit ihm am Brunnen zu treffen. „Etwas sehr Wichtiges ist passiert", kritzelte er am Ende.

Der Brunnen befand sich mitten in einem kleinen Gebüsch, weit weg vom Haus, umgeben von Sträuchern und Bäumen. Dort kam sie, noch vor der Zeit, und sie standen mit dem Brunnen zwischen sich, aus dessen Auslauf (er war kaputt) unaufhörlich Wasser tropfte. Wie sich Anblicke auf den Geist heften! Zum Beispiel das leuchtend grüne Moos.

Sie rührte sich nicht. „Sag mir die Wahrheit, sag mir die Wahrheit", sagte er immer wieder. Es kam ihm vor, als würde ihm die Stirn platzen. Sie schien angespannt und versteinert zu sein. Sie rührte sich nicht. „Sag mir die Wahrheit", wiederholte er, als plötzlich der alte Breitkopf den Kopf streckte, als er die *Times in der Hand hielt* ; starrte sie an; klaffte; und ging weg. Keiner von ihnen bewegte sich. „Sag mir die Wahrheit", wiederholte er. Er hatte das Gefühl, dass er gegen etwas körperlich Hartes rieb; sie war unnachgiebig. Sie war wie Eisen, wie Feuerstein, starr im Rückgrat. Und als sie sagte: „Es hat keinen Zweck. Es nützt nichts, es bringt nichts. Das ist das Ende" – nachdem er scheinbar stundenlang gesprochen hatte und ihm die Tränen über die Wangen liefen – war es, als hätte sie ihm ins Gesicht geschlagen. Sie drehte sich um, sie verließ ihn, ging weg.

„Klarissa!" er weinte. „Klarissa!" Aber sie kam nie zurück. Es war vorbei. Er ging in dieser Nacht weg. Er hat sie nie wieder gesehen.

Es war schrecklich, schrie er, schrecklich, schrecklich!

Trotzdem war die Sonne heiß. Dennoch hat man die Dinge überwunden. Dennoch hatte das Leben eine Art, Tag für Tag etwas hinzuzufügen. Dennoch, dachte er, gähnte und begann, es zu bemerken – Regent's Park hatte sich seit seiner Kindheit kaum verändert, abgesehen von den Eichhörnchen – und dennoch gab es vermutlich Entschädigungen – als die kleine Elise Mitchell, die Kieselsteine aufgesammelt hatte, um sie zu vermehren Die Kieselsteine, die sie und ihr Bruder auf dem Kaminsims des Kinderzimmers sammelten, ließen sie mit einer Handvoll auf das Knie der Krankenschwester fallen und schossen mit voller Wucht wieder in die Beine einer Dame. Peter Walsh lachte.

Aber Lucrezia Warren Smith sagte sich: Es ist böse; warum sollte ich leiden? fragte sie, als sie den breiten Weg entlangging. NEIN; „Ich kann es nicht länger ertragen", sagte sie, nachdem sie Septimus, der nicht mehr Septimus war, zurückgelassen hatte, um harte, grausame, böse Dinge zu sagen, mit sich selbst zu reden, mit einem toten Mann auf dem Sitz drüben zu reden Dort; Als das Kind mit voller Wucht in sie hineinrannte, fiel es flach hin und brach in Tränen aus.

Das war eher tröstlich. Sie stellte sich aufrecht hin, staubte ihr Kleid ab und küsste sie.

Aber sie selbst hatte nichts Unrechtes getan; sie hatte Septimus geliebt; sie war glücklich gewesen; Sie hatte ein wunderschönes Zuhause gehabt, und dort lebten ihre Schwestern noch immer und stellten Hüte her. Warum sollte *sie* leiden?

Das Kind rannte direkt zu seiner Amme zurück, und Rezia sah, wie sie geschimpft und getröstet wurde, wie sie von der Amme aufgenommen wurde, die ihr Strickzeug ablegte, und der gutaussehende Mann gab ihr seine Uhr, um sie aufzublasen, um sie zu trösten – aber warum sollte *sie* das tun? ausgesetzt? Warum nicht in Mailand bleiben? Warum gefoltert? Warum?

Leicht von Tränen geschüttelt, hob und senkte sich der breite Weg, die Krankenschwester, der Mann in Grau, der Kinderwagen vor ihren Augen. Von diesem bösartigen Folterer geschaukelt zu werden, war ihr Los. Aber warum? Sie war wie ein Vogel, der unter der dünnen Vertiefung eines Blattes Schutz sucht und in die Sonne blinzelt, wenn sich das Blatt bewegt; beginnt beim Knacken eines trockenen Zweiges. Sie war entlarvt; Sie war von riesigen Bäumen umgeben, riesigen Wolken einer gleichgültigen Welt, entblößt; gefoltert; und warum sollte sie leiden? Warum?

Sie runzelte die Stirn; sie stampfte mit dem Fuß auf. Sie musste noch einmal zu Septimus zurückkehren, da es fast Zeit für sie war, zu Sir William Bradshaw zu gehen. Sie musste zurückgehen und es ihm sagen, zurück zu ihm, der dort auf dem grünen Stuhl unter dem Baum saß und mit sich selbst redete, oder zu dem toten Mann Evans, den sie nur einmal für einen Moment im Laden gesehen hatte. Er schien ein netter, ruhiger Mann zu sein; ein großer Freund von Septimus, und er war im Krieg gefallen. Aber solche Dinge passieren jedem . Jeder hat Freunde, die im Krieg gefallen sind. Jeder verzichtet auf etwas, wenn er heiratet. Sie hatte ihr Zuhause aufgegeben. Sie war gekommen, um hier zu leben, in dieser schrecklichen Stadt. Aber Septimus erlaubte sich, über schreckliche Dinge nachzudenken, wie sie es auch könnte, wenn sie es versuchen würde. Er war immer seltsamer geworden. Er sagte, die Leute redeten hinter den Wänden des Schlafzimmers. Frau Filmer fand es seltsam. Auch er sah Dinge – er hatte den Kopf einer alten Frau inmitten eines Farns gesehen. Dennoch könnte er glücklich sein, wenn er es wollte. Sie fuhren in einem Bus nach Hampton Court und waren vollkommen glücklich. Alle kleinen roten und gelben Blumen standen draußen im Gras, wie schwebende Lampen, sagte er, und redeten und plapperten und lachten und erfanden Geschichten. Plötzlich sagte er: „Jetzt bringen wir uns um", als sie am Fluss standen, und er betrachtete es mit einem Blick, den sie in seinen Augen gesehen hatte, als ein Zug oder ein Omnibus vorbeifuhr – ein Blick, als wäre etwas faszinierte ihn; und sie spürte, dass er von ihr wegging, und sie packte ihn am Arm. Aber als er nach Hause ging, war er völlig ruhig – völlig vernünftig. Er würde mit ihr darüber streiten, sich umzubringen; und erklären Sie, wie böse die Menschen waren; wie er sehen konnte, wie sie Lügen erfanden, während sie auf der Straße vorbeikamen. Er kenne alle ihre Gedanken, sagte er; er wusste alles. Er kenne den Sinn der Welt, sagte er.

Als sie dann zurückkamen, konnte er kaum laufen. Er legte sich auf das Sofa und ließ sie seine Hand halten, um zu verhindern, dass er hinfiel, hinab, schrie er, in die Flammen! und sah Gesichter von den Wänden, die ihn auslachten und ihm schreckliche, abscheuliche Namen beschimpften, und Hände, die auf den Bildschirm zeigten. Dennoch waren sie ganz allein. Aber er fing an, laut zu reden, den Leuten zu antworten, zu streiten, zu lachen, zu weinen, wurde sehr aufgeregt und zwang sie, Dinge aufzuschreiben. Es war völliger Unsinn; über den Tod; über Miss Isabel Pole. Sie konnte es nicht länger ertragen. Sie würde zurückgehen.

Sie war jetzt nahe bei ihm und konnte sehen, wie er in den Himmel starrte, murmelte und die Hände verschränkte. Doch Dr. Holmes sagte, mit ihm sei nichts los. Was war dann passiert – warum war er gegangen, warum zuckte er zusammen, als sie neben ihm saß, runzelte die Stirn, entfernte sich und deutete auf ihre Hand, ergriff ihre Hand und blickte sie entsetzt an?

Hatte sie ihren Ehering abgenommen? „Meine Hand ist so dünn geworden", sagte sie. „Ich habe es in meine Handtasche gesteckt", sagte sie ihm.

Er ließ ihre Hand fallen. Ihre Ehe sei vorbei, dachte er voller Schmerz und Erleichterung. Das Seil wurde zerschnitten; er stieg auf; er war frei, da beschlossen wurde, dass er, Septimus, der Herr der Menschen, frei sein sollte; allein (seit seine Frau ihren Ehering weggeworfen hatte; seit sie ihn verlassen hatte), war er, Septimus, allein, vor der Masse der Männer gerufen, um die Wahrheit zu hören, um die Bedeutung zu erfahren, die nun endlich schließlich sollten alle Mühen der Zivilisation – der Griechen, der Römer, Shakespeares, Darwins und nun auch er selbst – voll und ganz … „Wem?" überlassen werden. fragte er laut. „An den Premierminister", antworteten die Stimmen, die über seinem Kopf raschelten. Das oberste Geheimnis muss dem Kabinett mitgeteilt werden; Erstens, dass Bäume leben; als nächstes gibt es kein Verbrechen; „Nächste Liebe, universelle Liebe", murmelte er, keuchte, zitterte und brachte unter Schmerzen diese tiefgründigen Wahrheiten hervor, die, so tief waren sie, so schwierig, eine immense Anstrengung erforderten, ausgesprochen zu werden, aber die Welt wurde durch sie für immer völlig verändert .

Kein Verbrechen; Liebe; wiederholte er, während er nach seiner Karte und seinem Bleistift suchte, als ein Skye-Terrier seine Hose schnupfte und er vor Angst zusammenzuckte. Es verwandelte sich in einen Mann! Er konnte nicht zusehen, wie es geschah! Es war schrecklich, schrecklich zu sehen, wie aus einem Hund ein Mann wurde! Sofort trottete der Hund davon.

Der Himmel war göttlich barmherzig und unendlich gütig. Es hat ihn verschont, seine Schwäche verziehen. Aber was war die wissenschaftliche Erklärung (denn vor allem muss man wissenschaftlich sein)? Warum konnte er durch Körper hindurchschauen und in die Zukunft blicken, wenn Hunde zu Menschen werden? Vermutlich war es die Hitzewelle, die auf ein durch Äonen der Evolution empfindliches Gehirn einwirkte. Wissenschaftlich gesehen wurde das Fleisch von der Welt geschmolzen. Sein Körper wurde mazeriert, bis nur noch die Nervenfasern übrig waren. Es war wie ein Schleier auf einem Felsen ausgebreitet.

Er lehnte sich erschöpft, aber unterstützt in seinem Stuhl zurück. Er lag ruhend da und wartete, bevor er der Menschheit erneut mit Mühe und Qual interpretierte. Er lag sehr hoch auf der Rückseite der Welt. Die Erde unter ihm bebte. Rote Blumen wuchsen durch sein Fleisch; Ihre steifen Blätter raschelten an seinem Kopf vorbei. Hier oben begann Musik gegen die Felsen zu klirren. „Es ist eine Autohupe unten auf der Straße", murmelte er. aber hier oben schoss es von Fels zu Fels, teilte sich, traf in Schallstößen aufeinander, die in sanften Säulen aufstiegen (dass Musik sichtbar sein sollte, war eine Entdeckung) und zu einer Hymne wurde, einer Hymne, die jetzt von den Pfeifen eines Hirtenjungen umspielt wurde (Das ist ein „Als alter Mann, der neben dem Wirtshaus Penny Whistle spielte, murmelte er", sprudelte es aus seiner Pfeife, als der Junge stillstand, und gab dann, als er höher stieg, sein exquisites Klagen von sich, während der Verkehr darunter vorbeizog. Die Elegie dieses Jungen wird im Verkehr gespielt, dachte Septimus. Jetzt zieht er sich in den Schnee zurück, und Rosen hängen um ihn herum – die dicken roten Rosen, die an der Wand meines Schlafzimmers wachsen, erinnerte er sich. Die Musik verstummte. Er hat seinen Penny, er hat es sich überlegt und ist zum nächsten Wirtshaus gegangen.

Aber er selbst blieb hoch oben auf seinem Felsen, wie ein ertrunkener Seemann auf einem Felsen. Ich habe mich über den Bootsrand gebeugt und bin hingefallen, dachte er. Ich bin unter das Meer gegangen. Ich war tot und bin doch jetzt am Leben, aber lass mich noch ruhen; er bettelte (er redete wieder mit sich selbst – es war schrecklich, schrecklich!); Und wie vor dem Aufwachen die Stimmen der Vögel und das Geräusch der Räder in seltsamer Harmonie klingeln und klappern, immer lauter werden und der Schläfer spürt, wie er sich den Ufern des Lebens nähert, so fühlte er, wie er sich dem Leben näherte und die Sonne wuchs heißer, Schreie ertönen lauter, etwas Ungeheures steht bevor.

Er brauchte nur die Augen zu öffnen; aber eine Last lag auf ihnen; eine Angst. Er strengte sich an; er drückte; er schaute; er sah Regent's Park vor sich. Lange Sonnenstrahlen breiteten sich zu seinen Füßen aus. Die Bäume winkten und schwangen. Wir begrüßen, schien die Welt zu sagen; wir akzeptieren; Wir erstellen. Schönheit, schien die Welt zu sagen. Und als wollte er es (wissenschaftlich) beweisen, überall, wo er die Häuser, die Zäune, die Antilopen, die sich über den Zäunen erstreckten, betrachtete, sprang ihm sofort Schönheit entgegen. Zu sehen, wie ein Blatt im Luftstrom zitterte, war eine außerordentliche Freude. Oben am Himmel fliegen Schwalben herab, schleudern sich herum, schleudern sich immer wieder hinein und hinaus, rund und rund, und doch immer mit perfekter Kontrolle, als würden Gummibänder sie festhalten; und die Fliegen steigen und fallen; und die Sonne befleckte bald dieses Blatt, bald jenes, und blendete es spöttisch mit sanftem Gold in reiner guter Laune; und hin und wieder ein Glockenspiel (es könnte eine Motorhupe sein), das göttlich auf den Grashalmen klingelte – all dies, so ruhig und vernünftig es auch war, aus gewöhnlichen Dingen gemacht, wie es war, war jetzt die Wahrheit; Schönheit, das war jetzt die Wahrheit. Schönheit war überall.

„Es ist Zeit", sagte Rezia.

Das Wort „Zeit" spaltete seine Schale; schüttete seinen Reichtum über ihn aus; und von seinen Lippen fielen wie Muscheln, wie Hobelspäne aus einem Flugzeug, ohne dass er sie gemacht hätte, harte, weiße, unvergängliche Worte, und flogen, um sich in einer Ode an die Zeit an ihren Platz zu heften; eine unsterbliche Ode an die Zeit. Er sang. Evans antwortete hinter dem Baum. Die Toten waren in Thessalien, sang Evans, zwischen den Orchideen. Dort warteten sie, bis der Krieg zu Ende war, und bald die Toten, bald Evans selbst –

„Um Gottes Willen, komm nicht!" Septimus schrie. Denn er konnte die Toten nicht ansehen.

Aber die Zweige trennten sich. Tatsächlich kam ein Mann in Grau auf sie zu. Es war Evans! Aber es war kein Schlamm auf ihm; keine Wunden; er wurde nicht verändert. „Ich muss es der ganzen Welt sagen", rief Septimus und hob die Hand (als der tote Mann im grauen Anzug näher kam), wie eine kolossale Gestalt, die seit Ewigkeiten allein in der Wüste mit gedrückten Händen über das Schicksal des Menschen trauert auf seiner Stirn, Furchen der Verzweiflung auf seinen Wangen, und jetzt sieht er das Licht am Rande der Wüste, das breiter wird und die eisenschwarze Gestalt trifft (und Septimus erhob sich halb von seinem Stuhl), und mit Legionen von Männern, die hinter ihm niedergeworfen sind, er, der Riese Trauernder, empfängt für einen Moment auf seinem Gesicht das Ganze –

„Aber ich bin so unglücklich, Septimus", sagte Rezia und versuchte, ihn dazu zu bringen, sich zu setzen.

Die Millionen beklagten sich; seit Ewigkeiten hatten sie getrauert. Er würde sich umdrehen, er würde ihnen in wenigen Augenblicken, nur noch in wenigen Augenblicken, von dieser Erleichterung, dieser Freude, dieser erstaunlichen Offenbarung erzählen –

„Die Zeit, Septimus", wiederholte Rezia. "Wie spät ist es?"

Er redete, er zuckte zusammen, dieser Mann musste ihn bemerken. Er sah sie an.

„Ich sage dir die Uhrzeit", sagte Septimus sehr langsam, sehr schläfrig und lächelte geheimnisvoll. Als er da saß und den Toten im grauen Anzug anlächelte, schlug die Viertelstunde – Viertel vor zwölf.

Und das ist jung, dachte Peter Walsh, als er an ihnen vorbeiging. Mitten am Morgen eine schreckliche Szene zu erleben – das arme Mädchen sah völlig verzweifelt aus. Aber worum ging es, fragte er sich, was hatte der junge Mann im Mantel zu ihr gesagt, damit sie so aussah? In welche schreckliche Situation waren sie geraten, beide an einem schönen Sommermorgen so verzweifelt auszusehen? Das Amüsante daran, nach fünf Jahren nach England zurückzukehren, war die Art und Weise, wie die Dinge in den ersten Tagen auffielen, als hätte man sie noch nie zuvor gesehen; Liebende streiten sich unter einem Baum; das häusliche Familienleben der Parks. Noch nie hatte er London so bezaubernd gesehen – die Sanftheit der Entfernungen; der Reichtum; das Grün; die Zivilisation nach Indien, dachte er, während er über das Gras schlenderte.

Diese Anfälligkeit für Eindrücke war zweifellos sein Verderben gewesen. Noch in seinem Alter hatte er, wie ein Junge oder sogar ein Mädchen, diese Stimmungsschwankungen; gute Tage, schlechte Tage, ohne jeglichen Grund, Glück aus einem hübschen Gesicht, regelrechtes Elend beim Anblick eines Frump. Nach Indien verliebte man sich natürlich in jede Frau, die man traf. Sie hatten eine Frische; selbst die Ärmsten sind sicherlich besser gekleidet als vor fünf Jahren; und in seinen Augen waren die Moden noch nie so ansprechend gewesen; die langen schwarzen Mäntel; die Schlankheit; die Eleganz; und dann die köstliche und scheinbar universelle Angewohnheit der Farbe. Jede Frau, selbst die angesehenste, hatte unter Glas blühende Rosen; mit einem Messer geschnittene Lippen; Locken aus Tusche; Überall gab es Design und Kunst. Zweifellos hatte irgendeine Veränderung stattgefunden. Worüber haben die Jugendlichen nachgedacht? fragte sich Peter Walsh.

Diese fünf Jahre – 1918 bis 1923 – waren, wie er vermutete, irgendwie sehr wichtig gewesen. Die Leute sahen anders aus. Zeitungen schienen anders zu sein. Nun gab es zum Beispiel einen Mann, der ganz offen in einer der angesehenen Wochenzeitungen über Toiletten schrieb. Das hätte man vor zehn Jahren nicht tun können – in einer angesehenen Wochenzeitung ganz offen über Toiletten zu schreiben. Und dann nimmt man sich in der Öffentlichkeit einen Rougestift oder eine Puderquaste heraus und schminkt sich. An Bord des Schiffes, das nach Hause kam, waren viele junge Männer und Mädchen – er erinnerte sich besonders an Betty und Bertie –, die ganz offen miteinander redeten; Die alte Mutter sitzt da und schaut ihnen beim Stricken zu, cool wie eine Gurke. Das Mädchen stand still und puderte sich vor allen anderen . Und sie waren nicht verlobt; einfach eine gute Zeit haben; Auf keiner Seite wurden Gefühle verletzt. Sie war hart wie Nägel – Betty Wie heißt sie –; aber eine durch und durch gute Sorte. Mit dreißig würde sie eine sehr gute Ehefrau sein – sie würde heiraten, wenn es ihr passte; heirate einen reichen Mann und lebe in einem großen Haus in der Nähe von Manchester.

Wer war es nun, der das getan hatte? fragte sich Peter Walsh, als er in den Broad Walk einbog: – einen reichen Mann geheiratet und in einem großen Haus in der Nähe von Manchester gelebt? Jemand, der ihm kürzlich einen langen, überschwänglichen Brief über „blaue Hortensien" geschrieben hatte. Beim Anblick der blauen Hortensien musste sie an ihn und die alten Zeiten denken – natürlich an Sally Seton! Es war Sally Seton – die letzte Person auf der Welt, von der man erwartet hätte, dass sie einen reichen Mann heiratet und in einem großen Haus in der Nähe von Manchester lebt, die wilde, die gewagte, die romantische Sally!

Aber von all dem alten Haufen, Clarissas Freunden – Whitbreads , Kinderleys , Cunninghams, Kinloch-Jones – war Sally wahrscheinlich die Beste. Sie versuchte trotzdem, die Dinge am richtigen Ende zu fassen. Sie durchschaute jedenfalls Hugh Whitbread – den bewundernswerten Hugh –, als Clarissa und die anderen ihm zu Füßen lagen.

„Die Whitbreads ?" er konnte sie sagen hören. „Wer sind die Whitbreads ? Kohlehändler. Seriöse Handwerker."

Aus irgendeinem Grund verabscheute sie Hugh . Er habe nur an sein eigenes Aussehen gedacht, sagte sie. Er hätte ein Herzog sein sollen. Er würde mit Sicherheit eine der königlichen Prinzessinnen heiraten. Und natürlich hatte Hugh von allen Menschen, denen er jemals begegnet war, den außergewöhnlichsten, natürlichsten und erhabensten Respekt vor der britischen Aristokratie. Sogar Clarissa musste das zugeben. Oh, aber er war so lieb, so selbstlos, er gab das Schießen auf, um seiner alten Mutter eine Freude zu machen – erinnerte sich an die Geburtstage seiner Tanten und so weiter.

Um ihrer Gerechtigkeit gerecht zu werden, Sally hat das alles durchschaut. Eines der Dinge, an die er sich am besten erinnerte, war ein Streit an einem Sonntagmorgen in Bourton über Frauenrechte (dieses vorsintflutliche Thema), als Sally plötzlich die Beherrschung verlor, aufbrauste und Hugh sagte, dass er alles verkörpere, was in der britischen Mittelschicht am verabscheuungswürdigsten sei Leben. Sie sagte ihm, dass sie ihn für den Zustand „dieser armen Mädchen in Piccadilly" verantwortlich machte – Hugh, der perfekte Gentleman, der arme Hugh! – noch nie sah ein Mann entsetzter aus! Sie habe es mit Absicht getan, sagte sie hinterher (denn sie trafen sich immer im Gemüsegarten und tauschten ihre Erfahrungen aus). „Er hat nichts gelesen, nichts gedacht, nichts gefühlt", konnte er sie mit dieser sehr eindringlichen Stimme sagen hören, die so viel weiter ging, als sie wusste. Die Stallburschen hätten mehr Leben in sich als Hugh, sagte sie. Er sei ein perfektes Beispiel für den Typus einer öffentlichen Schule , sagte sie. Kein Land außer England hätte ihn hervorbringen können. Aus irgendeinem Grund war sie wirklich boshaft; hatte einen gewissen Groll gegen ihn. Etwas war passiert – er hatte vergessen, was – im Raucherzimmer. Er hatte sie beleidigt – geküsst? Unglaublich! Natürlich glaubte niemand ein Wort gegen Hugh. Wer könnte? Sally im Raucherzimmer küssen! Wenn es vielleicht eine ehrenwerte Edith oder Lady Violet gewesen wäre ; Aber nicht diese verrückte Sally ohne einen Penny und mit einem Vater oder einer Mutter, die in Monte Carlo spielten. Denn von allen Menschen, die er je getroffen hatte, war Hugh der größte Snob – der unterwürfigste – nein, er zuckte nicht gerade zusammen. Dafür war er zu sehr pummelig. Ein erstklassiger Kammerdiener war der offensichtliche Vergleich – jemand, der hinterherging und Koffer trug; Man konnte darauf vertrauen, dass sie Telegramme verschickte – für Hostessen unentbehrlich. Und er hatte seinen Job gefunden – er hatte seine ehrenwerte Evelyn geheiratet; bekam einen kleinen Posten am Hof, kümmerte sich um die Keller des Königs, polierte die Schuhschnallen des Kaisers, ging in Kniebundhosen und Spitzenrüschen umher. Wie erbarmungslos das Leben ist! Ein kleiner Job bei Court!

Er hatte diese Dame, die ehrenwerte Evelyn, geheiratet, und sie lebten hier in der Nähe, dachte er (mit Blick auf die prunkvollen Häuser mit Blick auf den Park), denn er hatte dort einmal in einem Haus zu Mittag gegessen, das, wie alle Besitztümer Hughs, etwas hatte, was kein anderes besaß Das Haus könnte möglicherweise gewesen sein – Wäscheschränke könnten es gewesen sein. Man musste hingehen und sie sich ansehen – man musste viel Zeit damit verbringen, immer zu bewundern, was auch immer es war – Wäscheschränke, Kissenbezüge, alte Eichenmöbel, Bilder, die Hugh für ein altes Lied aufgegriffen hatte. Aber Mrs. Hugh verriet manchmal die Show. Sie war eine dieser obskuren, mausartigen kleinen Frauen, die große Männer bewunderten. Sie war fast vernachlässigbar. Dann sagte sie plötzlich etwas ganz Unerwartetes – etwas Scharfes. Sie hatte vielleicht die Relikte des großartigen Auftretens. Die Dampfkohle war etwas zu stark für sie – sie machte die Atmosphäre dicker. Und so lebten sie dort, mit ihren Wäscheschränken und ihren alten Meistern und ihren mit echter Spitze gesäumten Kissenbezügen, vermutlich fünf- oder zehntausend pro Jahr, während er, der zwei Jahre älter als Hugh war, sich um einen Job bemühte .

Mit dreiundfünfzig musste er kommen und sie bitten, ihn in das Büro einer Sekretärin zu bringen, um ihm die Stelle als Platzanweiser zu besorgen, bei der er kleinen Jungen Latein beibrachte, auf Abruf eines Mandarins in einem Büro, was ihm fünfhundert Dollar im Jahr einbrachte ; denn wenn er Daisy heiraten würde, könnten sie selbst mit seiner Rente nie mit weniger auskommen. Whitbread könnte es vermutlich schaffen; oder Dalloway. Es machte ihm nichts aus, was er Dalloway fragte. Er war ein durch und durch guter Typ; etwas eingeschränkt; etwas dick im Kopf; Ja; aber eine durch und durch gute Sorte. Was auch immer er anfing, er tat er auf die gleiche sachliche, vernünftige Weise; ohne einen Hauch von Fantasie, ohne einen Funken Brillanz, aber mit der unerklärlichen Freundlichkeit seines Typs. Er hätte ein Landedelmann sein sollen – er war in die Politik versunken. Im Freien zeigte er sich von seiner besten Seite, mit Pferden und Hunden – wie gut war er zum Beispiel, als Clarissas großer, struppiger Hund in eine Falle geriet und ihm die Pfote halb abgerissen wurde und Clarissa ohnmächtig wurde und Dalloway das tat das ganze Ding; bandagierte, angefertigte Schienen; sagte Clarissa, sie solle kein Narr sein. Das war vielleicht der Grund, warum sie ihn mochte – das war es, was sie brauchte. „Nun, meine Liebe, sei kein Dummkopf. „Halte dies – hol das" und rede die ganze Zeit mit dem Hund, als wäre er ein Mensch.

Aber wie konnte sie das ganze Zeug über Poesie schlucken? Wie konnte sie ihn über Shakespeare reden lassen? Ernsthaft und feierlich stellte sich Richard Dalloway auf die Hinterbeine und sagte, dass kein anständiger Mann Shakespeares Sonette lesen sollte, weil es so sei, als würde man ins Schlüsselloch lauschen (außerdem war die Beziehung keine, die er gutheißen würde). Kein anständiger Mann sollte zulassen, dass seine Frau die Schwester einer verstorbenen Frau besucht. Unglaublich! Das Einzige, was man tun konnte, war, ihn mit Zuckermandeln zu bewerfen – und zwar beim Abendessen. Aber Clarissa hat alles aufgesaugt; fand es so ehrlich von ihm; so unabhängig von ihm; Weiß der Himmel, wenn sie ihn nicht für den originellsten Geist hielt, den sie je getroffen hatte!

Das war eine der Bindungen zwischen Sally und ihm. Es gab einen Garten, in dem sie immer spazieren gingen, einen ummauerten Ort mit Rosenbüschen und riesigen Blumenkohl – er konnte sich daran erinnern, wie Sally eine Rose abriss und stehen blieb, um über die Schönheit der Kohlblätter im Mondlicht zu schwärmen (es war außergewöhnlich). wie lebhaft ihm alles in den Sinn kam, Dinge, an die er jahrelang nicht gedacht hatte), während sie ihn, natürlich halb lachend, anflehte, Clarissa zu entführen, sie vor den Hughs und den Dalloways und all den anderen „perfekten" zu retten „Herren", die „ihre Seele ersticken" würden (sie schrieb damals jede Menge Gedichte), sie zu einer bloßen Gastgeberin machen und ihre Weltlichkeit fördern würden. Aber man muss Clarissa gerecht werden. Sie würde Hugh sowieso nicht heiraten. Sie hatte eine völlig klare Vorstellung davon, was sie wollte. Ihre Gefühle waren alle an der Oberfläche. Im Grunde war sie sehr schlau – sie konnte den Charakter weitaus besser einschätzen als beispielsweise Sally, und vor allem war sie rein weiblich; mit dieser außergewöhnlichen Gabe, der Gabe dieser Frau, sich eine eigene Welt zu erschaffen, wo auch immer sie sich gerade befand. Sie kam in ein Zimmer; Sie stand, wie er sie schon oft gesehen hatte, in einer Tür, umgeben von vielen Menschen. Aber es war Clarissa, an die man sich erinnerte. Nicht, dass sie auffällig gewesen wäre; überhaupt nicht schön; an ihr war nichts Malerisches; sie sagte nie etwas besonders Kluges; da war sie jedoch; da war sie.

Nein nein Nein! Er war nicht mehr in sie verliebt ! Er fühlte sich nur, als er sie an diesem Morgen zwischen ihren Scheren und Seidentüchern sah, wie sie sich auf die Party vorbereitete, und fühlte sich nicht in der Lage, dem Gedanken an sie zu entkommen; sie kam immer wieder zurück wie ein Schläfer, der in einem Eisenbahnwaggon gegen ihn prallte; was natürlich nicht bedeutete, verliebt zu sein; Es ging darum, an sie zu denken, sie zu kritisieren , nach dreißig Jahren wieder von vorne zu beginnen und zu versuchen, ihr etwas zu erklären. Das Offensichtlichste, was man von ihr sagen konnte, war, dass sie weltgewandt war; legte zu viel Wert auf Rang, Gesellschaft und das Fortkommen in der Welt – was in gewisser Weise auch stimmte; sie hatte es ihm gegenüber zugegeben. (Man konnte sie immer dazu bringen, sich einzugestehen, wenn man sich die Mühe machte; sie war ehrlich.) Was sie sagen würde, war, dass sie Frumps, Fogies, Versager hasste, wie er vermutlich; dachte, die Leute hätten kein Recht, mit den Händen in den Taschen herumzuhängen; muss etwas tun, etwas sein; und diese großen Schönheiten, diese Herzoginnen, diese grauen alten Gräfinnen, die man in ihrem Salon traf, so unaussprechlich weit entfernt, wie er sie von allem fühlte, was einen Strohhalm zählte, bedeuteten für sie etwas Wirkliches. Lady Bexborough, sagte sie einmal, hielt sich aufrecht (das tat auch Clarissa selbst; sie faulenzte nie im wahrsten Sinne des Wortes; sie war kerzengerade, sogar ein wenig steif). Sie sagte, sie hätten eine Art Mut, den sie umso mehr respektierte, je älter sie wurde. In all dem steckte natürlich viel Dalloway; ein großer Teil des Gemeinsinns, des britischen Empire, der Zollreform, des Geistes der herrschenden Klasse, der ihr gewachsen war, wie es immer der Fall ist. Da sie doppelt so klug war wie er, musste sie die Dinge mit seinen Augen sehen – eine der Tragödien des Ehelebens. Mit ihrem eigenen Kopf muss sie immer Richard zitieren – als ob man nicht im Geringsten wissen könnte, was Richard dachte, wenn man morgens die *„Morning Post"* *liest!* Diese Partys zum Beispiel waren alle für ihn oder für ihre Vorstellung von ihm (um Richard gerecht zu werden, wäre er glücklicher gewesen, in Norfolk Landwirtschaft zu betreiben). Sie machte ihr Wohnzimmer zu einer Art Treffpunkt; sie hatte ein Genie dafür. Immer und immer wieder hatte er gesehen, wie sie die raue Jugend annahm, ihn verdrehte, umdrehte, ihn aufweckte; setze ihn in Gang. Natürlich drängten sich um sie herum unendlich viele langweilige Menschen. Aber seltsame, unerwartete Leute tauchten auf; manchmal ein Künstler; manchmal ein Schriftsteller; seltsamer Fisch in dieser Atmosphäre. Und dahinter steckte dieses Netzwerk aus

Besuchen, Hinterlegen von Karten und Freundlichkeit gegenüber Menschen; mit Blumensträußen und kleinen Geschenken herumlaufen; Der und der wollte nach Frankreich – musste ein Luftkissen haben; eine echte Belastung für sie; all dieser endlose Verkehr, den Frauen ihrer Art aufrechterhalten; aber sie tat es aufrichtig, aus einem natürlichen Instinkt heraus.

Seltsamerweise war sie eine der gründlichsten Skeptikerinnen, die er je getroffen hatte, und möglicherweise (das war eine Theorie, die er immer wieder aufstellte, um ihr Rechenschaft abzulegen, die in mancher Hinsicht so transparent, in anderer so unergründlich war), sagte sie sich möglicherweise , Da wir eine dem Untergang geweihte Rasse sind, angekettet an ein sinkendes Schiff (ihre Lieblingslektüre als Mädchen war Huxley und Tyndall, und sie liebten diese nautischen Metaphern), da das Ganze ein schlechter Witz ist, lassen Sie uns das jedenfalls , leisten Sie unseren Teil; die Leiden unserer Mitgefangenen lindern (wieder Huxley); dekoriere den Kerker mit Blumen und Luftkissen; Sei so anständig wie möglich. Diese Raufbolde, die Götter, dürfen nicht alles nach ihren Wünschen regeln – sie ist der Meinung, dass die Götter, die nie eine Chance verloren haben, Menschenleben zu verletzen, zu vereiteln und zu ruinieren, ernsthaft vernichtet würden, wenn man sich trotzdem so verhielte eine Dame. Diese Phase kam direkt nach Sylvias Tod – diese schreckliche Angelegenheit. Zu sehen, wie die eigene Schwester von einem umstürzenden Baum getötet wurde (alles Justin Parrys Schuld – all seine Nachlässigkeit) vor deinen Augen, ein Mädchen, das ebenfalls am Rande des Lebens stand, das begabteste von allen, sagte Clarissa immer, reichte aus, um einen verbittert zu machen . Später war sie vielleicht nicht mehr so positiv; sie dachte, es gäbe keine Götter; niemand war schuld; und so entwickelte sie die atheistische Religion, Gutes um des Guten willen zu tun.

Und natürlich hat sie das Leben ungemein genossen. Es lag in ihrer Natur, Freude zu haben (obwohl Gott weiß, sie hatte ihre Reserven; es war nur eine Skizze, wie er oft hatte, die sogar er nach all den Jahren von Clarissa anfertigen konnte). Jedenfalls war keine Bitterkeit in ihr; nichts von dem Sinn für moralische Tugend, der bei guten Frauen so abstoßend ist. Sie hat praktisch alles genossen. Wenn man mit ihr durch den Hyde Park spazierte, war es mal ein Tulpenbeet, mal ein Kind in einem Kinderwagen, mal ein absurdes kleines Drama, das sie sich spontan ausgedacht hatte. (Sehr wahrscheinlich hätte sie mit diesen Liebenden gesprochen, wenn sie sie für unglücklich gehalten hätte.) Sie hatte einen Sinn für Komik, der wirklich exquisit war, aber sie brauchte Menschen, immer Menschen, um ihn zum Ausdruck zu bringen, mit dem unvermeidlichen Ergebnis, dass sie vergeudete ihre Freizeit, aß zu Mittag, aß, gab ihre unaufhörlichen Partys, redete Unsinn, sagte Dinge, die sie nicht so meinte, stumpfte die Schärfe ihres Geistes ab und verlor ihr Unterscheidungsvermögen. Dort saß sie am

Kopfende des Tisches und gab sich unendlich viel Mühe mit einem alten Kumpel, der Dalloway nützlich sein könnte – sie kannten die schrecklichsten Langweiler in Europa – oder Elizabeth kam herein und alles musste ihr *weichen* … Sie war auf einer High School, als er das letzte Mal zu Besuch war, im Stadium der Unartikulation, ein Mädchen mit runden Augen und blassem Gesicht, in dem nichts von ihrer Mutter war, ein schweigsames, träges Geschöpf, das alles als selbstverständlich hinnahm. ließ ihre Mutter viel Aufhebens um sie machen und sagte dann: „Darf ich jetzt gehen?" wie ein vierjähriges Kind; „Ich gehe los", erklärte Clarissa mit der Mischung aus Belustigung und Stolz, die Dalloway selbst in ihr zu wecken schien, um Hockey zu spielen. Und jetzt war Elizabeth vermutlich „out"; Sie hielt ihn für einen alten Mistkerl und lachte über die Freunde ihrer Mutter. Na ja, so sei es. Der Ausgleich für das Älterwerden, dachte Peter Walsh, als er aus dem Regent's Park kam und seinen Hut in der Hand hielt, sei einfach Folgendes: dass die Leidenschaften so stark bleiben wie eh und je, aber man hat – endlich ! – die Kraft erlangt, die der Existenz den höchsten Geschmack verleiht – die Kraft, die Erfahrung zu ergreifen und sie langsam im Licht umzudrehen.

Es war ein schreckliches Geständnis (er setzte seinen Hut wieder auf), aber jetzt, im Alter von dreiundfünfzig Jahren, brauchte man kaum noch Menschen. Das Leben selbst, jeder Moment davon, jeder Tropfen davon, hier, in diesem Moment, jetzt, in der Sonne, im Regent's Park, war genug. Eigentlich zu viel. Ein ganzes Leben war zu kurz, um jetzt, da man die Kraft erlangt hatte, den vollen Geschmack hervorzubringen ; jedes Quäntchen Vergnügen, jede Bedeutungsnuance herauszuholen; die beide so viel solider waren als früher, so viel weniger persönlich. Es war unmöglich, dass er jemals wieder so leiden würde, wie Clarissa ihn leiden ließ. Stundenlang (bete Gott, dass man diese Dinge sagen möge, ohne belauscht zu werden!), stunden- und tagelang dachte er nie an Daisy.

Könnte es sein, dass er damals in sie verliebt war und sich an das Elend, die Folter und die außergewöhnliche Leidenschaft jener Tage erinnerte? Es war eine ganz andere Sache – eine viel angenehmere Sache – die Wahrheit war natürlich, dass *sie jetzt* in *ihn verliebt war* . Und das war vielleicht der Grund, warum er, als das Schiff tatsächlich abfuhr, eine außerordentliche Erleichterung verspürte und sich nichts so sehr wünschte, als allein zu sein; war verärgert, all ihre kleinen Aufmerksamkeiten – Zigarren, Geldscheine, einen Teppich für die Reise – in seiner Kabine zu finden. Jeder würde, wenn er ehrlich wäre, dasselbe sagen; man will keine Leute über fünfzig; man möchte Frauen nicht ständig sagen, dass sie hübsch sind; Das würden die meisten Männer von fünfzig sagen, dachte Peter Walsh, wenn sie ehrlich wären.

Aber dann diese erstaunlichen Gefühlsausbrüche – heute Morgen in Tränen ausbrechen, was sollte das alles? Was hätte Clarissa von ihm denken können?

hielt ihn vermutlich für einen Idioten, nicht zum ersten Mal. Es war Eifersucht, die dem Ganzen zugrunde lag – Eifersucht, die jede andere Leidenschaft der Menschheit überdauert, dachte Peter Walsh und hielt sein Taschenmesser auf Armeslänge von sich. Sie habe Major Orde getroffen, sagte Daisy in ihrem letzten Brief; sagte es mit Absicht, er wusste es; sagte es, um ihn eifersüchtig zu machen; Er konnte sehen, wie sie beim Schreiben die Stirn runzelte und sich fragte, was sie sagen könnte, um ihn zu verletzen. und doch machte es keinen Unterschied; er war wütend! Der ganze Aufwand, nach England zu kommen und Anwälte aufzusuchen, diente nicht dazu, sie zu heiraten, sondern um sie davon abzuhalten, jemand anderen zu heiraten. Das war es, was ihn quälte, das war es, was ihn überkam, als er Clarissa so ruhig, so kalt, so konzentriert auf ihr Kleid oder was auch immer sah; Als ihr klar wurde , was sie ihm hätte ersparen können, zu was sie ihn degradiert hatte – einen wimmernden, weinenden alten Arsch. Aber Frauen, dachte er und klappte sein Taschenmesser zu, wissen nicht, was Leidenschaft ist. Sie wissen nicht, was es für Männer bedeutet. Clarissa war kalt wie ein Eiszapfen. Dort saß sie neben ihm auf dem Sofa, ließ ihn ihre Hand nehmen, gab ihm einen Kuss – hier war er am Übergang.

Ein Geräusch unterbrach ihn; ein zerbrechlicher, zitternder Klang, eine Stimme, die ohne Richtung, ohne Kraft , ohne Anfang oder Ende aufsprudelt und schwach und schrill und ohne jede menschliche Bedeutung hineinläuft

ee ähm fah ähm so

foo swee too eem ooh —

die Stimme ohne Alter und Geschlecht, die Stimme einer uralten Quelle, die aus der Erde sprudelt; die direkt gegenüber der U-Bahn-Station Regent's Park aus einer hohen, zitternden Gestalt hervorging, wie ein Trichter, wie eine rostige Pumpe, wie ein windgepeitschter Baum, der für immer blätterlos ist und den Wind singend auf seinen Ästen auf und ab streichen lässt

ee ähm fah ähm so

foo swee too eem ooh

und Felsen und Knarren und Stöhnen im ewigen Wind.

In allen Zeitaltern – als das Pflaster aus Gras bestand, als es Sumpf war, im Zeitalter der Stoßzähne und Mammuts, im Zeitalter des stillen Sonnenaufgangs – war die misshandelte Frau – denn sie trug einen Rock – mit entblößter rechter Hand, die linke umklammerte sie An ihrer Seite stand sie und sang die Liebe – Liebe, die eine Million Jahre gedauert hat, sang sie, Liebe, die siegt, und vor Millionen von Jahren sei ihr Geliebter, der seit

Jahrhunderten tot war, im Mai mit ihr gegangen, sang sie; aber im Laufe der Jahrhunderte, so lang wie Sommertage und flammend, erinnerte sie sich, mit nichts als roten Astern, war er verschwunden; Die riesige Sichel des Todes hatte diese gewaltigen Hügel hinweggefegt, und als sie schließlich ihr graugraues und ungemein gealtertes Haupt auf die Erde legte, die jetzt nur noch eine Asche aus Eis war, flehte sie die Götter an, ihr einen Strauß purpurnen Heidekrauts zur Seite zu legen ihre hohe Grabstätte, die die letzten Strahlen der letzten Sonne streichelten; denn dann wäre der Spektakel des Universums vorbei.

Als das alte Lied gegenüber der U-Bahn-Station Regent's Park erklang, schien die Erde immer noch grün und blumig; Dennoch, obwohl es aus einem so rauen Mund kam, einem bloßen Loch in der Erde, auch schlammig, verfilzt mit Wurzelfasern und wirren Gräsern, immer noch das alte, sprudelnde, plätschernde Lied, das durch die verknoteten Wurzeln unendlicher Zeitalter, Skelette und Schätze sickerte. strömte in Bächen über den Bürgersteig und die gesamte Marylebone Road und hinunter nach Euston, düngte und hinterließ einen feuchten Fleck.

Ich erinnere mich immer noch daran, wie sie einmal in einem urzeitlichen Mai mit ihrem Geliebten spazieren gegangen war, diese rostige Pumpe, diese ramponierte alte Frau, deren eine Hand für Kupfermünzen freigelegt war, während die andere ihre Seite umklammerte, würde in zehn Millionen Jahren immer noch da sein und sich daran erinnern, wie sie einst gegangen war im Mai, wo jetzt das Meer fließt, bei wem es egal war – er war ein Mann, oh ja, ein Mann, der sie geliebt hatte. Aber im Lauf der Zeit war die Klarheit dieses alten Maitages verwischt; die leuchtenden Blütenblätter waren rauhbraun und silbern gefrostet; und sie sah nicht mehr, als sie ihn anflehte (wie sie es jetzt ganz deutlich tat): „Schau mir aufmerksam mit deinen süßen Augen in die Augen", sie sah keine braunen Augen, schwarzen Backenbart oder sonnenverbranntes Gesicht mehr, sondern nur noch eine drohende Gestalt, einen Schatten Form, zu der sie mit der vogelartigen Frische der Hochbetagten immer noch zwitscherte: „Gib mir deine Hand und lass mich sie sanft drücken" (Peter Walsh konnte nicht anders, als dem armen Geschöpf eine Münze zu geben, als er in sein Taxi stieg) , „Und wenn jemand sehen sollte, was bedeutet das?" sie verlangte; und ihre Faust umklammerte ihre Seite, und sie lächelte, steckte ihren Schilling ein, und alle spähenden, neugierigen Augen schienen ausgelöscht zu sein, und die vorbeiziehenden Generationen – der Bürgersteig war voller geschäftiger Menschen aus der Mittelklasse – verschwanden wie Blätter, um zertreten zu werden , durchnässt und durchtränkt und geformt zu werden von diesem ewigen Frühling –

ee ähm fah ähm so

foo swee too eem ooh

„Arme alte Frau", sagte Rezia Warren Smith, während sie darauf wartete, die Brücke zu überqueren.

Oh armer alter Kerl!

Angenommen, es war eine nasse Nacht? Angenommen, jemandes Vater oder jemand, der einen aus früheren Zeiten gekannt hatte, wäre zufällig vorbeigekommen und hätte einen dort in der Gosse stehen sehen? Und wo hat sie nachts geschlafen?

Fröhlich, fast fröhlich, stieg der unbesiegbare Klangfaden in die Luft wie der Rauch aus dem Schornstein einer Hütte, wirbelte saubere Buchen auf und entwich in einem blauen Rauchbüschel zwischen den obersten Blättern. „Und wenn jemand es sehen sollte, was bedeutet das dann?"

Da sie seit Wochen so unglücklich war, hatte Rezia den Dingen, die passierten, eine Bedeutung gegeben und hatte manchmal fast das Gefühl, sie müsse die Leute auf der Straße anhalten, wenn sie gut aussahen, freundliche Menschen, nur um ihnen zu sagen: „Ich bin unglücklich." "; und diese alte Frau, die auf der Straße singt: „Wenn jemand sehen sollte, was kümmert das?" machte sie plötzlich ganz sicher, dass alles gut werden würde. Sie gingen zu Sir William Bradshaw; sie fand, dass sein Name gut klang; er würde Septimus sofort heilen. Und dann war da noch ein Brauwagen, und die Schimmelpferde hatten aufrechte Strohborsten in ihren Schwänzen; es gab Zeitungsplakate. Es war ein alberner, alberner Traum, unglücklich zu sein.

Also überquerten sie die Kreuzung, Herr und Frau Septimus Warren Smith, und gab es dort schließlich irgendetwas, was die Aufmerksamkeit auf sie lenken könnte, irgendetwas, das einen Passanten vermuten lassen könnte, dass es sich hier um einen jungen Mann handelt, der die größte Botschaft der Welt in sich trägt? Und ist er außerdem der glücklichste und unglücklichste Mensch der Welt? Vielleicht gingen sie langsamer als andere Leute, und da war etwas Zögerndes, Schleppendes im Gang des Mannes, aber was wäre für einen Angestellten, der seit Jahren nicht mehr an einem Wochentag um diese Uhrzeit im West End war, natürlicher, als sich daran zu halten Blick in den Himmel, Blick auf dies, das und das andere, als wäre Portland Place ein Raum, in den er gekommen wäre, wenn die Familie weg war, die Kronleuchter hingen in Hollandtaschen, und die Hausmeisterin ließ lange Strahlen herein staubiges Licht auf verlassenen, seltsam aussehenden Sesseln, das Hochheben einer Ecke der langen Jalousien erklärt den Besuchern, was für ein wunderbarer Ort es ist; wie wunderbar, aber gleichzeitig denkt er, während er Stühle und Tische betrachtet, wie seltsam.

Von außen betrachtet hätte er ein Angestellter sein können, aber von der besseren Sorte; denn er trug braune Stiefel; seine Hände waren gebildet; auch sein Profil – sein kantiges, großnasiges, intelligentes, sensibles Profil; aber nicht ganz seine Lippen, denn sie waren locker; und seine Augen (wie Augen normalerweise sind), bloße Augen; Haselnuss, groß; so dass er im Großen und Ganzen ein Grenzfall war, weder das eine noch das andere, konnte mit einem Haus in Purley und einem Auto enden oder sein ganzes Leben lang Wohnungen in Seitenstraßen mieten; einer dieser halbgebildeten, autodidaktischen Männer, deren Bildung ausschließlich aus Büchern besteht, die aus öffentlichen Bibliotheken ausgeliehen und am Abend nach der Arbeit des Tages auf Anraten bekannter Autoren, die per Brief konsultiert werden, gelesen werden.

Was die anderen Erfahrungen angeht, die einsamen, die Menschen alleine machen, in ihren Schlafzimmern, in ihren Büros, beim Spaziergang durch die Felder und durch die Straßen Londons, er hatte sie; war wegen seiner Mutter als kleiner Junge von zu Hause weggegangen; Sie hat gelogen; weil er zum fünfzigsten Mal mit ungewaschenen Händen zum Tee kam; weil er in Stroud keine Zukunft für einen Dichter sah; und so war er, nachdem er seine kleine Schwester zum Vertrauten gemacht hatte, nach London gegangen und hatte eine absurde Notiz hinterlassen, wie sie große Männer geschrieben haben und die die Welt später gelesen hat, als die Geschichte ihrer Kämpfe berühmt geworden ist.

London hat viele Millionen junger Männer namens Smith verschlungen; dachten nichts an fantastische Vornamen wie Septimus, mit denen ihre Eltern sie zu kennzeichnen gedachten. Als ich abseits der Euston Road wohnte, gab es Erfahrungen, wieder Erfahrungen, wie zum Beispiel die Veränderung eines Gesichts in zwei Jahren von einem rosafarbenen, unschuldigen Oval zu einem schlanken, zusammengezogenen, feindseligen Gesicht. Aber was hätte der aufmerksamste Freund zu all dem sagen können, außer dem, was ein Gärtner sagt, wenn er morgens die Tür des Wintergartens öffnet und eine neue Blüte an seiner Pflanze findet: „Sie hat geblüht; erblühte aus Eitelkeit, Ehrgeiz, Idealismus, Leidenschaft, Einsamkeit, Mut, Faulheit, den üblichen Samen, die alles durcheinander gingen (in einem Zimmer an der Euston Road), ihn schüchtern machten, und Stottern, das ihn begierig machte, sich zu verbessern, machte ihn Verlieben Sie sich in Miss Isabel Pole, die in der Waterloo Road einen Vortrag über Shakespeare hält.

War er nicht wie Keats? Sie fragte; und überlegte, wie sie ihm einen Vorgeschmack auf *Antonius und Kleopatra* und den Rest geben könnte; lieh ihm Bücher; schrieb ihm Brieffetzen; und entzündete in ihm ein solches Feuer, wie es nur einmal im Leben brennt, ohne Hitze, und eine unendlich ätherische und substanzlose rotgoldene Flamme über Miss Pole flackern lässt; *Antonius und Kleopatra* ; und die Waterloo Road. Er fand sie schön, hielt sie für tadellos weise; träumte von ihr, schrieb ihr Gedichte, die sie, ohne sich um das Thema zu kümmern, mit roter Tinte korrigierte; Er sah sie eines Sommerabends in einem grünen Kleid auf einem Platz spazieren gehen. „Es hat geblüht", hätte der Gärtner sagen können, wenn er die Tür geöffnet hätte; War er etwa um diese Zeit nachts hereingekommen und hatte ihn beim Schreiben vorgefunden? fand ihn dabei, wie er sein Schreiben zerriss; Ich fand ihn, als er um drei Uhr morgens ein Meisterwerk fertigstellte, durch die Straßen lief, Kirchen besuchte, an einem Tag fastete, an einem anderen trank und Shakespeare, Darwin, *Die Geschichte der Zivilisation* und Bernard Shaw verschlang.

Irgendetwas war im Gange, das wusste Mr. Brewer; Herr Brewer, geschäftsführender Angestellter bei Sibleys and Arrowsmiths , Auktionatoren, Gutachter, Grundstücks- und Immobilienmakler; Irgendetwas stimmte nicht, dachte er, und da er väterlich gegenüber seinen jungen Männern war und Smiths Fähigkeiten sehr schätzte, prophezeite er, dass er in zehn oder fünfzehn Jahren den Ledersessel im inneren Raum unter dem Oberlicht erobern würde mit den Urkundenkisten um ihn herum, „wenn er gesund bleibt", sagte Mr. Brewer, und das war die Gefahr – er sah schwach aus; Er beriet Fußball, lud ihn zum Abendessen ein und überlegte gerade, eine Gehaltserhöhung zu empfehlen, als etwas geschah, das viele von Mr. Brewers Berechnungen über den Haufen warf, ihm seine fähigsten jungen Kameraden wegnahm und schließlich die Finger so neugierig und heimtückisch machte des Europäischen Krieges, zertrümmerte einen Gipsabdruck von Ceres, pflügte ein Loch in die Geranienbeete und ruinierte die Nerven des Kochs in Mr. Brewers Lokal in Muswell Hill völlig.

Septimus war einer der ersten, der sich freiwillig meldete. Er ging nach Frankreich, um ein England zu retten, das fast ausschließlich aus Shakespeares Stücken und Miss Isabel Pole in einem grünen Kleid bestand, die über einen Platz spazierte. Dort in den Schützengräben kam es augenblicklich zu der Veränderung, die Mr. Brewer sich wünschte, als er Football empfahl; er entwickelte Männlichkeit; er wurde befördert; Er zog die Aufmerksamkeit und sogar die Zuneigung seines Offiziers Evans mit Namen auf sich. Es handelte sich um zwei Hunde, die auf einem Kaminvorleger spielten; Einer drehte eine Papierschraube, knurrte, schnappte und zwickte hin und wieder ins Ohr des alten Hundes; der andere lag schläfrig, blinzelte ins Feuer, hob eine Pfote, drehte sich um und knurrte gut gelaunt. Sie mussten zusammen sein, miteinander teilen, miteinander kämpfen, miteinander streiten. Aber als Evans (Rezia, die ihn nur einmal gesehen hatte, ihn „einen ruhigen Mann" nannte, einen kräftigen rothaarigen Mann, der in Gesellschaft von Frauen unauffällig war), als Evans getötet wurde, kurz vor dem Waffenstillstand, in Italien, Septimus, weit weg Da er keine Gefühle zeigte oder erkannte , dass hier das Ende einer Freundschaft war, beglückwünschte er sich dazu, dass er sich sehr klein und sehr vernünftig fühlte. Der Krieg hatte ihn gelehrt. Es war großartig. Er hatte die ganze Show durchgemacht, Freundschaft, Europakrieg, Tod, war befördert worden, war noch unter dreißig und musste überleben. Er war genau dort. Die letzten Granaten verfehlten ihn. Er sah zu, wie sie vor Gleichgültigkeit explodierten. Als der Frieden kam, war er in Mailand, untergebracht im Haus eines Gastwirts mit Innenhof, Blumen in Kübeln, kleinen Tischen im Freien, Töchtern, die Hüte machten, und mit Lucrezia, der jüngeren Tochter, verlobte er sich eines Abends, als die Panik vorbei war auf ihn – das konnte er nicht spüren.

Denn jetzt , wo alles vorbei war, der Waffenstillstand unterzeichnet und die Toten begraben waren, hatte er, besonders am Abend, diese plötzlichen Donnerschläge der Angst. Er konnte nicht fühlen. Als er die Tür des Raumes öffnete, in dem die italienischen Mädchen saßen und Hüte machten, konnte er sie sehen; konnte sie hören; sie rieben Drähte zwischen farbigen Perlen in Untertassen; sie drehten Buckram-Formen hin und her; Der Tisch war mit Federn, Pailletten, Seidenstoffen und Bändern übersät. Scheren klopften auf den Tisch; aber irgendetwas scheiterte an ihm; er konnte nicht fühlen. Dennoch schützten ihn das Klatschen von Scheren, das Lachen von Mädchen und das Anfertigen von Hüten; ihm wurde Sicherheit zugesichert; er hatte eine Zuflucht. Aber er konnte nicht die ganze Nacht dort sitzen. Es gab Momente des Aufwachens am frühen Morgen. Das Bett fiel; er fiel. Oh , was für eine Schere, das Lampenlicht und die Buckram-Formen! Er bat Lucrezia, ihn zu heiraten, den Jüngeren von beiden, den Schwulen, den Frivolen, mit diesen kleinen Künstlerfingern, die sie hochhielt und sagte: „In ihnen steckt alles." Seide, Federn und was sonst noch alles war für sie lebendig.

„Der Hut ist das Wichtigste", sagte sie, wenn sie gemeinsam hinausgingen. Jeden Hut, der vorbeikam, untersuchte sie; und der Umhang und das Kleid und die Art, wie die Frau sich hielt. Schlechte Kleidung, übermäßige Kleidung stigmatisierte sie , nicht brutal, sondern mit ungeduldigen Handbewegungen, wie die eines Malers, der ihm eine offensichtlich gut gemeinte, krasse Betrügerei vorgaukelt; und dann begrüßte sie großzügig, aber immer kritisch, eine Verkäuferin, die ihre Kleinigkeit galant bearbeitet hatte, oder lobte ganz und gar mit enthusiastischem und professionellem Verständnis eine französische Dame, die in Chinchilla-Roben aus ihrer Kutsche stieg. Perlen.

"Schön!" Sie murmelte und stieß Septimus an, damit er es sehen konnte. Aber Schönheit lag hinter einer Glasscheibe. Sogar der Geschmack (Rezia mochte Eis, Schokolade und süße Sachen) gefiel ihm nicht. Er stellte seine Tasse auf den kleinen Marmortisch. Er sah die Leute draußen an; Sie schienen glücklich zu sein, versammelten sich mitten auf der Straße, schrien, lachten und stritten sich um nichts. Aber er konnte nicht schmecken, er konnte nicht fühlen. Im Teeladen zwischen den Tischen und den plappernden Kellnern überkam ihn eine entsetzliche Angst, die er nicht spüren konnte. Er konnte argumentieren; er konnte ganz leicht lesen, Dante zum Beispiel („Septimus, leg doch dein Buch weg", sagte Rezia und klappte das *Inferno sanft zu*), er konnte seine Rechnung zusammenzählen; sein Gehirn war perfekt; Dann musste es die Schuld der Welt sein – das konnte er nicht fühlen.

„Die Engländer sind so still", sagte Rezia. Es gefiel ihr, sagte sie. Sie respektierte diese Engländer und wollte London und die englischen Pferde und die maßgeschneiderten Anzüge sehen und konnte sich erinnern, von einer Tante , die geheiratet hatte und in Soho lebte, gehört zu haben, wie wunderbar die Geschäfte waren.

Es könnte möglich sein, dachte Septimus, als er vom Zugfenster aus auf England blickte, als sie Newhaven verließen; Es könnte sein, dass die Welt selbst bedeutungslos ist.

Im Büro beförderten sie ihn zu einem Posten mit erheblicher Verantwortung. Sie waren stolz auf ihn; er hatte Kreuze gewonnen. „Du hast deine Pflicht getan; es liegt an uns –", begann Mr. Brewer; und konnte nicht zu Ende kommen, so angenehm war sein Gefühl. Sie bezogen eine bewundernswerte Unterkunft abseits der Tottenham Court Road.

Hier eröffnete er erneut Shakespeare. Das Geschäft dieses Jungen mit dem Rausch der Sprache – *Antonius und Kleopatra* – war völlig zusammengeschrumpft . Wie sehr Shakespeare die Menschheit verabscheute – das Anziehen von Kleidern, das Bekommen von Kindern, die Schmutzigkeit des Mundes und des Bauches! Dies wurde nun Septimus offenbart; die Botschaft, die in der Schönheit der Worte verborgen ist. Das geheime Signal, das eine Generation getarnt an die nächste weitergibt, ist Abscheu, Hass und Verzweiflung. Dante das Gleiche. Aischylos (übersetzt) dasselbe. Dort saß Rezia am Tisch und trimmte Hüte. Sie trimmte Hüte für Mrs. Filmers Freunde; Sie schnitt stundenweise Hüte. Sie sah blass und geheimnisvoll aus, wie eine unter Wasser ertrunkene Lilie, dachte er.

„Die Engländer meinen es so ernst", sagte sie und legte ihre Arme um Septimus, ihre Wange an seine.

Die Liebe zwischen Mann und Frau war Shakespeare zuwider. Der Geschlechtsverkehr war ihm schon vor seinem Ende ein Dreck. Aber, sagte Rezia, sie müsse Kinder haben. Sie waren seit fünf Jahren verheiratet.

Sie gingen zusammen in den Tower, ins Victoria and Albert Museum, standen in der Menge, um zu sehen, wie der König das Parlament eröffnete. Und dann waren da noch die Geschäfte – Hutgeschäfte, Kleidergeschäfte,

Geschäfte mit Ledertaschen im Schaufenster, wo sie stehen blieb und starrte. Aber sie musste einen Jungen haben.

Sie müsse einen Sohn wie Septimus haben, sagte sie. Aber niemand könne wie Septimus sein; so sanft, so ernst, so klug. Konnte sie nicht auch Shakespeare lesen? War Shakespeare ein schwieriger Autor?, fragte sie.

In eine Welt wie diese kann man keine Kinder setzen. Man kann das Leid nicht verewigen oder die Fortpflanzung dieser lüsternen Tiere vermehren, die keine bleibenden Gefühle haben, sondern nur Launen und Eitelkeiten, die sie mal hierhin und mal dorthin treiben.

Er beobachtete, wie sie schnippte, sich formte, wie man einen Vogel hüpfen und durch das Gras huschen sieht, ohne es zu wagen, einen Finger zu bewegen. Denn die Wahrheit ist (sie solle sie ignorieren), dass der Mensch weder Freundlichkeit noch Glauben noch Nächstenliebe besitzt, die über das hinausgeht, was dazu dient, die Freude des Augenblicks zu steigern. Sie jagen in Rudeln. Ihre Rudel durchstreifen die Wüste und verschwinden schreiend in der Wildnis. Sie verlassen die Gefallenen. Sie sind mit Grimassen übersät. Da war Brewer im Büro, mit seinem gewachsten Schnurrbart, der korallenroten Krawattennadel, dem weißen Slip und angenehmen Gefühlen – ganz Kälte und Feuchtigkeit darin, – seine im Krieg zerstörten Geranien – die Nerven seines Kochs zerstört; oder Amelia Wie heißt sie , die pünktlich um fünf Tassen Tee reicht – eine anzügliche, höhnisch grinsende, obszöne kleine Harpyie; und die Toms und Berties in ihren gestärkten Hemden, aus denen dicke Tropfen Laster triefen. Sie haben nie gesehen, dass er in sein Notizbuch Bilder von ihnen gezeichnet hat, die sie nackt bei ihren Possen zeigten. Auf der Straße donnerten Lieferwagen an ihm vorbei; Auf Plakaten war Brutalität zu hören; Männer waren in Minen gefangen; Frauen verbrannten bei lebendigem Leibe; und einmal schlenderte und nickte und grinste eine verstümmelte Reihe von Wahnsinnigen, die zur Ablenkung der Bevölkerung (die laut lachte) trainiert oder zur Schau gestellt wurden, in der Tottenham Court Road an ihm vorbei, jeder halb entschuldigend, aber dennoch triumphierend, und fügte ihm sein hoffnungsloses Leid zu. Und würde *er* verrückt werden?

Beim Tee erzählte ihm Rezia, dass Frau Filmers Tochter ein Baby erwarte. *Sie* konnte nicht alt werden und keine Kinder bekommen! Sie war sehr einsam, sie war sehr unglücklich! Sie weinte zum ersten Mal seit ihrer Hochzeit. In der Ferne hörte er sie schluchzen; er hörte es genau, er bemerkte es deutlich; er verglich es mit dem Klopfen eines Kolbens. Aber er fühlte nichts.

Seine Frau weinte und er fühlte nichts; Nur jedes Mal, wenn sie so tief, so still, so hoffnungslos schluchzte, stieg er eine weitere Stufe in die Grube hinab.

Schließlich ließ er mit einer melodramatischen Geste, die er mechanisch ausführte und sich ihrer Unaufrichtigkeit völlig bewusst war, den Kopf auf die Hände sinken. Jetzt hatte er kapituliert; Jetzt müssen ihm andere Menschen helfen. Es müssen Leute geschickt werden. Er gab nach.

Nichts konnte ihn aufwecken. Rezia brachte ihn ins Bett. Sie ließ einen Arzt rufen – Mrs. Der Filmer ist Dr. Holmes. Dr. Holmes untersuchte ihn. Es sei überhaupt nichts passiert, sagte Dr. Holmes. Oh, was für eine Erleichterung! Was für ein freundlicher Mann, was für ein guter Mann! dachte Rezia. Als ihm danach war, ging er in die Music Hall, sagte Dr. Holmes. Er nahm sich mit seiner Frau einen Tag frei und spielte Golf. Warum probieren Sie es nicht mit zwei Tabletten Bromid, gelöst in einem Glas Wasser, vor dem Schlafengehen? „Diese alten Bloomsbury-Häuser“, sagte Dr. Holmes und klopfte an die Wand, „sind oft voller sehr schöner Täfelungen , die die Vermieter so dummerweise überkleben.“ Erst neulich, als ich einen Patienten, Sir Somebody Something, am Bedford Square besuchte –

Es gab also keine Entschuldigung; nichts, was auch immer es sei, außer der Sünde, für die ihn die menschliche Natur zum Tode verurteilt hatte; das hat er nicht gespürt. Es war ihm egal, als Evans getötet wurde; das war das Schlimmste; aber alle anderen Verbrecher hoben ihre Köpfe und schüttelten ihre Finger und spotteten und höhnten in den frühen Morgenstunden über das Bettgitter hinweg über den ausgestreckten Körper, der da lag und seine Erniedrigung erkannte ; wie er seine Frau geheiratet hatte, ohne sie zu lieben; hatte sie angelogen; verführte sie; empörte sich Miss Isabel Pole und war so übersät und von Lastern gezeichnet, dass Frauen schauderten, als sie ihn auf der Straße sahen. Das Urteil der menschlichen Natur über einen solchen Unglücklichen war der Tod.

Dr. Holmes kam wieder. Groß, frisch gefärbt , gutaussehend, schnippte er mit seinen Stiefeln, schaute in das Glas und schob alles beiseite – Kopfschmerzen, Schlaflosigkeit, Ängste, Träume – Nervensymptome und nichts weiter, sagte er. Wenn Dr. Holmes auch nur ein halbes Pfund weniger als elf Pfund hatte, bat er seine Frau um einen weiteren Teller Haferbrei zum Frühstück. (Rezia würde lernen, Haferbrei zu kochen.) Aber, so fuhr er fort, die Gesundheit liege größtenteils in unserer eigenen Kontrolle. Stürzen Sie sich in fremde Interessen; Nehmen Sie sich ein Hobby. Er eröffnete Shakespeare – *Antonius und Kleopatra* ; schob Shakespeare beiseite. Irgendein Hobby, sagte Dr. Holmes, denn verdankte er seine ausgezeichnete Gesundheit (und er arbeitete so hart wie jeder andere Mann in London) nicht der Tatsache, dass er immer von seinen Patienten auf alte Möbel umschalten konnte? Und was für einen sehr hübschen Kamm, wenn er so sagen darf, Mrs. Warren Smith trug!

Als der verdammte Narr wiederkam, weigerte sich Septimus, ihn zu sehen. Hat er das tatsächlich getan? sagte Dr. Holmes und lächelte freundlich. Eigentlich musste er dieser bezaubernden kleinen Dame, Mrs. Smith, einen freundlichen Schubs geben, bevor er an ihr vorbei in das Schlafzimmer ihres Mannes gelangen konnte.

„ Sie sind also in der Klemme", sagte er freundlich und setzte sich neben seinen Patienten. Er hatte seiner Frau gegenüber tatsächlich davon gesprochen, sich umzubringen, ein ziemliches Mädchen, eine Ausländerin, nicht wahr? Hat sie dadurch nicht eine sehr seltsame Vorstellung von englischen Ehemännern bekommen? Hatte man seiner Frau gegenüber nicht vielleicht eine Pflicht? Wäre es nicht besser, etwas zu tun, als im Bett zu liegen? Denn er hatte vierzig Jahre Erfahrung hinter sich; und Septimus konnte sich auf Dr. Holmes' Wort verlassen – mit ihm war überhaupt nichts los. Und wenn Dr. Holmes das nächste Mal kam, hoffte er, Smith aus dem Bett vorzufinden und diese bezaubernde kleine Dame nicht zu seiner Frau zu machen, die sich um ihn Sorgen machte.

Kurz gesagt, die menschliche Natur lag auf ihm – dem abstoßenden Tier mit den blutroten Nasenlöchern. Holmes war auf ihm. Dr. Holmes kam ziemlich regelmäßig jeden Tag. Wenn man einmal stolpert, schrieb Septimus auf die Rückseite einer Postkarte, liegt die menschliche Natur auf einem. Holmes ist dir auf den Fersen. Ihre einzige Chance bestand darin, zu fliehen, ohne Holmes davon in Kenntnis zu setzen. nach Italien – überallhin, überall, weg von Dr. Holmes.

Aber Rezia konnte ihn nicht verstehen. Dr. Holmes war so ein freundlicher Mann. Er interessierte sich so sehr für Septimus. Er wolle ihnen nur helfen, sagte er. Er hatte vier kleine Kinder und er hatte sie zum Tee eingeladen, erzählte sie Septimus.

Also war er verlassen. Die ganze Welt schrie : Töte dich, töte dich, um unseretwillen. Aber warum sollte er sich ihretwegen umbringen? Das Essen war angenehm; die Sonne heiß; und wie soll man sich das selbst umbringen, mit einem Tafelmesser, hässlich, mit Blutfluten , – durch das Saugen einer Gaspfeife ? Er war zu schwach; er konnte kaum die Hand heben. Außerdem lag darin ein Luxus, eine Isolation voller Erhabenheit, da er jetzt ganz allein, verurteilt und verlassen war, wie diejenigen, die sterben werden, allein sind; eine Freiheit, die der Anhängliche niemals erfahren kann. Holmes hatte natürlich gewonnen; Das Tier mit den roten Nasenlöchern hatte gewonnen. Aber selbst Holmes selbst konnte dieses letzte Relikt nicht berühren, das am

Rande der Welt umherirrte, diesen Ausgestoßenen, der auf die bewohnten Regionen blickte, der wie ein ertrunkener Seemann am Ufer der Welt lag.

In diesem Moment (Rezia ging einkaufen) geschah die große Offenbarung. Eine Stimme sprach hinter dem Bildschirm. Evans sprach. Die Toten waren bei ihm.

„Evans, Evans!" er weinte.

Mr. Smith redete laut mit sich selbst, Agnes, das Dienstmädchen, weinte Mrs. Filmer in der Küche zu. „Evans, Evans", hatte er gesagt, als sie das Tablett hereinbrachte. Sie sprang, das tat sie. Sie huschte die Treppe hinunter.

Und Rezia kam mit ihren Blumen herein, ging durch das Zimmer und stellte die Rosen in eine Vase, auf die die Sonne direkt schien, und sie lachte und sprang im Zimmer umher.

Sie habe die Rosen, sagte Rezia, einem armen Mann auf der Straße abkaufen müssen. Aber sie seien schon fast tot, sagte sie und ordnete die Rosen.

also ein Mann draußen; Evans vermutlich; und die Rosen, von denen Rezia sagte, sie seien halb verwelkt, hatte er auf den Feldern Griechenlands gepflückt. „Kommunikation ist Gesundheit; Kommunikation ist Glück, Kommunikation –", murmelte er.

„Was sagst du, Septimus?" fragte Rezia voller Angst, denn er redete mit sich selbst.

Sie schickte Agnes für Dr. Holmes. Ihr Mann, sagte sie, sei verrückt. Er kannte sie kaum.

„Du Rohling! Du Rohling!" rief Septimus, der die menschliche Natur, das heißt Dr. Holmes, sah und den Raum betrat.

„Worum geht es denn jetzt?" sagte Dr. Holmes auf die liebenswürdigste Art der Welt. „Du redest Unsinn, um deiner Frau Angst zu machen?" Aber er würde ihm etwas geben, damit er schlafen konnte. Und wenn es reiche Leute wären, sagte Dr. Holmes und blickte sich ironisch im Raum um, dann sollten sie auf jeden Fall in die Harley Street gehen; wenn sie kein Vertrauen zu ihm hätten, sagte Dr. Holmes und sah nicht ganz so freundlich aus.

Es war genau zwölf Uhr; zwölf von Big Ben; dessen Schlaganfall über den nördlichen Teil Londons wehte; vermischt mit dem anderer Uhren, vermischte sich auf eine dünne ätherische Weise mit den Wolken und Rauchschwaden und erstarb dort oben zwischen den Möwen – zwölf Uhr schlug, als Clarissa Dalloway ihr grünes Kleid auf ihr Bett legte und die Warren Smiths gingen die Harley Street hinunter. Zwölf war die Stunde ihres Termins. Wahrscheinlich, dachte Rezia, war das das Haus von Sir William

Bradshaw mit dem grauen Auto davor. Die bleiernen Kreise lösten sich in der Luft auf.

Tatsächlich war es das Auto von Sir William Bradshaw; niedrig, kraftvoll, grau mit schlichten Initialen, die auf der Tafel ineinander verschlungen sind, als ob der Pomp der Heraldik unpassend wäre; dieser Mann ist der gespenstische Helfer, der Priester der Wissenschaft; und da das Auto grau war, um zu seiner nüchternen Höflichkeit zu passen, wurden graue Pelze und silbergraue Teppiche darin gestapelt, um Ihre Ladyschaft warm zu halten, während sie wartete. Denn oft reiste Sir William sechzig Meilen oder mehr ins Land, um die Reichen und Bedürftigen zu besuchen, die sich das sehr hohe Honorar leisten konnten, das Sir William zu Recht für seinen Rat verlangte. Ihre Ladyschaft wartete eine Stunde oder länger mit den Decken um ihre Knie, lehnte sich zurück und dachte manchmal an die Patientin, manchmal, verzeihlicherweise, an die Wand aus Gold, die Minute für Minute aufstieg, während sie wartete; die Mauer aus Gold, die sich zwischen ihnen und allen Veränderungen und Ängsten erhob (sie hatte sie tapfer ertragen; sie hatten ihre Kämpfe gehabt), bis sie sich auf einem ruhigen Ozean eingeklemmt fühlte, wo nur würzige Winde wehen; respektiert, bewundert, beneidet, und es blieb ihr kaum etwas zu wünschen übrig, obwohl sie ihre Statur bedauerte; jeden Donnerstagabend große Dinnerpartys für den Berufsstand; gelegentlich wird ein Basar eröffnet; Könige begrüßt; Leider hatte sie zu wenig Zeit mit ihrem Mann, dessen Arbeit immer größer wurde; ein Junge, dem es in Eton gut geht; sie hätte sich auch eine Tochter gewünscht; Interessen hatte sie jedoch in Hülle und Fülle; Kinderfürsorge; die Nachsorge von Epileptikern und die Fotografie, so dass sie bei einem Kirchenbau oder einer verfallenden Kirche den Küster bestach, den Schlüssel bekam und Fotos machte, die kaum von der Arbeit von Profis zu unterscheiden waren Sie wartete.

Sir William selbst war nicht mehr jung. Er hatte sehr hart gearbeitet; er hatte seine Position durch reines Können gewonnen (als Sohn eines Ladenbesitzers); liebte seinen Beruf; machte bei Zeremonien eine gute Galionsfigur und sprach gut – all das hatte ihm zum Zeitpunkt seiner Ritterschaft ein schweres, müdes Aussehen verliehen (der Zustrom von Patienten war so unaufhörlich, die Verantwortungen und Privilegien seines Berufs so belastend), was ihm einen schweren, erschöpften Ausdruck verlieh Müdigkeit verstärkte zusammen mit seinen grauen Haaren die außergewöhnliche Vornehmheit seiner Erscheinung und verschaffte ihm den Ruf (von größter Bedeutung bei der Behandlung von Nervenfällen), nicht nur blitzschnellen Könnens und nahezu unfehlbarer Genauigkeit in der Diagnose, sondern auch Sympathie; Takt; Verständnis der menschlichen Seele. Er konnte den ersten Moment sehen, als sie den Raum betraten (die Warren Smiths, die sie nannten); Er war sich sofort sicher, als er den Mann sah; es war ein Fall von äußerster Schwere. Es handelte sich um einen völligen Zusammenbruch – einen völligen körperlichen und nervlichen Zusammenbruch, wobei sich jedes Symptom in einem fortgeschrittenen Stadium befand, wie er in zwei oder drei Minuten feststellte (er schrieb diskret gemurmelte Antworten auf Fragen auf eine rosa Karte).

Wie lange behandelte ihn Dr. Holmes schon?

Sechs Wochen.

Etwas Bromid verschrieben? Sagte, es sei nichts los? Ach ja (diese Hausärzte! dachte Sir William. Es dauerte die Hälfte seiner Zeit, ihre Fehler wiedergutzumachen. Einige waren irreparabel).

„Sie haben im Krieg mit großer Auszeichnung gedient?"

Der Patient wiederholte fragend das Wort „Krieg".

Er ordnete den Worten symbolische Bedeutungen zu. Ein schwerwiegendes Symptom, das auf der Karte vermerkt werden muss.

"Der Krieg?" fragte der Patient. Der Europäische Krieg – dieser kleine Schulknaben mit Schießpulver? Hatte er mit Auszeichnung gedient? Er hat es wirklich vergessen. Im Krieg selbst hatte er versagt.

„Ja, er hat mit größter Auszeichnung gedient", versicherte Rezia dem Arzt; "er wurde befördert."

„Und in Ihrem Büro hat man die allerhöchste Meinung von Ihnen?", murmelte Sir William und warf einen Blick auf Mr. Brewers sehr großzügig formulierten Brief. „Sie haben also nichts, was Sie beunruhigen könnte, keine finanziellen Sorgen, nichts?"

Er hatte ein entsetzliches Verbrechen begangen und war von der menschlichen Natur zum Tode verurteilt worden.

„Ich habe – ich habe", begann er, „ein Verbrechen begangen –"

„Er hat überhaupt nichts Unrechtes getan", versicherte Rezia dem Arzt. Wenn Mr. Smith warten würde, sagte Sir William, würde er mit Mrs. Smith im Nebenzimmer sprechen. Ihr Mann sei sehr schwer krank, sagte Sir William. Hat er gedroht, sich umzubringen?

„Oh, das hat er", weinte sie. Aber er habe es nicht so gemeint, sagte sie. Natürlich nicht. Es sei lediglich eine Frage der Ruhe, sagte Sir William; von Ruhe, Ruhe, Ruhe; eine lange Ruhe im Bett. Unten auf dem Land gab es ein entzückendes Zuhause, in dem sich ihr Mann perfekt umsorgt hätte. Von ihr weg? Sie fragte. Leider ja; Die Menschen, die uns am meisten am Herzen liegen, sind nicht gut für uns, wenn wir krank sind. Aber er war nicht verrückt, oder? Sir William sagte, er habe nie von „Wahnsinn" gesprochen;

er nannte es keinen Sinn für Proportionen. Aber ihr Mann mochte keine Ärzte. Er würde sich weigern, dorthin zu gehen. Sir William erläuterte ihr kurz und freundlich den Sachverhalt. Er hatte gedroht, sich umzubringen. Es gab keine Alternative. Es war eine Frage des Rechts. Er würde in einem schönen Haus auf dem Land im Bett liegen. Die Krankenschwestern waren bewundernswert. Sir William besuchte ihn einmal pro Woche. Wenn Mrs. Warren Smith ganz sicher war, dass sie keine Fragen mehr hatte – er drängte seine Patienten nie –, würden sie zu ihrem Mann zurückkehren. Sie hatte nichts mehr zu verlangen – nicht von Sir William.

So kehrten sie zu den Erhabensten der Menschheit zurück; der Verbrecher, der seinen Richtern gegenüberstand; das auf den Höhen ausgesetzte Opfer; der Flüchtling; der ertrunkene Seemann; der Dichter der unsterblichen Ode; der Herr, der vom Leben in den Tod gegangen war; an Septimus Warren Smith, der im Sessel unter dem Dachfenster saß, auf ein Foto von Lady Bradshaw in Hofkleidung starrte und Botschaften über Schönheit murmelte.

„Wir haben unser kleines Gespräch geführt", sagte Sir William.

„Er sagt, du bist sehr, sehr krank", rief Rezia.

„Wir haben dafür gesorgt, dass Sie in ein Heim gehen", sagte Sir William.

„Eines von Holmes' Häusern?" höhnte Septimus.

Der Kerl machte einen unangenehmen Eindruck. Denn bei Sir William, dessen Vater ein Kaufmann gewesen war, herrschte ein natürlicher Respekt vor Erziehung und Kleidung, der durch die Schäbigkeit verärgert war; noch tiefer ging in Sir William, der nie Zeit zum Lesen hatte, ein tief vergrabener Groll gegen gebildete Leute, die in sein Zimmer kamen und andeuteten, dass Ärzte , deren Beruf eine ständige Belastung für alle höchsten Fähigkeiten darstellt, sind keine gebildeten Männer.

„Eines *meiner* Häuser, Mr. Warren Smith", sagte er, „wo wir Ihnen beibringen werden, sich auszuruhen."

Und da war nur noch eines.

Er war sich ziemlich sicher, dass Mr. Warren Smith, als er gesund war , der letzte Mann auf der Welt war, der seiner Frau Angst machte. Aber er hatte davon gesprochen, sich umzubringen.

„Wir alle haben Momente der Depression", sagte Sir William.

Sobald du fällst, wiederholte sich Septimus, liegt die menschliche Natur auf dir. Holmes und Bradshaw sind auf der Spur. Sie durchkämmen die Wüste.

Sie fliegen schreiend in die Wildnis. Die Zahnstange und die Rändelschraube werden angebracht. Die menschliche Natur ist unbarmherzig.

„Überkamen ihn manchmal Impulse?" fragte Sir William mit seinem Bleistift auf einer rosa Karte.

Das sei seine eigene Angelegenheit, sagte Septimus.

„Niemand lebt für sich allein", sagte Sir William mit einem Blick auf das Foto seiner Frau in Hoftracht.

„Und Sie haben eine glänzende Karriere vor sich", sagte Sir William. Auf dem Tisch lag Mr. Brewers Brief. „Eine außergewöhnlich brillante Karriere."

Aber wenn er gestanden hätte? Wenn er kommuniziert? Würden sie ihn dann freilassen, seine Folterer?

„Ich – ich –", stammelte er.

Aber was war sein Verbrechen? Er konnte sich nicht daran erinnern.

"Ja?" Sir William ermutigte ihn. (Aber es wurde spät.)

Liebe, Bäume, es gibt kein Verbrechen – was war seine Botschaft?

Er konnte sich nicht daran erinnern.

„Ich – ich –", stammelte Septimus.

„Versuchen Sie, so wenig wie möglich an sich selbst zu denken", sagte Sir William freundlich. Er war wirklich nicht geeignet, hier zu sein.

Wollten sie ihn sonst noch etwas fragen? Sir William würde alle Vorkehrungen treffen (murmelte er Rezia zu) und sie zwischen fünf und sechs Uhr abends Bescheid geben, murmelte er.

„Vertrau mir alles an", sagte er und entließ sie.

Noch nie in ihrem Leben hatte Rezia solche Qualen gespürt! Sie hatte um Hilfe gebeten und wurde verlassen! Er hatte sie im Stich gelassen! Sir William Bradshaw war kein netter Mann.

„Allein der Unterhalt dieses Autos muss ihn ziemlich viel kosten", sagte Septimus, als sie auf die Straße hinauskamen.

Sie klammerte sich an seinen Arm. Sie waren verlassen worden.

Aber was wollte sie mehr?

Er gab seinen Patienten eine Dreiviertelstunde; Und wenn ein Arzt in dieser anspruchsvollen Wissenschaft, die mit etwas zu tun hat, worüber wir schließlich nichts wissen – dem Nervensystem, dem menschlichen Gehirn – seinen Sinn für Proportionen verliert, versagt er als Arzt. Gesundheit müssen wir haben; und Gesundheit ist verhältnismäßig; Wenn also ein Mann in Ihr Zimmer kommt und sagt, er sei Christus (eine verbreitete Täuschung) und eine Botschaft hat, wie sie es meistens tun, und droht, wie sie es oft tun, sich umzubringen, berufen Sie sich auf Verhältnismäßigkeit; Ruhe im Bett anordnen; Ruhe in Einsamkeit; Stille und Ruhe; Ruhe ohne Freunde, ohne Bücher, ohne Nachrichten; sechs Monate Ruhe; bis ein Mann mit einem Gewicht von sieben Steinen hineinging und mit einem Gewicht von zwölf Steinen wieder herauskam.

Proportion, göttliche Proportion, Sir Williams Göttin, wurde von Sir William erworben, der in Krankenhäusern wandelte, Lachse fing und einen Sohn in der Harley Street von Lady Bradshaw zeugte, die selbst Lachse fing und Fotos machte, die kaum von der Arbeit von Profis zu unterscheiden waren. Indem er die Proportionen verehrte, brachte Sir William nicht nur sich selbst Wohlstand, sondern auch England zum Wohlstand, schloss seine Verrückten aus, verbot die Geburt von Kindern, bestrafte Verzweiflung und machte es den Unfähigen unmöglich, ihre Ansichten zu verbreiten, bis auch sie seinen Sinn für Proportionen teilten – seinen, wenn sie es waren Männer, Lady Bradshaws, wenn sie Frauen waren (sie stickte, strickte, verbrachte vier von sieben Nächten zu Hause bei ihrem Sohn), so dass ihn nicht nur seine Kollegen respektierten, seine Untergebenen ihn fürchteten, sondern auch die Freunde und Verwandten seiner Patienten empfand für ihn die größte Dankbarkeit dafür, dass er darauf bestand, dass diese prophetischen Christusse und Christinnen , die das Ende der Welt oder die Ankunft Gottes prophezeiten, Milch im Bett trinken sollten, wie Sir William es befohlen hatte; Sir William mit seiner dreißigjährigen Erfahrung in solchen Fällen und seinem untrüglichen Instinkt, das ist Wahnsinn, dieser Sinn; in der Tat sein Augenmaß.

Aber Proportion hat eine Schwester, weniger lächelnd, beeindruckender, eine Göttin, die sich auch jetzt noch engagiert – in der Hitze und im Sand Indiens, im Schlamm und Sumpf Afrikas, in den Vororten Londons, wo auch immer das Klima oder der Teufel Menschen zum Fallen verleitet aus dem wahren Glauben, der ihr eigen ist, ist sie noch heute damit beschäftigt, Schreine niederzureißen, Götzenbilder zu zerschlagen und an ihrer Stelle ihr eigenes strenges Gesicht zu errichten. Bekehrung ist ihr Name und sie weidet am Willen der Schwachen, liebt es zu beeindrucken, aufzudrängen und bewundert ihre eigenen Züge, die sich in das Gesicht der Bevölkerung eingeprägt haben. Am Hyde Park Corner steht sie auf einer Wanne und predigt; hüllt sich in Weiß und geht reuig , als Bruderliebe getarnt, durch Fabriken und Parlamente; bietet Hilfe an, sehnt sich aber nach Macht; schlägt den Andersdenkenden oder Unzufriedenen grob aus dem Weg; segnet diejenigen, die, indem sie nach oben schaut, unterwürfig das Licht ihrer eigenen Augen aus ihren Augen auffangen. Auch diese Dame (Rezia Warren Smith ahnte es) wohnte in Sir Williams Herzen, wenn auch, wie sie es meistens tut, unter einer plausiblen Verkleidung verborgen; ein ehrwürdiger Name; Liebe, Pflicht, Selbstaufopferung . Wie würde er arbeiten – wie mühsam Gelder beschaffen, Reformen propagieren, Institutionen initiieren! Aber Bekehrung, anspruchsvolle Göttin, liebt Blut mehr als Ziegel und weidet auf subtilste Weise am menschlichen Willen. Zum Beispiel Lady Bradshaw. Vor fünfzehn Jahren war sie untergegangen. Es war nichts, worauf man den Finger fassen konnte; es hatte keine Szene, keinen Schnappschuss gegeben; nur das langsame, durchnässte Absinken ihres Willens in seinen. Süß war ihr Lächeln, schnell ihre Unterwerfung; Das Abendessen in der Harley Street, das acht oder neun Gänge umfasste und zehn oder fünfzehn Gäste der Profiklasse verköstigte, verlief reibungslos und kultiviert. Erst als der Abend mit einer ganz leichten Trägheit oder vielleicht einem Unbehagen voranschritt, deuteten ein nervöses Zucken, ein Gefummel, ein Stolpern und eine Verwirrung darauf hin, was es wirklich schmerzte zu glauben – dass die arme Dame gelogen hatte. Einst, vor langer Zeit, hatte sie ungehindert Lachs gefangen. Jetzt erfüllte sie schnell das Verlangen, das das Auge ihres Mannes nach Herrschaft, nach Macht so ölig erleuchtete , und verkrampfte, drückte, schnitt, stutzte, zog sich zurück, spähte hindurch; ohne genau zu wissen, was den Abend unangenehm machte und diesen Druck auf den Kopf verursachte (was durchaus auf das berufliche Gespräch oder die Müdigkeit eines großen Arztes zurückzuführen sein könnte, dessen Leben, wie Lady Bradshaw sagte, „nicht ihm gehört". Es war unangenehm, so dass die Gäste, als die Uhr zehn schlug, voller Entzücken die Luft der Harley Street einatmeten. Diese Erleichterung blieb seinen Patienten jedoch verwehrt.

Dort, in dem grauen Raum, mit den Bildern an der Wand und den wertvollen Möbeln, unter dem Mattglas-Oberlicht, erfuhren sie das Ausmaß ihrer Übertretungen; Zusammengekauert in Sesseln sahen sie zu, wie er zu ihrem Vorteil eine seltsame Übung mit den Armen durchführte, die er ausstreckte und scharf an die Hüfte zurückführte, um zu beweisen (falls der Patient hartnäckig war), dass Sir William der Herr war seiner eigenen Handlungen, was der Patient nicht war. Da brachen einige schwach zusammen; schluchzte, unterwarf sich; andere, inspiriert von Gott weiß, was für ein maßloser Wahnsinn, nannten Sir William ins Gesicht einen verabscheuungswürdigen Schwindel; stellte das Leben selbst noch gottloser in Frage. Warum leben? sie forderten. Sir William antwortete, dass das Leben gut sei. Sicherlich hing Lady Bradshaw in Straußenfedern über dem Kaminsims, und sein Einkommen belief sich auf ganze zwölftausend pro Jahr. Aber uns, protestierten sie, hat das Leben keine solche Gnade geschenkt. Er stimmte zu. Es mangelte ihnen an Augenmaß. Und vielleicht gibt es doch keinen

Gott? Er zuckte mit den Schultern. Kurz gesagt, dieses Leben oder Nichtleben ist unsere eigene Angelegenheit? Aber da haben sie sich geirrt. Sir William hatte einen Freund in Surrey, wo sie lehrten, was Sir William offen zugab, war eine schwierige Kunst – Augenmaß. Darüber hinaus gab es familiäre Zuneigung; Ehre ; Mut; und eine glänzende Karriere. All dies hatte in Sir William einen entschlossenen Verfechter. Wenn sie ihn im Stich ließen, musste er die Polizei und das Wohl der Gesellschaft unterstützen, die, wie er ganz leise bemerkte, unten in Surrey dafür sorgen würde, dass diese unsozialen Impulse, die vor allem durch den Mangel an gutem Blut entstanden waren, im Zaum gehalten wurden Kontrolle. Und dann stahl sich diese Göttin aus ihrem Versteck und bestieg ihren Thron, deren Lust darin besteht, den Widerstand zu überwinden und das Bild ihrer selbst in den Heiligtümern anderer unauslöschlich einzuprägen. Nackt, wehrlos , erschöpft, freundlos erhielten sie den Abdruck von Sir Williams Testament. Er stürzte; er hat verschlungen. Er hat die Leute zum Schweigen gebracht. Es war diese Kombination aus Entschlossenheit und Menschlichkeit, die Sir William bei den Angehörigen seiner Opfer so beliebt machte.

Aber Rezia Warren Smith weinte, als sie die Harley Street entlangging, dass sie diesen Mann nicht mochte.

Die Uhren von Harley Street zerfetzten und schnitten, teilten und unterteilten, knabberten am Junitag, rieten zur Unterwerfung, bestätigten die Autorität und wiesen im Chor auf die höchsten Vorteile des Augenmaßes hin, bis der Zeithaufen so weit abgenommen hatte, dass a Eine Handelsuhr, die über einem Geschäft in der Oxford Street hing, verkündete freundlich und brüderlich, als ob es den Herren Rigby und Lowndes eine Freude wäre, die Information kostenlos weiterzugeben, dass es halb eins sei.

Als ich aufsah, schien es, dass jeder Buchstabe ihres Namens für eine der Stunden stand; Unterbewusst war man Rigby und Lowndes dankbar, dass sie eine von Greenwich ratifizierte Zeit gegeben hatten; und diese Dankbarkeit (so grübelte Hugh Whitbread, während er dort vor dem Schaufenster herumlungerte), nahm später natürlich die Form an, dass er Socken oder Schuhe von Rigby und Lowndes abkaufte. Also grübelte er. Es war seine Gewohnheit. Er ging nicht tief. Er bürstete Oberflächen; die toten Sprachen, die Lebenden, das Leben in Konstantinopel, Paris, Rom; Reiten, Schießen, Tennis, es war einmal gewesen. Der Böswillige behauptete, dass er jetzt in Seidenstrümpfen und Kniebundhosen im Buckingham Palace Wache über etwas halte, das niemand wisse. Aber er hat es äußerst effizient gemacht. Er gehörte seit fünfundfünfzig Jahren zur Elite der englischen Gesellschaft. Er hatte Premierminister gekannt. Man ging davon aus, dass seine Zuneigung tief war. Und wenn es stimmte, dass er an keiner der großen Bewegungen seiner Zeit teilgenommen oder ein wichtiges Amt innegehabt hatte, so waren es doch ein oder zwei bescheidene Reformen, die ihm zugute kamen; eine

Verbesserung der öffentlichen Unterkünfte war eine davon; der Schutz der Eulen in Norfolk ein weiterer; Dienstmädchen hatten Grund, ihm dankbar zu sein; und sein Name am Ende von Briefen an die *Times*, in denen er um Gelder bat und die Öffentlichkeit aufforderte, den Müll zu schützen, zu konservieren, den Müll zu beseitigen, den Rauch einzudämmen und die Unmoral in Parks auszurotten, erregte Respekt.

Auch er machte eine großartige Figur und hielt einen Moment inne (während der Klang der halben Stunde verklang), um Socken und Schuhe kritisch und gebieterisch zu betrachten. makellos, substanziell, als würde er die Welt von einer gewissen Erhabenheit aus betrachten, und dazu passend gekleidet; Aber er erkannte die Verpflichtungen, die Größe, Reichtum, Gesundheit mit sich bringen, und befolgte sie gewissenhaft, auch wenn sie nicht absolut notwendig waren, kleine Höflichkeiten, altmodische Zeremonien, die seinem Verhalten etwas gaben, etwas, das er nachahmen konnte, etwas, durch das er sich an ihn erinnern konnte, denn das würde er tun nie zum Mittagessen mit Lady Bruton, die er seit zwanzig Jahren kannte, ohne ihr einen Strauß Nelken in der ausgestreckten Hand zu bringen und Miss Brush, Lady Brutons Sekretärin, nach ihrem Bruder in Südafrika zu fragen, was aus irgendeinem Grund der Fall war , Miss Brush, obwohl es ihr an allen Eigenschaften weiblichen Charmes mangelte, war so verärgert, dass sie sagte: „Danke, es geht ihm in Südafrika sehr gut", obwohl es ihm in Portsmouth seit einem halben Dutzend Jahren schlecht ging.

Lady Bruton selbst bevorzugte Richard Dalloway, der im nächsten Moment eintraf. Tatsächlich trafen sie sich vor der Haustür.

Lady Bruton bevorzugte natürlich Richard Dalloway. Er war aus viel feinerem Material gefertigt. Aber sie würde nicht zulassen, dass sie ihren armen, lieben Hugh unterkriegen. Sie konnte seine Freundlichkeit nie vergessen – er war wirklich außergewöhnlich freundlich gewesen – sie vergaß genau, bei welchem Anlass. Aber er war – bemerkenswert freundlich. Wie auch immer, der Unterschied zwischen einem Mann und einem anderen ist nicht groß. Sie hatte noch nie den Sinn darin gesehen, Menschen zu zerschneiden, wie Clarissa Dalloway es tat – sie in Stücke zu schneiden und sie wieder zusammenzukleben; jedenfalls nicht, wenn man zweiundsechzig war. Sie nahm Hughs Nelken mit ihrem kantigen, grimmigen Lächeln entgegen. Es käme sonst niemand, sagte sie. Sie hatte sie unter Vorspiegelung falscher Tatsachen dorthin gebracht , um ihr aus einer schwierigen Situation zu helfen –

„Aber lasst uns zuerst essen", sagte sie.

Und so begann ein lautloses und exquisites Hin- und Hergehen von Dienstmädchen mit weißen Schürzen und weißen Kappen durch die Schwingtüren, Dienstmädchen, die nicht zwangsläufig Dienstmädchen waren, sondern sich mit einem Mysterium oder einer großen Täuschung auskennen, die von Hostessen in Mayfair von eins dreißig bis zwei praktiziert wurde, wenn, mit eine Handbewegung, der Verkehr hört auf, und stattdessen entsteht diese tiefe Illusion über das Essen – wie es nicht bezahlt wird; und dann deckt sich der Tisch freiwillig mit Glas und Silber, kleinen Matten und Untertassen mit roten Früchten; Filme aus braunem Crememasken-Steinbutt; in Aufläufen schwimmen abgetrennte Hühner; farbig , unheimlich, das Feuer brennt; und mit dem Wein und dem Kaffee (unbezahlt) entstehen heitere Visionen vor nachdenklichen Augen; sanft spekulative Augen; Augen, denen das Leben musikalisch und geheimnisvoll vorkommt; Die Augen waren nun entzündet, um freundlich die Schönheit der roten Nelken zu beobachten, die Lady Bruton (deren Bewegungen immer eckig waren) neben ihrem Teller gelegt hatte, so dass Hugh Whitbread sich im Frieden mit dem gesamten Universum fühlte und gleichzeitig seiner Stellung völlig sicher war , sagte er und legte seine Gabel ab,

„Würden sie auf deiner Spitze nicht bezaubernd aussehen?"

Miss Brush ärgerte sich über diese Vertrautheit. Sie hielt ihn für einen unterzüchteten Kerl. Sie brachte Lady Bruton zum Lachen.

Lady Bruton hob die Nelken und hielt sie ziemlich steif in der gleichen Haltung, mit der der General die Schriftrolle auf dem Bild hinter sich hielt; sie blieb starr, wie in Trance. Wer war sie nun, die Urenkelin des Generals? Ururenkelin? fragte sich Richard Dalloway. Sir Roderick, Sir Miles, Sir Talbot – das war es. Es war bemerkenswert, wie in dieser Familie die Ähnlichkeit bei den Frauen bestehen blieb. Sie hätte selbst Dragonergeneral werden sollen. Und Richard hätte fröhlich unter ihr gedient; er hatte den größten Respekt vor ihr; er schätzte diese romantischen Ansichten über wohlsituierte alte Frauen mit gutem Stammbaum und hätte auf seine gut gelaunte Art gern ein paar junge Hitzköpfe aus seinem Bekanntenkreis zum Mittagessen mitgebracht; Als ob ein Typ wie ihrer aus liebenswürdigen Teeliebhabern gezüchtet werden könnte! Er kannte ihr Land. Er kannte ihre Leute. Es gab eine Ranke, die immer noch wehte und unter der entweder Lovelace oder Herrick – sie las selbst nie ein Wort eines Gedichts, aber so lautete die Geschichte – gesessen hatten. Warten Sie lieber damit, ihnen die Frage zu stellen, die sie beschäftigt (wie sie sich an die Öffentlichkeit wenden soll; wenn ja, in welchen Worten usw.), warten Sie lieber, bis sie ihren Kaffee getrunken haben, dachte Lady Bruton. und so legte sie die Nelken neben ihren Teller.

„Wie geht es Clarissa?" fragte sie unvermittelt.

Clarissa sagte immer, dass Lady Bruton sie nicht mochte. Tatsächlich hatte Lady Bruton den Ruf, sich mehr für Politik als für Menschen zu interessieren; wie ein Mann zu reden; dass er an einer berüchtigten Intrige der

Achtzigerjahre beteiligt gewesen sei, die jetzt in seinen Memoiren erwähnt wurde. Sicherlich gab es in ihrem Wohnzimmer eine Nische und einen Tisch in dieser Nische und auf diesem Tisch ein Foto des inzwischen verstorbenen General Sir Talbot Moore, der dort (eines Abends in den Achtzigern) in Anwesenheit von Lady Bruton geschrieben hatte ihr Wissen , vielleicht ein Rat, ein Telegramm, das den britischen Truppen den Vormarsch bei einem historischen Anlass befiehlt. (Sie behielt den Stift und erzählte die Geschichte.) Als sie also auf ihre beiläufige Art sagte: „Wie geht es Clarissa?" Ehemänner hatten Schwierigkeiten, ihre Frauen zu überzeugen, und tatsächlich zweifelten sie, so ergeben sie auch waren, insgeheim an ihrem Interesse an Frauen, die ihren Ehemännern oft im Weg standen, sie daran hinderten, Posten im Ausland anzunehmen, und mittendrin ans Meer gebracht werden mussten der Sitzung, um sich von einer Grippe zu erholen. Dennoch fragte sie: „Wie geht es Clarissa?" Frauen wussten unfehlbar, dass es sich um ein Signal eines wohlwollenden Menschen handelte, eines fast stillen Begleiters, dessen Äußerungen (vielleicht ein halbes Dutzend im Laufe eines Lebens) die Anerkennung einer weiblichen Kameradschaft bedeuteten, die unter männlichen Mittagspartys unterging und vereinte Lady Bruton und Mrs. Dalloway, die sich selten trafen und, wenn sie sich trafen, gleichgültig und sogar feindselig wirkten, waren in einer einzigartigen Bindung.

„Ich habe Clarissa heute Morgen im Park getroffen", sagte Hugh Whitbread und tauchte in den Topf, begierig darauf, sich selbst diesen kleinen Tribut zu erweisen, denn er brauchte nur nach London zu kommen und traf alle auf einmal; aber gierig, einer der gierigsten Männer, die sie je gekannt hatte, dachte Milly Brush, die Männer mit unerschütterlicher Aufrichtigkeit beobachtete und zu ewiger Hingabe fähig war, insbesondere ihrem eigenen Geschlecht, da sie genoppt, kratzig, kantig und völlig ohne weiblichen Charme war .

„Wissen Sie, wer in der Stadt ist?" sagte Lady Bruton und dachte plötzlich an sie. „Unser alter Freund, Peter Walsh."

Sie alle lächelten. Peter Walsh! Und Mr. Dalloway war wirklich froh, dachte Milly Brush; und Mr. Whitbread dachte nur an sein Huhn.

Peter Walsh! Alle drei, Lady Bruton, Hugh Whitbread und Richard Dalloway, erinnerten sich an dasselbe — wie leidenschaftlich Peter verliebt gewesen war ; abgelehnt worden; nach Indien gegangen; komm ein Cropper; ein Durcheinander angerichtet haben; und auch Richard Dalloway hatte eine große Vorliebe für den lieben alten Kerl. Milly Brush sah das; sah eine Tiefe im Braun seiner Augen; sah ihn zögern; halten; Was sie interessierte, wie Mr. Dalloway sie immer interessierte, denn was dachte sie, fragte sie sich, über Peter Walsh?

Dass Peter Walsh in Clarissa verliebt war; dass er direkt nach dem Mittagessen zurückgehen und Clarissa finden würde; dass er ihr in so vielen Worten sagen würde, dass er sie liebte. Ja, das würde er sagen.

Milly Brush hätte sich einst fast in diese Stille verlieben können; und Mr. Dalloway war immer so zuverlässig; Auch so ein Gentleman. Jetzt, da sie vierzig war, brauchte Lady Bruton nur zu nicken oder ein wenig abrupt den Kopf zu drehen, und Milly Brush verstand das Zeichen, so tief sie auch in diesen Überlegungen eines losgelösten Geistes versunken sein mochte, einer unverdorbenen Seele, die das Leben nicht täuschen konnte , weil das Leben ihr nicht den geringsten Schmuck geboten hatte; keine Locke, kein Lächeln, keine Lippe, keine Wange, keine Nase; überhaupt nichts; Lady Bruton brauchte nur zu nicken, und Perkins wurde angewiesen, den Kaffee schneller zuzubereiten.

"Ja; Peter Walsh ist zurückgekommen", sagte Lady Bruton. Es war für sie alle irgendwie schmeichelhaft. Er war angeschlagen und erfolglos an ihre sicheren Küsten zurückgekehrt. Aber ihm zu helfen, dachten sie, sei unmöglich; Es gab einen Fehler in seinem Charakter. Hugh Whitbread sagte, man könne dem und dem natürlich seinen Namen nennen. Bei dem Gedanken an die Briefe, die er den Leitern der Regierungsbüros über „meinen alten Freund Peter Walsh“ und so weiter schreiben würde, runzelte er folgerichtig die Stirn. Aber aufgrund seines Charakters würde es zu nichts führen – zu nichts Dauerhaftem.

„Ich habe Ärger mit einer Frau“, sagte Lady Bruton. Sie hatten alle geahnt, dass *das* der Grund dafür war.

„Allerdings“, sagte Lady Bruton, die das Thema unbedingt verlassen wollte, „werden wir die ganze Geschichte von Peter selbst hören.“

(Der Kaffee kam sehr langsam.)

"Die Adresse?" murmelte Hugh Whitbread; und sofort gab es eine Welle in der grauen Flut des Dienstes, die Lady Bruton Tag für Tag umspülte, sie sammelte, abfing und in ein feines Taschentuch hüllte, das Erschütterungen brach, Unterbrechungen milderte und sich im ganzen Haus in der Brook Street a ausbreitete feines Netz, in dem die Dinge hingen und von dem grauhaarigen Perkins, der seit dreißig Jahren bei Lady Bruton war und nun die Adresse aufschrieb, genau und sofort herausgesucht wurden; Er reichte es Mr. Whitbread, der seine Handtasche hervorholte, die Augenbrauen hochzog, sie zwischen die Dokumente von höchster Wichtigkeit schob und sagte, dass er Evelyn dazu bringen würde, ihn zum Mittagessen einzuladen.

(Sie warteten darauf, den Kaffee zu bringen, bis Mr. Whitbread fertig war.)

Hugh war sehr langsam, dachte Lady Bruton. Er wurde dick, bemerkte sie. Richard hielt sich stets in Topform. Sie wurde ungeduldig; ihr ganzes Wesen stellte sich positiv und unbestreitbar auf das Thema ein, das ihre Aufmerksamkeit fesselte, und zwar nicht nur ihre Aufmerksamkeit, sondern jene Faser , die der Ladestock ihrer Seele war, und schob all diese unnötigen Kleinigkeiten (Peter Walsh und seine Angelegenheiten) dominant beiseite. dieser wesentliche Teil von ihr, ohne den Millicent Bruton nicht Millicent Bruton gewesen wäre; Dieses Projekt zielt darauf ab, junge Menschen beiderlei Geschlechts, die von respektablen Eltern stammen, auszuwandern und ihnen eine faire Aussicht auf ein gutes Leben in Kanada zu geben. Sie hat übertrieben. Vielleicht hatte sie ihr Augenmaß verloren. Für andere war die Auswanderung nicht das offensichtliche Heilmittel, die erhabene Vorstellung. Sie war nicht für sie (nicht für Hugh oder Richard, nicht einmal für die hingebungsvolle Miss Brush) die Befreierin des angestauten Egoismus, eine starke, kriegerische Frau, wohlgenährt, wohlerzogen, mit direkten Impulsen, regelrechten Gefühlen und wenig introspektiver Kraft (breit und einfach – warum könnte nicht jeder breit und einfach sein?, fragte sie) spürt, wie sie in sich aufsteigt, sobald die Jugend vorbei ist, und sich auf ein Ziel stürzen muss – es kann Auswanderung sein, es kann Emanzipation sein; aber was auch immer es sein mag, dieser Gegenstand, um den sich täglich die Essenz ihrer Seele verbirgt, wird unweigerlich prismatisch, glänzend, halb Spiegel, halb Edelstein; jetzt sorgfältig versteckt, für den Fall, dass die Leute darüber spotten sollten; jetzt stolz ausgestellt. Die Auswanderung war, kurz gesagt, größtenteils zu Lady Bruton geworden.

Aber sie musste schreiben. Und ein Brief an die *Times* , sagte sie Miss Brush, kostete sie mehr als die Organisation einer Expedition nach Südafrika (was sie im Krieg getan hatte). Nach einem morgendlichen Kampf, der begann, zerrissen und wieder von vorne begann, spürte sie die Sinnlosigkeit ihrer eigenen Weiblichkeit wie bei keiner anderen Gelegenheit und wandte sich dankbar dem Gedanken an Hugh Whitbread zu, der – daran konnte niemand zweifeln – besaß. die Kunst, Briefe an die *Times* zu schreiben .

Ein Wesen, das so anders beschaffen war als es selbst, mit solch einer Beherrschung der Sprache; in der Lage, die Dinge so zu formulieren, wie Redakteure es sagen; hatte Leidenschaften, die man nicht einfach als Gier bezeichnen konnte. Lady Bruton setzte das Urteil über Männer oft aus Rücksicht auf die geheimnisvolle Übereinstimmung, in der sie, aber keine Frau, den Gesetzen des Universums standen; wusste, wie man Dinge platziert; wusste, was gesagt wurde; Wenn Richard sie also beriet und Hugh für sie schrieb, war sie sicher, dass sie irgendwie Recht hatte. Also ließ sie Hugh sein Soufflé essen; fragte nach der armen Evelyn; wartete, bis sie rauchten, und sagte dann:

„Milly, würdest du die Papiere holen?"

Und Miss Brush ging hinaus und kam zurück; legte Papiere auf den Tisch; und Hugh holte seinen Füllfederhalter hervor; Sein silberner Füllfederhalter, der zwanzig Jahre lang gedient hatte, sagte er und schraubte die Kappe ab. Es war immer noch in perfekter Ordnung; er hatte es den Machern gezeigt; Es gebe keinen Grund, sagten sie, warum es sich jemals abnutzen sollte; Das war irgendwie Hughs Ehre und den Gefühlen, die seine Feder zum Ausdruck brachte (wie Richard Dalloway es empfand), als Hugh begann, sorgfältig Großbuchstaben mit Ringen am Rand zu schreiben, und so Lady Brutons Wirrwarr auf wunderbare Weise auf den Punkt brachte Grammatik wie die Herausgeberin der *Times* , meinte Lady Bruton, als sie die wunderbare Transformation beobachtete, müsse respektieren. Hugh war langsam. Hugh war hartnäckig. Richard sagte, man müsse Risiken eingehen. Hugh schlug Änderungen vor, um den Gefühlen der Menschen Rechnung zu tragen, die, wie er ziemlich scharf sagte, als Richard lachte, „überlegt" werden mussten, und las vor, „wie wir daher der Meinung sind, dass die Zeiten reif sind ... die überflüssige Jugend von unsere immer größer werdende Bevölkerung ... was wir den Toten schulden ...", was Richard für alles Blödsinn und Blödsinn hielt, aber natürlich nicht schädlich war, und Hugh fuhr damit fort, Gefühle in alphabetischer Reihenfolge des höchsten Adels zu entwerfen und zu streichen Er nahm die Zigarrenasche von seiner Weste und fasste ab und zu die Fortschritte zusammen, die sie gemacht hatten, bis er schließlich den Entwurf eines Briefes vorlas, von dem Lady Bruton sicher war, dass er ein Meisterwerk war. Konnte ihre eigene Bedeutung so klingen?

Hugh konnte nicht garantieren, dass der Herausgeber es veröffentlichen würde; aber er würde beim Mittagessen jemanden treffen.

Daraufhin stopfte Lady Bruton, die selten etwas Anmutiges tat, alle Nelken Hughs vorne in ihr Kleid und rief ihn, indem sie ihre Hände ausstreckte: „Mein Premierminister!" Was sie ohne sie beide getan hätte, wusste sie nicht. Sie erhoben sich. Und Richard Dalloway schlenderte wie immer davon, um sich das Porträt des Generals anzusehen, denn er wollte, wann immer er einen Moment der Freizeit hatte, eine Geschichte von Lady Brutons Familie schreiben.

Und Millicent Bruton war sehr stolz auf ihre Familie. Aber sie könnten warten, sie könnten warten, sagte sie und betrachtete das Bild; Das bedeutet, dass ihre Familie, bestehend aus Militärs, Administratoren und Admiralen, Männer der Tat gewesen war, die ihre Pflicht getan hatten; und Richards erste Pflicht galt seinem Land, aber es war ein schönes Gesicht, sagte sie; und alle Papiere lagen für Richard unten in Aldmixton bereit , wann immer es soweit war; die Labour- Regierung meinte sie. „Ah, die Nachrichten aus Indien!" Sie weinte.

Und dann, als sie im Flur standen und gelbe Handschuhe aus der Schüssel auf dem Malachittisch nahmen und Hugh Miss Brush mit völlig unnötiger Höflichkeit ein weggeworfenes Ticket oder ein anderes Kompliment machte, das sie aus tiefstem Herzen verabscheute und das sie ziegelrot errötete, Richard wandte sich mit seinem Hut in der Hand an Lady Bruton und sagte:

„Sehen wir uns heute Abend auf unserer Party?" woraufhin Lady Bruton die Pracht wieder aufnahm, die das Schreiben von Briefen zerstört hatte. Sie könnte kommen; sonst kommt sie vielleicht nicht. Clarissa hatte wunderbare Energie. Partys machten Lady Bruton Angst. Aber dann wurde sie alt. Das deutete sie an, während sie an ihrer Tür stand; gutaussehend; sehr aufrecht; während sich ihr Futter hinter ihr ausstreckte und Miss Brush mit den Händen voller Papiere im Hintergrund verschwand.

Und Lady Bruton ging schwerfällig und majestätisch in ihr Zimmer und legte sich mit ausgestrecktem Arm auf das Sofa. Sie seufzte, sie schnarchte, nicht, dass sie geschlafen hätte, nur schläfrig und schwer, schläfrig und schwer, wie ein Kleefeld im Sonnenschein an diesem heißen Junitag, mit den umherschwirrenden Bienen und den gelben Schmetterlingen. Immer ging sie zurück zu den Feldern unten in Devonshire, wo sie mit Mortimer und Tom, ihren Brüdern, auf Patty, ihrem Pony, über die Bäche gesprungen war. Und da waren die Hunde; da waren die Ratten; Da waren ihr Vater und ihre Mutter auf dem Rasen unter den Bäumen, mit den Teeutensilien und den Beeten mit Dahlien, Stockrosen und Pampasgras; Und sie, kleine Kerle, treiben immer Unheil! Sie stahlen sich durch das Gebüsch zurück, um nicht gesehen zu werden, ganz verwahrlost von irgendeiner Schurkerei. Was sagte die alte Krankenschwester immer über ihre Kleider?

Oh je, sie erinnerte sich — es war Mittwoch in der Brook Street. Diese netten, guten Kerle, Richard Dalloway, Hugh Whitbread, waren an diesem heißen Tag durch die Straßen gegangen, deren Knurren zu ihr drang, als sie auf dem Sofa lag. Die Macht, die Position und das Einkommen gehörten ihr. Sie hatte an der Spitze ihrer Zeit gelebt. Sie hatte gute Freunde gehabt; kannte die fähigsten Männer ihrer Zeit. Murmelndes London strömte auf sie zu, und ihre Hand, die auf der Sofalehne lag, umklammerte einen imaginären Stab, wie ihn ihre Großväter gehalten haben könnten, und den sie, schläfrig und schwer, in der Hand zu halten schien, als befehligte sie Bataillone, die nach Kanada marschierten, und die Guten Kerle, die durch London laufen, ihr Territorium, dieses kleine Stück Teppich, Mayfair.

Und sie entfernten sich immer weiter von ihr und waren mit einem dünnen Faden an ihr befestigt (da sie mit ihr zu Mittag gegessen hatten), der sich immer weiter ausdehnte und immer dünner wurde, während sie durch London gingen; als wären die Freunde nach dem Mittagessen mit einem dünnen Faden an den Körper gebunden, der (während man dort döste) durch den Klang von Glocken, die die Stunde schlugen oder zum Gottesdienst läuteten, verschwommen wurde, so wie ein einzelner Spinnenfaden verwischt wird mit Regentropfen und sackt beladen zusammen. Also schlief sie.

Und Richard Dalloway und Hugh Whitbread zögerten an der Ecke Conduit Street in dem Moment, als Millicent Bruton, auf dem Sofa liegend, den Faden reißen ließ; schnarchte. An der Straßenecke wehten Gegenwinde. Sie schauten in ein Schaufenster hinein; Sie wollten nichts kaufen oder reden, sondern sich trennen, nur weil Gegenwinde an der Straßenecke wehten, mit einer Art Unterbrechung in den Gezeiten des Körpers, zwei Kräfte, die sich in einem Wirbel trafen, morgens und nachmittags hielten sie inne. Ein Zeitungsplakat stieg zunächst galant wie ein Drachen in die Luft, hielt dann inne, schwebte, flatterte; und ein Damenschleier hing. Gelbe Markisen zitterten. Die Geschwindigkeit des morgendlichen Verkehrs ließ nach, und einzelne Karren ratterten achtlos durch halbleere Straßen. In Norfolk, woran Richard Dalloway halb dachte, blies ein sanfter, warmer Wind die Blütenblätter zurück; verwirrte das Wasser; zerzauste die blühenden Gräser. Heumacher, die unter Hecken geschlafen hatten, um die Morgenmühe auszuschlafen, teilten Vorhänge aus grünen Halmen; bewegte zitternde Kugeln aus Kuhpetersilie, um den Himmel zu sehen; der blaue, der standhafte, der gleißende Sommerhimmel.

Richard war sich bewusst, dass er einen silbernen jakobinischen Becher mit zwei Henkeln vor sich hatte und dass Hugh Whitbread herablassend und mit der Miene eines Kenners eine spanische Halskette bewunderte, nach deren Preis er fragen wollte, für den Fall, dass sie Evelyn gefallen würde – dennoch war Richard träge; konnte weder denken noch sich bewegen. Das Leben hatte dieses Wrack angerichtet; Schaufenster voller farbiger Paste, und eines stand starr vor der Lethargie des Alten, steif vor der Starrheit des Alten und schaute hinein. Evelyn Whitbread würde diese spanische Halskette vielleicht gerne kaufen – das würde sie vielleicht tun. Er muss gähnen. Hugh ging in den Laden.

"Du hast Recht!" sagte Richard und folgte ihm.

Gott weiß, dass er nicht mit Hugh Halsketten kaufen wollte. Aber es gibt Gezeiten im Körper. Morgen trifft auf Nachmittag. Lady Brutons Urgroßvater, seine Memoiren und seine Feldzüge in Nordamerika wurden wie eine gebrechliche Schaluppe von tiefen, tiefen Überschwemmungen getragen und versenkt. Und Millicent Bruton auch. Sie ging unter. Richard war es völlig egal, was aus der Auswanderung wurde; über diesen Brief, ob der Herausgeber ihn eingesandt hat oder nicht. Die Halskette hing gespannt zwischen Hughs bewundernswerten Fingern. Er soll es einem Mädchen geben, wenn er Juwelen kaufen muss – jedem Mädchen, jedem Mädchen auf der Straße. Denn die Wertlosigkeit dieses Lebens war Richard ziemlich eindringlich bewusst – er kaufte Halsketten für Evelyn. Wenn er einen Jungen gehabt hätte, hätte er gesagt: Arbeit, Arbeit. Aber er hatte seine Elizabeth; er vergötterte seine Elisabeth.

„Ich würde Mr. Dubonnet gerne sehen", sagte Hugh in seiner knappen, weltlichen Art. Es schien, dass dieser Dubonnet die Maße von Mrs. Whitbreads Hals hatte oder, was noch seltsamer war, ihre Ansichten über spanischen Schmuck und den Umfang ihres Besitzes in dieser Linie kannte (an den sich Hugh nicht erinnern konnte). All das kam Richard Dalloway furchtbar seltsam vor. Denn er machte Clarissa nie Geschenke, außer einem Armband vor zwei oder drei Jahren, das kein Erfolg gewesen war. Sie hat es nie getragen. Es schmerzte ihn, sich daran zu erinnern, dass sie es nie trug. Und wie ein einzelner Spinnenfaden, nachdem er hier und da schwankte, sich an der Spitze eines Blattes festsetzt, so richtete sich Richards Geist, der sich von seiner Lethargie erholt hatte, nun auf seine Frau Clarissa, die Peter Walsh so leidenschaftlich geliebt hatte; und Richard hatte sie dort beim Mittagessen plötzlich gesehen; von sich selbst und Clarissa; von ihrem gemeinsamen Leben; Und er zog das Tablett mit den alten Juwelen zu sich heran und nahm zuerst diese Brosche, dann diesen Ring. „Wie viel kostet das?" fragte er, zweifelte aber an seinem eigenen Geschmack. Er wollte die Tür zum Wohnzimmer öffnen und hereinkommen und ihm etwas hinhalten; ein Geschenk für Clarissa. Nur was? Aber Hugh war wieder auf den Beinen. Er war unbeschreiblich pompös. Wirklich, nachdem er fünfunddreißig Jahre hier gearbeitet hatte, würde er sich nicht von einem einfachen Jungen abschrecken lassen, der sein Geschäft nicht verstand. Denn Dubonnet schien draußen zu sein, und Hugh würde nichts kaufen, bis Mr. Dubonnet sich entschied, dabei zu sein; Daraufhin errötete der Junge und verneigte sich korrekt. Es war alles vollkommen richtig. Und doch hätte Richard das nicht sagen können, um sein Leben zu retten! Warum diese Leute diese verdammte Unverschämtheit ertrugen, konnte er sich nicht vorstellen. Hugh wurde zu einem unerträglichen Arsch. Richard Dalloway konnte seine Gesellschaft nicht länger als eine Stunde ertragen. Und als er zum Abschied seine Melone schnippte, bog Richard an der Ecke der Conduit Street ab, eifrig, ja, sehr eifrig, den Spinnenfaden der Bindung zwischen ihm und Clarissa zu beschreiten; er würde direkt zu ihr nach Westminster gehen.

Aber er wollte mit etwas in der Hand hereinkommen. Blumen? Ja, Blumen, da er seinem Goldgeschmack nicht traute; jede Menge Blumen, Rosen, Orchideen, um das zu feiern, was, wie man will, ein Ereignis war; dieses Gefühl umgab sie, als sie beim Mittagessen von Peter Walsh sprachen; und sie sprachen nie darüber; Jahrelang hatten sie nicht mehr davon gesprochen; Was, dachte er, während er seine roten und weißen Rosen zusammenfasste (ein riesiger Strauß in Seidenpapier), der größte Fehler der Welt sei. Es kommt die Zeit, in der es nicht mehr gesagt werden kann; Man ist zu schüchtern, um es auszusprechen, dachte er, steckte ein oder zwei Sixpence Kleingeld ein und machte sich mit seinem großen Bündel an den Körper auf den Weg nach Westminster, um es in so vielen Worten auszusprechen (was auch immer sie von ihm halten mochte), und hielt ihm das seine hin Blumen, „Ich liebe dich." Warum nicht? Es kam einem wirklich wie ein Wunder vor, wenn man an den Krieg dachte und an die Tausenden von armen Kerlen, die noch ihr ganzes Leben vor sich hatten, zusammengeschaufelt und bereits halb vergessen; es war ein Wunder. Hier ging er durch London, um Clarissa mit vielen Worten zu sagen, dass er sie liebte. Was man nie sagt, dachte er. Teilweise ist man faul; teilweise ist man schüchtern. Und Clarissa — es war schwer, an sie zu denken; außer beim Aufschrecken, wie beim Mittagessen, als er sie ganz deutlich sah; ihr ganzes Leben lang. Er blieb an der Kreuzung stehen; und wiederholt — er war von Natur aus einfach und unverdorben, weil er getrampelt und geschossen hatte; er war beharrlich und hartnäckig, setzte sich für die Unterdrückten ein und folgte im Unterhaus seinen Instinkten; Er blieb in seiner Einfachheit bewahrt und wurde gleichzeitig ziemlich sprachlos, ziemlich steif — er wiederholte, dass es ein Wunder sei, dass er Clarissa hätte heiraten sollen; ein Wunder — sein Leben war ein Wunder gewesen, dachte er; zögert zu überqueren. Aber es brachte sein Blut zum Kochen, als er sah, wie kleine Kreaturen von fünf oder sechs Jahren allein Piccadilly überquerten. Die Polizei hätte den Verkehr sofort stoppen müssen. Er machte sich keine Illusionen über die Londoner Polizei. Tatsächlich sammelte er Beweise für ihr Fehlverhalten; und diese Straßenhändler, denen es nicht gestattet ist, ihre Karren auf der Straße aufzustellen; und Prostituierte, mein Gott, die Schuld lag nicht bei ihnen und auch nicht bei jungen Männern, sondern bei unserem abscheulichen Gesellschaftssystem und so weiter; Über alles, was er dachte, konnte man sehen, wie er nachdachte, grau, verbissen, adrett, sauber, als er durch den Park ging , um seiner Frau zu sagen, dass er sie liebte.

Denn er würde es in vielen Worten sagen, wenn er das Zimmer betrat. Weil es tausendmal schade ist, nie zu sagen, was man fühlt, dachte er, während er den Grünen Park durchquerte und mit Vergnügen beobachtete, wie ganze Familien, arme Familien, im Schatten der Bäume lümmelten; Kinder, die ihre Beine hochstrecken; Milch saugen; herumgeworfene Papiertüten, die leicht von einem dieser dicken Herren in Livree aufgehoben werden konnten (wenn die Leute etwas dagegen hätten); denn er war der Meinung, dass jeder Park und jeder Platz während der Sommermonate für Kinder geöffnet sein sollte (das Gras des Parks errötete und verblasste und beleuchtete die armen Mütter von Westminster und ihre krabbelnden Babys, als wäre es eine gelbe Lampe). nach unten verschoben). Aber was konnte man für weibliche Landstreicher wie dieses arme Geschöpf tun, das auf dem Ellenbogen ausgestreckt war (als hätte es sich auf die Erde geworfen, alle Bindungen los),

um neugierig zu beobachten, kühn zu spekulieren, über das Warum und
Warum nachzudenken, unverschämt , locker, humorvoll), er wusste es nicht.
Richard Dalloway hielt seine Blumen wie eine Waffe in der Hand und näherte
sich ihr; Absicht, dass er an ihr vorbeiging; Dennoch war noch Zeit für einen
Funken zwischen ihnen – sie lachte bei seinem Anblick, er lächelte gut
gelaunt , als er über das Problem des weiblichen Landstreichers nachdachte;
nicht, dass sie jemals sprechen würden. Aber er würde Clarissa mit vielen
Worten sagen, dass er sie liebte. Er war einmal eifersüchtig auf Peter Walsh
gewesen; eifersüchtig auf ihn und Clarissa. Aber sie hatte ihm oft gesagt, dass
es richtig gewesen sei, Peter Walsh nicht zu heiraten; was, wie ich Clarissa
kannte, offensichtlich wahr war; sie wollte Unterstützung. Nicht, dass sie
schwach gewesen wäre; aber sie wollte Unterstützung.

Was den Buckingham Palace betrifft (wie eine alte Primadonna, die ganz in
Weiß dem Publikum zugewandt ist), könne man ihm weder eine gewisse
Würde absprechen, überlegte er, noch das verachten, was schließlich
Millionen von Menschen bedeutet (eine kleine Menschenmenge wartete). das
Tor, um die Vertreibung des Königs zu sehen) als Symbol, so absurd es auch
ist; Ein Kind mit einer Kiste Ziegel hätte es besser machen können, dachte
er; Blick auf das Denkmal für Königin Victoria (an die er sich mit ihrer
Hornbrille erinnern konnte, als sie durch Kensington fuhr), seinen weißen
Hügel, seine wogende Mütterlichkeit; aber es gefiel ihm, vom Nachkommen
Horsas regiert zu werden; er mochte Kontinuität; und das Gefühl, die
Traditionen der Vergangenheit weiterzugeben. Es war ein großartiges
Zeitalter, in dem man gelebt hat. Tatsächlich war sein eigenes Leben ein
Wunder; lass ihn keinen Fehler machen; Hier war er, in der Blüte seines
Lebens, auf dem Weg zu seinem Haus in Westminster, um Clarissa zu sagen,
dass er sie liebte. Glück ist das, dachte er.

Das ist es, sagte er, als er Dean's Yard betrat. Big Ben begann zu schlagen,
zuerst die musikalische Warnung; dann die Stunde, unwiderruflich.
Mittagspartys verschwenden den ganzen Nachmittag, dachte er, als er sich
seiner Tür näherte.

Der Klang von Big Ben erfüllte Clarissas Wohnzimmer, wo sie ganz verärgert
an ihrem Schreibtisch saß; besorgt; verärgert. Es stimmte vollkommen, dass
sie Ellie Henderson nicht zu ihrer Party eingeladen hatte; aber sie hatte es
mit Absicht getan. Nun schrieb Mrs. Marsham : „Sie hatte Ellie Henderson
gesagt, dass sie Clarissa fragen würde – Ellie wollte unbedingt mitkommen.“

Aber warum sollte sie all die langweiligen Frauen Londons zu ihren Partys
einladen? Warum sollte sich Mrs. Marsham einmischen? Und da war
Elizabeth die ganze Zeit mit Doris Kilman im Verborgenen. Etwas
Ekelhafteres konnte sie sich nicht vorstellen. Gebet zu dieser Stunde mit

dieser Frau. Und der Klang der Glocke durchflutete den Raum mit seiner melancholischen Welle; das zurückwich und sich zusammenraffte, um noch einmal zu fallen, als sie ablenkend hörte, wie etwas an der Tür herumfummelte, etwas kratzte. Wer zu dieser Stunde? Drei, mein Himmel! Schon drei! Denn mit überwältigender Direktheit und Würde schlug die Uhr drei; und sie hörte nichts anderes; aber die Türklinke rutschte herum und herein kam Richard! Was fuer eine Ueberraschung! Richard kam herein und hielt Blumen hin. Sie hatte ihn einmal in Konstantinopel im Stich gelassen; und Lady Bruton, deren Mittagspartys angeblich außerordentlich amüsant waren, hatte sie nicht gefragt. Er hielt Blumen hin – Rosen, rote und weiße Rosen. (Aber er konnte sich nicht dazu durchringen zu sagen, dass er sie liebte; nicht in so vielen Worten.)

„Aber wie schön", sagte sie und nahm seine Blumen entgegen. Sie verstand; sie verstand, ohne dass er sprach; seine Clarissa. Sie stellte sie in Vasen auf den Kaminsims. Wie schön sie aussahen! Sie sagte. Und war es lustig, fragte sie? Hatte Lady Bruton nach ihr gefragt? Peter Walsh war zurück. Mrs. Marsham hatte geschrieben. Muss sie Ellie Henderson fragen? Diese Frau Kilman war oben.

„Aber lassen Sie uns fünf Minuten lang sitzen", sagte Richard.

Es sah alles so leer aus. Alle Stühle standen an der Wand. Was hatten sie gemacht? Oh, es war für die Party; Nein, er hatte die Party nicht vergessen. Peter Walsh war zurück. Oh ja; sie hatte ihn gehabt. Und er würde sich scheiden lassen; und er war in irgendeine Frau da draußen verliebt. Und er hatte sich nicht im Geringsten verändert. Da war sie und flickte ihr Kleid ...

„Ich denke an Bourton", sagte sie.

„Hugh war beim Mittagessen", sagte Richard. Sie hatte ihn auch kennengelernt! Nun, er wurde absolut unerträglich. Evelyn-Halsketten kaufen; dicker als je zuvor; ein unerträglicher Arsch.

„Und es überkam mich: ,Ich hätte dich vielleicht heiraten können'", sagte sie und dachte an Peter, der dort in seiner kleinen Fliege saß; mit diesem Messer, es öffnen und schließen. „So wie er immer war, wissen Sie."

„Sie haben beim Mittagessen über ihn gesprochen", sagte Richard. (Aber er konnte ihr nicht sagen, dass er sie liebte. Er hielt ihre Hand. Das ist Glück, dachte er.) Sie hatten einen Brief an die *Times* für Millicent Bruton geschrieben. Das war so ziemlich alles, wozu Hugh geeignet war.

„Und unsere liebe Miss Kilman?" er hat gefragt. Clarissa fand die Rosen absolut wunderschön; zuerst zusammengebündelt; nun beginnen sie von selbst auseinander zu gehen.

„Kilman kommt gerade an, als wir zu Mittag gegessen haben", sagte sie. „Elizabeth wird rosa. Sie verschließen sich. Ich nehme an, sie beten."

Herr! Es gefiel ihm nicht; aber diese Dinge gehen vorüber, wenn du sie zulässt.

„In einer Regenjacke und einem Regenschirm", sagte Clarissa.

Er hatte nicht gesagt: „Ich liebe dich"; aber er hielt ihre Hand. Das ist das Glück, dachte er.

„Aber warum sollte ich all die langweiligen Frauen in London zu meinen Partys einladen?" sagte Clarissa. Und wenn Mrs. Marsham eine Party gab, hat *sie* dann ihre Gäste eingeladen?

„Arme Ellie Henderson", sagte Richard – es war sehr seltsam, wie sehr sich Clarissa um ihre Partys kümmerte, dachte er.

Aber Richard hatte keine Vorstellung davon, wie ein Raum aussah. Aber was sollte er sagen?

Wenn sie sich wegen dieser Partys Sorgen machte , ließ er sie sie nicht geben. Wünschte sie, sie hätte Peter geheiratet? Aber er muss gehen.

„Er muss weg", sagte er und stand auf. Aber er stand einen Moment da, als wollte er etwas sagen; und sie fragte sich was? Warum? Da waren die Rosen.

„Irgendein Komitee?" sie fragte, als er die Tür öffnete.

„Armenier", sagte er; oder vielleicht waren es „Albaner".

Und es gibt eine Würde in den Menschen; eine Einsamkeit; selbst zwischen Mann und Frau eine Kluft; und das muss man respektieren, dachte Clarissa und sah zu, wie er die Tür öffnete; denn man würde sich nicht selbst davon trennen oder es seinem Mann gegen seinen Willen wegnehmen, ohne seine Unabhängigkeit, seine Selbstachtung zu verlieren – etwas, das schließlich von unschätzbarem Wert ist.

Er kam mit einem Kissen und einer Steppdecke zurück.

„Eine Stunde völlige Ruhe nach dem Mittagessen", sagte er. Und er ging.

Wie ähnlich ihm! „Eine Stunde völlige Ruhe nach dem Mittagessen" sagte er bis ans Ende der Zeit, weil ein Arzt es einmal angeordnet hatte. Es war ihm ähnlich, das, was Ärzte sagten, wörtlich zu nehmen; Teil seiner bezaubernden, göttlichen Einfachheit, die niemand im gleichen Maße hatte; was ihn dazu brachte, die Sache zu erledigen, während sie und Peter ihre Zeit mit Streiten vergeudeten. Er war bereits auf halbem Weg zum Unterhaus, zu seinen Armeniern, seinen Albanern, hatte sie auf dem Sofa niedergelassen und seine Rosen betrachtet. Und die Leute würden sagen: „Clarissa Dalloway ist verwöhnt." Ihre Rosen waren ihr viel wichtiger als die Armenier. Aus dem Leben gejagt, verstümmelt, erfroren, Opfer von Grausamkeit und Ungerechtigkeit (so hatte sie Richard immer wieder sagen hören) – nein, sie konnte nichts für die Albaner empfinden, oder waren es die Armenier? Aber sie liebte ihre Rosen (hat das den Armeniern nicht geholfen?) – die einzigen Blumen, die sie geschnitten sehen konnte. Aber Richard war bereits im Unterhaus; in seinem Komitee , nachdem er alle ihre Schwierigkeiten gelöst hatte. Aber nein; Leider stimmte das nicht. Er sah keinen Grund, warum er Ellie Henderson fragen sollte. Sie würde es natürlich so tun, wie er es wünschte. Da er die Kissen mitgebracht hatte, legte sie sich hin ... Aber – aber – warum fühlte sie sich plötzlich, ohne dass sie einen Grund dafür finden konnte, verzweifelt unglücklich? Wie eine Person, die ein Perlen- oder Diamantkorn ins Gras fallen gelassen hat und die hohen Halme sehr sorgfältig hin und her trennt, hier und dort vergeblich sucht und es schließlich dort an den Wurzeln entdeckt, so ging sie durch eines hindurch Ding und ein anderes; Nein, es war nicht Sally Seton, die sagte, dass Richard nie im Kabinett sein würde, weil er ein Gehirn zweiter Klasse hatte (das kam ihr wieder in den Sinn); nein, das machte ihr nichts aus; Es hatte auch nichts mit Elizabeth und Doris Kilman zu tun; das waren Tatsachen. Es war ein Gefühl, ein unangenehmes Gefühl, vielleicht früher am Tag; etwas, das Peter, verbunden mit einer eigenen Depression, in ihrem Schlafzimmer gesagt hatte, als sie ihren Hut abnahm; und was Richard gesagt hatte, hatte dazu beigetragen, aber was hatte er gesagt? Da waren seine Rosen. Ihre Partys! Das war es! Ihre Partys! Beide kritisierten sie sehr ungerecht, lachten sie sehr ungerecht für ihre Partys. Das war es! Das war es!

Nun, wie sollte sie sich verteidigen? Jetzt, da sie wusste, was es war, fühlte sie sich vollkommen glücklich. Sie dachten, oder jedenfalls dachte Peter, dass es ihr Spaß machte, sich durchzusetzen; mochte es, berühmte Leute um sich zu haben; große Namen; war einfach ein Snob, kurz gesagt. Nun, Peter könnte das denken. Richard hielt es lediglich für dumm von ihr, Aufregung zu mögen, obwohl sie wusste, dass sie ihr Herz schädigte. Es war kindisch, dachte er. Und beides war völlig falsch. Was ihr gefiel, war einfach das Leben.

„Dafür mache ich es", sagte sie laut zum Leben.

Da sie isoliert und befreit auf dem Sofa lag, wurde die Präsenz dieses Dings, das sie als so offensichtlich empfand, physisch existent; mit Geräuschgewändern von der Straße, sonnig, mit heißem Atem, Flüstern, das Ausblasen der Jalousien. Aber nehmen wir an, Peter würde zu ihr sagen: „Ja, ja, aber deine Partys – welchen Sinn haben deine Partys?" Alles, was sie sagen konnte, war (und von niemandem konnte erwartet werden, dass sie es verstand): Sie sind eine Opfergabe; was furchtbar vage klang. Aber wer war Peter, der erkannte, dass das Leben völlig reibungslos verlief? – Peter war immer verliebt, immer in die falsche Frau verliebt? Was ist deine Liebe? könnte sie zu ihm sagen. Und sie kannte seine Antwort; dass es das Wichtigste auf der Welt ist und keine Frau es verstanden hat. Sehr gut. Aber konnte auch irgendein Mann verstehen, was sie meinte? über das Leben? Sie konnte sich nicht vorstellen, dass Peter oder Richard sich die Mühe machten, ohne jeglichen Grund eine Party zu veranstalten.

Aber um tiefer zu gehen, hinter das, was die Leute sagten (und diese Urteile, wie oberflächlich, wie fragmentarisch sie sind!), in ihrem eigenen Kopf: Was bedeutete es für sie, dieses Ding, das sie Leben nannte? Oh, es war sehr seltsam. Hier war der und der in South Kensington; irgendjemand oben in Bayswater; und jemand anderes, sagen wir, in Mayfair. Und sie hatte ständig das Gefühl, dass es sie gab; und sie fühlte, was für eine Verschwendung; und sie fühlte, was für ein Mitleid; und sie hatte das Gefühl, wenn sie nur zusammengebracht werden könnten; also hat sie es getan. Und es war eine Opfergabe; kombinieren, erschaffen; aber an wen?

Vielleicht ein Opfer um des Opferns willen. Jedenfalls war es ihr Geschenk. Nichts anderes hatte für sie die geringste Bedeutung; konnte nicht denken, schreiben, nicht einmal Klavier spielen. Sie brachte Armenier und Türken durcheinander; liebte den Erfolg; gehasstes Unbehagen; muss gemocht werden; redete Ozeane voller Unsinn: Und bis heute fragte man sie, was der Äquator sei, und sie wusste es nicht.

Dennoch sollte ein Tag dem anderen folgen; Mittwoch, Donnerstag, Freitag, Samstag; dass man morgens aufwachen sollte; den Himmel sehen; im Park spazieren gehen; Treffen Sie Hugh Whitbread; dann kam plötzlich Peter herein; dann diese Rosen; es war genug. Wie unglaublich war der Tod danach ! – dass er enden musste; und niemand auf der ganzen Welt würde wissen, wie sehr sie das alles geliebt hatte; wie, jeden Augenblick....

Die Tür öffnete sich. Elizabeth wusste, dass ihre Mutter sich ausruhte. Sie kam sehr leise herein. Sie stand vollkommen still. War irgendein Mongole an der Küste von Norfolk gestrandet (wie Mrs. Hilbery sagte) und hatte sich vielleicht vor hundert Jahren mit den Dalloway-Damen vermischt? Denn die Dalloways waren im Allgemeinen blond; blauäugig; Elizabeth hingegen war dunkel; hatte chinesische Augen in einem blassen Gesicht; ein orientalisches Mysterium; war sanft, rücksichtsvoll, ruhig. Als Kind hatte sie einen perfekten Sinn für Humor gehabt ; Aber jetzt, mit siebzehn, warum, Clarissa konnte es nicht im Geringsten verstehen, sie war sehr ernst geworden; wie eine Hyazinthe, glänzend grün umhüllt, mit nur gefärbten Knospen, eine Hyazinthe, die keine Sonne hatte.

Sie stand ganz still und sah ihre Mutter an; aber die Tür war angelehnt, und vor der Tür stand Miss Kilman, wie Clarissa wusste; Miss Kilman in ihrer Regenjacke hörte zu, was auch immer sie sagten.

Ja, Miss Kilman stand auf dem Treppenabsatz und trug einen Regenmantel; hatte aber ihre Gründe. Erstens war es billig; zweitens war sie über vierzig; und kleidete sich schließlich nicht, um zu gefallen. Außerdem war sie arm; erniedrigend arm. Sonst würde sie keine Jobs von Leuten wie den Dalloways annehmen ; von reichen Leuten, die gerne freundlich waren. Mr. Dalloway war, um ihm gerecht zu werden, freundlich gewesen. Aber Mrs. Dalloway hatte es nicht getan. Sie war lediglich herablassend gewesen. Sie stammte aus der wertlosesten aller Klassen – den Reichen mit einem Hauch von Bildung. Überall gab es teure Dinge; Bilder, Teppiche, viele Diener. Sie war der Ansicht, dass sie ein vollkommenes Recht auf alles hatte, was die Dalloways für sie taten.

Sie war betrogen worden. Ja, das Wort war keine Übertreibung, denn sicherlich hat ein Mädchen ein Recht auf irgendeine Art von Glück? Und sie war noch nie glücklich gewesen, weil sie so ungeschickt und arm war. Und dann, gerade als sie eine Chance auf Miss Dolbys Schule gehabt hätte, kam der Krieg; und sie hatte nie lügen können. Miss Dolby dachte, sie wäre glücklicher mit Menschen, die ihre Ansichten über die Deutschen teilten. Sie hatte gehen müssen. Zwar war die Familie deutscher Herkunft; schrieb im 18. Jahrhundert den Namen Kiehlman ; aber ihr Bruder war getötet worden. Sie haben sie rausgeschmissen, weil sie nicht so tun wollte, als wären die Deutschen allesamt Schurken – obwohl sie deutsche Freunde hatte und die einzigen glücklichen Tage ihres Lebens in Deutschland verbracht hatte! Und schließlich konnte sie Geschichte lesen. Sie hatte nehmen müssen, was sie kriegen konnte. Mr. Dalloway hatte sie bei der Arbeit für die Freunde kennengelernt. Er hatte ihr erlaubt (und das war wirklich großzügig von ihm), seiner Tochter Geschichte beizubringen. Außerdem hielt sie eine kleine Erweiterungsvorlesung und so weiter. Dann war Unser Lieber Herrgott zu ihr gekommen (und hier senkte sie immer den Kopf). Sie hatte das Licht vor zwei Jahren und drei Monaten gesehen. Jetzt beneidete sie Frauen wie Clarissa Dalloway nicht; sie hatte Mitleid mit ihnen.

Sie bemitleidete und verachtete sie aus tiefstem Herzen, während sie auf dem weichen Teppich stand und die alte Gravur eines kleinen Mädchens mit Muff betrachtete. Welche Hoffnung gab es bei all diesem Luxus auf eine bessere Lage? Anstatt auf einem Sofa zu liegen – „ Meine Mutter ruht sich aus", hatte Elizabeth gesagt – hätte sie in einer Fabrik sein sollen; hinter einer Theke; Mrs. Dalloway und all die anderen feinen Damen!

Verbittert und brennend hatte sich Miss Kilman vor zwei Jahren und drei Monaten in eine Kirche verwandelt. Sie hatte die Predigt von Rev. Edward

Whittaker gehört; die Jungen singen; hatte gesehen, wie die feierlichen Lichter herabstiegen, und ob es die Musik oder die Stimmen waren (sie selbst fand, wenn sie abends allein war, Trost in einer Geige; aber der Klang war quälend; sie hatte kein Gehör), die heißen und turbulenten Gefühle, die kochten Als sie dort saß, hatte sie sich beruhigt, und sie hatte heftig geweint und war losgefahren, um Mr. Whittaker in seinem Privathaus in Kensington zu besuchen. Es sei die Hand Gottes, sagte er. Der Herr hatte ihr den Weg gezeigt. Wann immer also in ihr heiße und schmerzliche Gefühle hochkochten, dieser Hass auf Mrs. Dalloway, dieser Groll gegen die Welt, dachte sie an Gott. Sie dachte an Mr. Whittaker. Auf Wut folgte Ruhe. Ein süßer Duft erfüllte ihre Adern, ihre Lippen öffneten sich, und als sie in ihrem Regenmantel beeindruckend auf dem Treppenabsatz stand, blickte sie mit fester und unheimlicher Gelassenheit auf Mrs. Dalloway, die mit ihrer Tochter herauskam.

Elizabeth sagte, sie hätte ihre Handschuhe vergessen. Das lag daran, dass Miss Kilman und ihre Mutter einander hassten. Sie konnte es nicht ertragen, sie zusammen zu sehen. Sie rannte nach oben, um ihre Handschuhe zu holen.

Aber Miss Kilman hasste Mrs. Dalloway nicht. Als Miss Kilman ihre großen, stachelbeerfarbenen Augen auf Clarissa richtete , ihr kleines rosa Gesicht, ihren zarten Körper, ihre Ausstrahlung von Frische und Mode betrachtete, kam ihr vor: Du Narr! Einfaltspinsel! Du, der weder Leid noch Freude gekannt hat; die dein Leben verspielt haben! Und in ihr entstand ein überwältigender Wunsch, sie zu überwinden; um sie zu entlarven. Wenn sie sie hätte fällen können, hätte es sie erleichtert. Aber es war nicht der Körper; es war die Seele und ihr Spott, die sie unterwerfen wollte; Lass ihre Meisterschaft spüren. Wenn sie sie nur zum Weinen bringen könnte; könnte sie ruinieren; demütige sie; Bring sie weinend auf die Knie. Du hast recht! Aber das war Gottes Wille, nicht der von Miss Kilman. Es sollte ein religiöser Sieg werden. Also funkelte sie; also blickte sie finster.

Clarissa war wirklich schockiert. Das ist eine Christin – diese Frau! Diese Frau hatte ihr ihre Tochter genommen! Sie steht in Kontakt mit unsichtbaren Präsenzen! Schwer, hässlich, alltäglich, ohne Freundlichkeit oder Anmut, sie kennt den Sinn des Lebens!

„Du gehst mit Elizabeth in die Geschäfte?" sagte Frau Dalloway.

Miss Kilman sagte, sie sei es. Sie standen da. Miss Kilman hatte nicht die Absicht, sich angenehm zu zeigen. Sie hatte immer ihren Lebensunterhalt verdient. Ihre Kenntnisse der modernen Geschichte waren äußerst gründlich. Sie hat von ihrem mageren Einkommen so viel für Zwecke beiseite gelegt, an die sie glaubte; wohingegen diese Frau nichts tat, nichts glaubte; zog ihre Tochter groß – aber hier war Elizabeth, ziemlich außer Atem, das schöne Mädchen.

Also gingen sie in die Geschäfte. Es war seltsam, wie Miss Kilman, während sie da stand (und dabei stand, mit der Macht und Schweigsamkeit eines prähistorischen Monsters, das für urzeitliche Kriegsführung gerüstet war), von Sekunde zu Sekunde die Vorstellung von ihr abnahm, wie der Hass (der gegen Ideen galt) nicht Menschen) zusammenbrach, wie sie ihre Bösartigkeit, ihre Größe verlor, Sekunde für Sekunde nur noch Miss Kilman in einem Regenmantel wurde, der Clarissa, Gott weiß, gerne geholfen hätte.

Über dieses Schrumpfen des Monsters lachte Clarissa. Zum Abschied lachte sie.

Gemeinsam gingen sie, Miss Kilman und Elizabeth, nach unten.

Mit einem plötzlichen Impuls, mit einer heftigen Angst, weil diese Frau ihr ihre Tochter wegnahm, beugte sich Clarissa über das Geländer und rief: „Erinnere dich an die Party! Erinnern Sie sich an unsere Party heute Abend!"

Aber Elizabeth hatte die Haustür bereits geöffnet; da fuhr ein Lieferwagen vorbei; sie antwortete nicht.

Liebe und Religion! dachte Clarissa und ging mit einem Kribbeln am ganzen Körper zurück ins Wohnzimmer. Wie abscheulich, wie abscheulich sie sind! Da die Leiche von Miss Kilman nun nicht vor ihr lag, überwältigte sie der Gedanke – die Vorstellung. Die grausamsten Dinge auf der Welt, dachte sie, als sie sie ungeschickt, heiß, herrschsüchtig, heuchlerisch, lauschend, eifersüchtig, unendlich grausam und skrupellos sah, gekleidet in einen Regenmantel, auf dem Treppenabsatz; Liebe und Religion. Hatte sie jemals versucht, selbst jemanden zu bekehren? Wollte sie nicht, dass jeder nur er selbst sei? Und sie sah aus dem Fenster zu, wie die alte Dame ihr gegenüber die Treppe hinaufstieg. Lass sie nach oben klettern, wenn sie wollte; lass sie aufhören; Dann ließ sie sie, wie Clarissa sie oft gesehen hatte, in ihr Schlafzimmer gelangen, ihre Vorhänge öffnen und wieder im Hintergrund verschwinden. Irgendwie respektierte man das – diese alte Frau, die aus dem Fenster schaute, ganz unbewusst, dass sie beobachtet wurde. Es hatte etwas Feierliches darin – aber Liebe und Religion würden die Privatsphäre der Seele, was auch immer es war, zerstören. Der abscheuliche Kilman würde es zerstören. Dennoch war es ein Anblick, der sie zum Weinen brachte.

Auch die Liebe wurde zerstört. Alles, was gut war, alles, was wahr war, ging weg. Nehmen Sie jetzt Peter Walsh. Da war ein Mann, charmant, klug, mit Ideen für alles. Wenn Sie etwas über Pope, sagen wir, oder Addison wissen oder einfach nur Blödsinn reden wollten, wie die Leute waren, was die Dinge bedeuteten, Peter wusste es besser als jeder andere . Es war Peter, der ihr geholfen hatte; Peter, der ihr Bücher geliehen hatte. Aber schauen Sie sich die Frauen an, die er liebte – vulgär, trivial, alltäglich. Denken Sie an den verliebten Peter – er kam nach all den Jahren zu ihr, und worüber sprach er? Sich selbst. Schreckliche Leidenschaft! Sie dachte. Erniedrigende Leidenschaft! dachte sie und dachte an Kilman und ihre Elizabeth, die zu den Army- und Navy-Läden gingen.

Big Ben schlug die halbe Stunde.

Wie außergewöhnlich, seltsam, ja, rührend war es, zu sehen, wie sich die alte Dame (sie waren seit vielen Jahren Nachbarn) vom Fenster entfernte, als wäre sie an diesem Geräusch, dieser Saite hängen geblieben. So gigantisch es auch war, es hatte etwas mit ihr zu tun. Hinab, hinab, mitten in die alltäglichen Dinge fiel der Finger und machte den Moment feierlich. Sie wurde, so stellte sich Clarissa vor, durch dieses Geräusch gezwungen, sich zu bewegen, zu gehen – aber wohin? Clarissa versuchte, ihr zu folgen, als sie sich umdrehte und verschwand, und konnte immer noch sehen, wie sich ihre weiße Mütze hinten im Schlafzimmer bewegte. Sie war immer noch da und bewegte sich am anderen Ende des Raumes. Warum Glaubensbekenntnisse und Gebete und Regenjacken? Wenn, dachte Clarissa, das ist das Wunder, das ist das Geheimnis; Sie meinte diese alte Dame, die sie von der Kommode zum Frisiertisch gehen sehen konnte. Sie konnte sie immer noch sehen. Und das höchste Rätsel, von dem Kilman vielleicht sagen würde, sie hätte es gelöst, oder Peter könnte sagen, er hätte es gelöst, aber Clarissa glaubte nicht, dass einer von ihnen auch nur den Hauch einer Idee hatte, es zu lösen, war einfach dieses: Hier war ein Raum; da noch eins. Hat die Religion das gelöst, oder die Liebe?

Alles Liebe – aber hier kam die andere Uhr, die Uhr, die immer zwei Minuten nach Big Ben schlug, hereingeschlurft mit ihrem Schoß voller Krimskrams, den sie fallen ließ, als wäre Big Ben damit einverstanden, dass Seine Majestät das Gesetz festlegte , so feierlich, so gerecht, aber sie muss sich außerdem an alle möglichen Kleinigkeiten erinnern – Mrs. Marsham , Ellie Henderson, Gläser für Eis – alle möglichen kleinen Dinge strömten und schwappten und tanzten herein im Kielwasser dieses feierlichen Schlags, der flach wie ein Goldbarren auf dem Meer lag. Mrs. Marsham , Ellie Henderson, Gläser für Eis. Sie muss jetzt sofort anrufen.

Lebhaft, unruhig ertönte die späte Uhr, die im Kielwasser von Big Ben hereinkam, mit einem Schoß voller Kleinigkeiten. Zerschlagen, zerschlagen durch den Ansturm der Kutschen, die Brutalität der Lieferwagen, das eifrige Vorrücken unzähliger kantiger Männer, der zur Schau stellenden Frauen, die Kuppeln und Türme von Büros und Krankenhäusern schienen die letzten Relikte dieser Runde voller Krimskrams zu sein wie der Gischt einer erschöpften Welle sich auf den Körper von Miss Kilman zu brechen, die einen Moment lang still auf der Straße stand und murmelte: „Es ist das Fleisch.“

Es war das Fleisch, das sie kontrollieren musste. Clarissa Dalloway hatte sie beleidigt. Das hatte sie erwartet. Aber sie hatte nicht gesiegt; sie hatte das Fleisch nicht gemeistert. Hässlich, ungeschickt, Clarissa Dalloway hatte sie dafür ausgelacht; und hatte die fleischlichen Wünsche wiederbelebt, denn es machte ihr etwas aus, neben Clarissa zu stehen. Sie konnte auch nicht so reden, wie sie es tat. Aber warum sollte man ihr ähneln wollen? Warum? Sie verachtete Mrs. Dalloway aus tiefstem Herzen. Sie meinte es nicht ernst. Sie war nicht gut. Ihr Leben war ein Gewebe aus Eitelkeit und Betrug. Doch Doris Kilman war überwunden. Tatsächlich wäre sie fast in Tränen ausgebrochen, als Clarissa Dalloway sie auslachte. „Es ist das Fleisch, es ist das Fleisch", murmelte sie (es war ihre Angewohnheit, laut zu sprechen) und versuchte, dieses turbulente und schmerzhafte Gefühl zu unterdrücken, während sie die Victoria Street entlangging. Sie betete zu Gott. Sie konnte nicht anders, als hässlich zu sein; Sie konnte es sich nicht leisten, hübsche Kleidung zu kaufen. Clarissa Dalloway hatte gelacht – aber sie würde ihre Gedanken auf etwas anderes konzentrieren, bis sie den Säulenkasten erreicht hatte. Auf jeden Fall hatte sie Elizabeth bekommen. Aber sie würde an etwas anderes denken; sie würde an Russland denken; bis sie den Säulenkasten erreichte.

Wie schön muss es sein, sagte sie, auf dem Land, wo sie, wie Mr. Whittaker ihr gesagt hatte, mit diesem heftigen Groll gegen die Welt kämpfte, die sie verachtet, verhöhnt und verstoßen hatte, angefangen bei dieser Demütigung – der Zufügung von ihrem unliebsamen Körper, dessen Anblick die Menschen nicht ertragen konnten. Frisierte ihr Haar, wie sie konnte, ihre Stirn blieb wie ein Ei, kahl und weiß. Keine Kleidung passte zu ihr. Sie könnte alles kaufen. Und für eine Frau bedeutete das natürlich, niemals das andere Geschlecht zu treffen. Sie würde niemals bei jemandem an erster Stelle stehen . Manchmal kam es ihr in letzter Zeit so vor, als sei außer Elizabeth ihr Essen das Einzige, wofür sie lebte; ihr Trost; ihr Abendessen, ihr Tee; nachts ihre Wärmflasche. Aber man muss kämpfen; besiegen; habe Vertrauen in Gott. Mr. Whittaker hatte gesagt, sie sei aus einem bestimmten Grund dort. Aber niemand kannte die Qual! Er sagte und zeigte auf das Kruzifix, dass Gott es wisse. Aber warum sollte sie leiden müssen, wenn andere Frauen wie Clarissa Dalloway entkommen konnten? Wissen kommt durch Leiden, sagte Herr Whittaker.

Sie war am Säulenkasten vorbeigegangen, und Elizabeth war in die Abteilung für kühle braune Tabakwaren der Army- und Navy-Läden gegangen, während sie immer noch vor sich hin murmelte, was Mr. Whittaker über Wissen gesagt hatte, das durch Leiden und das Fleisch entsteht. „Das Fleisch", murmelte sie.

Welche Abteilung wollte sie? Elizabeth unterbrach sie.

„Petticoats“, sagte sie plötzlich und stolzierte direkt zum Aufzug.

Sie gingen hinauf. Elizabeth führte sie hin und her; leitete sie in ihrer Abstraktion, als wäre sie ein großes Kind gewesen, ein unhandliches Schlachtschiff. Da waren die Unterröcke, braun, schick, gestreift, frivol, fest, dünn; und sie wählte in ihrer Gedankenlosigkeit eine unheilvolle Entscheidung, und das bedienende Mädchen hielt sie für verrückt.

Während sie das Paket zusammenpackten, fragte sich Elizabeth eher, was Miss Kilman dachte. „Sie müssen ihren Tee trinken“, sagte Miss Kilman, wachte auf und sammelte sich. Sie tranken ihren Tee.

Elizabeth fragte sich eher, ob Miss Kilman hungrig sein könnte. Es war ihre Art zu essen, mit Intensität zu essen und dann immer wieder auf einen Teller mit Zuckerkuchen zu schauen, der auf dem Tisch neben ihnen stand; Wenn sich dann eine Dame und ein Kind hinsetzten und das Kind den Kuchen nahm, konnte es Miss Kilman dann wirklich stören? Ja, Miss Kilman hat es gestört. Sie hatte sich diesen Kuchen gewünscht – den rosafarbenen. Das Vergnügen des Essens war fast das einzige reine Vergnügen, das ihr noch blieb, und selbst darin verblüfft zu sein!

Wenn die Menschen glücklich sind, haben sie eine Reserve, aus der sie schöpfen können, hatte sie zu Elizabeth gesagt, während sie wie ein Rad ohne Reifen war (sie liebte solche Metaphern), das von jedem Kieselstein erschüttert wurde, weshalb sie sagte, sie bleibe danach Die Unterrichtsstunde stand mit ihrer Büchertasche, ihrem „Schulranzen“, wie sie es nannte, am Kamin, an einem Dienstagmorgen, nachdem die Unterrichtsstunde zu Ende war. Und sie sprach auch über den Krieg. Schließlich gab es Leute, die die Engländer nicht immer für richtig hielten. Es gab Bücher. Es gab Treffen. Es gab andere Standpunkte. Würde Elizabeth gerne mitkommen, um dem und dem zuzuhören (einem äußerst außergewöhnlich aussehenden alten Mann)? Dann nahm Miss Kilman sie mit in eine Kirche in Kensington und sie tranken Tee mit einem Geistlichen. Sie hatte ihre Bücher ausgeliehen. Jura, Medizin, Politik, alle Berufe stehen Frauen Ihrer Generation offen, sagte Miss Kilman. Aber für sie selbst war ihre Karriere völlig ruiniert und war es ihre Schuld? Meine Güte, sagte Elizabeth, nein.

Und ihre Mutter würde vorbeikommen und sagen, dass ein Korb aus Bourton gekommen sei und ob Miss Kilman ein paar Blumen hätte? Zu Miss Kilman war sie immer sehr, sehr nett, aber Miss Kilman quetschte die Blumen alle in einem Strauß zusammen und unterhielt sich nicht, und was Miss Kilman interessierte, langweilte ihre Mutter, und Miss Kilman und sie waren schrecklich zusammen; und Miss Kilman schwoll an und sah sehr unscheinbar aus. Aber dann war Miss Kilman furchtbar schlau. Elizabeth hatte nie an die Armen gedacht. Sie lebten mit allem, was sie wollten: Ihre Mutter frühstückte jeden Tag im Bett; Lucy trug es hoch; und sie mochte alte

Frauen, weil sie Herzoginnen waren und von irgendeinem Herrn abstammten. Aber Miss Kilman sagte (an einem dieser Dienstagmorgen, als der Unterricht zu Ende war): „Mein Großvater hatte in Kensington einen Öl- und Farbenladen ." Miss Kilman gab einem das Gefühl, so klein zu sein.

Miss Kilman trank noch eine Tasse Tee. Elizabeth mit ihrer orientalischen Haltung, ihrem undurchschaubaren Geheimnis, saß vollkommen aufrecht; nein, sie wollte nichts mehr. Sie suchte nach ihren Handschuhen – ihren weißen Handschuhen. Sie waren unter dem Tisch. Ah, aber sie darf nicht gehen! Miss Kilman konnte sie nicht gehen lassen! dieser junge Mann, der war so schön, dieses Mädchen, das sie wirklich liebte! Ihre große Hand öffnete und schloss sich auf dem Tisch.

Aber vielleicht war es irgendwie ein wenig flach, hatte Elizabeth das Gefühl. Und sie würde wirklich gerne gehen.

Aber Miss Kilman sagte: „Ich bin noch nicht ganz fertig.“

Dann würde Elizabeth natürlich warten. Aber hier war es ziemlich stickig.

"Gehst du heute Abend zur Party?" sagte Miss Kilman. Elizabeth nahm an, dass sie gehen würde; Ihre Mutter wollte, dass sie ging. „Sie darf sich nicht von Partys absorbieren lassen“, sagte Miss Kilman und befingerte die letzten fünf Zentimeter eines Schokoladen-Eclairs.

Sie mochte Partys nicht besonders, sagte Elizabeth. Miss Kilman öffnete den Mund, streckte das Kinn leicht vor und schluckte die letzten Zentimeter des Schokoladen-Eclairs herunter, wischte sich dann die Finger ab und spülte den Tee in ihrer Tasse aus.

Sie spürte, dass sie kurz davor war, auseinanderzubrechen. Die Qual war so schrecklich. Wenn sie sie ergreifen könnte, wenn sie sie umarmen könnte, wenn sie sie absolut und für immer zu ihrem Eigentum machen und dann sterben könnte; das war alles was sie wollte. Aber hier zu sitzen und nicht in der Lage zu sein, mir etwas zu sagen; zu sehen, wie Elizabeth sich gegen sie wendet; selbst von ihr als abstoßend empfunden zu werden – das war zu viel; sie konnte es nicht ertragen. Die dicken Finger krümmten sich nach innen.

„Ich gehe nie auf Partys“, sagte Miss Kilman, nur um Elizabeth davon abzuhalten, hinzugehen. „Die Leute laden mich nicht zu Partys ein“ – und als sie das sagte, wusste sie, dass es dieser Egoismus war, der ihr zum Verhängnis wurde; Mr. Whittaker hatte sie gewarnt; aber sie konnte nicht anders. Sie hatte so schrecklich gelitten. „Warum sollten sie mich fragen?“ Sie sagte. „Ich bin schlicht, ich bin unglücklich.“ Sie wusste, dass es idiotisch war. Aber es waren all die Leute, die vorbeikamen – Leute mit Paketen, die sie verachteten, die sie dazu brachten, es zu sagen. Allerdings war sie Doris Kilman. Sie hatte ihren Abschluss. Sie war eine Frau, die ihren Weg in der

Welt gefunden hatte. Ihre Kenntnisse der modernen Geschichte waren mehr als respektabel.

„Ich habe kein Mitleid mit mir selbst“, sagte sie. „Es tut mir leid“ – sie wollte „deine Mutter“ sagen, aber nein, das konnte sie nicht, nicht zu Elizabeth. „Ich habe Mitleid mit anderen Menschen“, sagte sie, „mehr.“

Wie ein stummes Wesen, das aus unbekanntem Grund an ein Tor gebracht wurde und dort steht und sich danach sehnt, davonzugaloppieren, saß Elizabeth Dalloway still da. Wollte Miss Kilman noch etwas sagen?

„Vergiss mich nicht ganz“, sagte Doris Kilman; Ihre Stimme zitterte. Direkt bis zum Ende des Feldes galoppierte das dumme Wesen voller Angst.

Die große Hand öffnete und schloss sich.

Elizabeth drehte den Kopf. Die Kellnerin kam. Man müsse am Schalter bezahlen, sagte Elizabeth und ging weg, wobei sie, so spürte Miss Kilman, die Eingeweide in ihrem Körper herauszog, sie streckte, während sie den Raum durchquerte, und dann, mit einer letzten Drehung, den Kopf sehr senkte Höflich ging sie.

Sie war gegangen. Miss Kilman saß am Marmortisch zwischen den Eclairs, einmal, zweimal, dreimal von schmerzlichen Erschütterungen heimgesucht. Sie war gegangen. Mrs. Dalloway hatte gesiegt. Elizabeth war gegangen. Die Schönheit war verschwunden, die Jugend war verschwunden.

Also setzte sie sich. Sie stand auf, stolperte zwischen den kleinen Tischen hindurch und schwankte leicht von einer Seite zur anderen, und jemand kam mit ihrem Unterrock hinter ihr her, und sie verirrte sich und wurde von Koffern eingeengt, die speziell für den Transport nach Indien vorbereitet worden waren; Als nächstes bekam ich unter den Bettwäsche-Sets und Babywäsche; durch alle Waren der Welt, vergänglich und dauerhaft, Schinken, Drogen, Blumen, Schreibwaren, unterschiedlich riechend, mal süß, mal sauer, taumelte sie; sah sich selbst so taumeln, mit schiefem Hut, ganz rot im Gesicht, in voller Länge in einem Spiegel; und kam schließlich auf die Straße.

Vor ihr erhob sich der Turm der Westminster Cathedral, die Wohnstätte Gottes. Mitten im Verkehr befand sich die Wohnung Gottes. Hartnäckig machte sie sich mit ihrem Paket auf den Weg zu diesem anderen Heiligtum, der Abtei, wo sie, die Hände wie ein Zelt vor ihrem Gesicht erhebend, neben denen saß, die ebenfalls in den Schutz vertrieben wurden; die unterschiedlich gemischten Gläubigen, die nun ihres sozialen Rangs, fast ihres Geschlechts beraubt waren, hoben ihre Hände vor ihre Gesichter; Aber als sie sie entfernten, waren es sofort ehrfürchtige englische Männer und Frauen aus der Mittelschicht, von denen einige unbedingt die Wachsfiguren sehen wollten.

Aber Miss Kilman hielt ihr Zelt vor ihrem Gesicht. Jetzt war sie verlassen; jetzt wieder beigetreten. Neue Gläubige kamen von der Straße herein, um die Spaziergänger zu ersetzen, und während die Leute sich umsahen und am Grab des Unbekannten Kriegers vorbeischlurften, verbarg sie immer noch ihre Augen mit den Fingern und versuchte in dieser doppelten Dunkelheit, das Licht in der Abtei zu finden war körperlos, strebte über die Eitelkeiten, die Wünsche, die Waren hinaus, um sich sowohl vom Hass als auch von der Liebe zu befreien. Ihre Hände zuckten. Sie schien zu kämpfen. Doch für andere war Gott zugänglich und der Weg zu ihm glatt. Mr. Fletcher, pensioniert, vom Finanzministerium, Mrs. Gorham, Witwe des berühmten KC, näherten sich ihm einfach, und nachdem sie gebetet hatten, lehnten sie sich zurück, genossen die Musik (die Orgel erklang sanft) und sahen am Ende Miss Kilman von der Reihe, betete, betete und dachte, immer noch an der Schwelle ihrer Unterwelt, mitfühlend an sie als eine Seele, die dasselbe Gebiet heimsuchte; eine aus immaterieller Substanz herausgeschnittene Seele; keine Frau, eine Seele.

Aber Mr. Fletcher musste gehen. Er musste an ihr vorbei, und da er selbst so adrett war, konnte er nicht umhin, über die Unordnung der armen Dame ein wenig beunruhigt zu sein; ihr Haar offen; ihr Paket auf dem Boden. Sie ließ ihn nicht sofort passieren. Aber als er dastand und sich umsah, auf die weißen Murmeln, die grauen Fensterscheiben und die angesammelten Schätze (denn er war äußerst stolz auf die Abtei), sah sie ihre Größe, Robustheit und Kraft, während sie dort saß und von Zeit zu Zeit ihre Knie bewegte (Es war so hart, sich ihrem Gott zu nähern — so hart ihre Wünsche) beeindruckte ihn, so wie sie Mrs. Dalloway (sie konnte an diesem Nachmittag den Gedanken an sie nicht los) und Rev. Edward Whittaker beeindruckt hatten Auch Elisabeth.

Und Elizabeth wartete in der Victoria Street auf einen Omnibus. Es war so schön, draußen zu sein. Sie dachte, dass sie vielleicht noch nicht nach Hause gehen müsste. Es war so schön, draußen in der Luft zu sein. Also würde sie in einen Omnibus einsteigen. Und schon, als sie dort stand, in ihren sehr gut geschnittenen Kleidern, begann es ... Die Leute begannen, sie mit Pappeln, der frühen Morgendämmerung, Hyazinthen, Kitzen, fließendem Wasser und Gartenlilien zu vergleichen; und es machte ihr Leben zu einer Belastung, denn sie zog es so sehr vor, allein gelassen zu werden und auf dem Land zu tun, was sie wollte, aber man verglich sie mit Lilien, und sie musste auf Partys gehen, und London war im Vergleich dazu so trostlos mit ihrem Vater und den Hunden allein auf dem Land zu sein.

Busse schossen in die Luft, setzten sich ab und fuhren los – grelle Wohnwagen, die in roter und gelber Lackierung glänzten. Aber womit sollte sie weitermachen? Sie hatte keine Vorlieben. Natürlich würde sie sich nicht durchsetzen. Sie neigte zur Passivität. Es war der Ausdruck, den sie brauchte, aber ihre Augen waren schön, chinesisch, orientalisch, und wie ihre Mutter sagte, mit so schönen Schultern und so aufrechter Haltung war sie immer bezaubernd anzusehen; und in letzter Zeit, besonders abends, wenn sie interessiert war, denn sie wirkte nie aufgeregt, sie sah fast schön aus, sehr stattlich, sehr gelassen. Was könnte sie denken? Jeder Mann verliebte sich in sie und sie war wirklich furchtbar gelangweilt. Denn es begann. Ihre Mutter konnte das sehen – die Komplimente begannen. Dass sie sich nicht mehr darum kümmerte – zum Beispiel um ihre Kleidung – machte Clarissa manchmal Sorgen, aber vielleicht war es bei all diesen Welpen und Meerschweinchen auch gut so, dass sie Staupe hatten, und es verlieh ihr einen Reiz. Und jetzt gab es diese seltsame Freundschaft mit Miss Kilman. Nun, dachte Clarissa gegen drei Uhr morgens, als sie Baron Marbot las , denn sie konnte nicht schlafen, das beweist, dass sie ein Herz hat.

Plötzlich trat Elizabeth vor und bestieg den Omnibus höchst kompetent vor allen anderen. Sie nahm oben Platz. Das ungestüme Geschöpf – ein Pirat – machte einen Satz vorwärts und sprang davon; Sie musste sich an der Reling festhalten, um sich zu stabilisieren, für einen Piraten war es das, rücksichtslos, skrupellos, rücksichtslos, gefährlich ausweichend, kühn einen Passagier schnappend oder einen Passagier ignorierend, aalhaft und arrogant dazwischen quetschend und dann unverschämt davoneilend Alle Segel breiteten sich nach Whitehall aus. Und dachte Elizabeth überhaupt an die arme Miss Kilman, die sie ohne Eifersucht liebte, für die sie ein Rehkitz im Freien, ein Mond auf einer Lichtung gewesen war? Sie war froh, frei zu sein. Die frische Luft war so köstlich. In den Army- und Navy-Läden war es so stickig gewesen. Und jetzt war es wie Reiten, Whitehall hinaufzustürmen; und auf jede Bewegung des Omnibusses reagierte der schöne Körper im rehbraunen Mantel frei wie ein Reiter, wie die Galionsfigur eines Schiffes, denn der Wind brachte sie leicht durcheinander; Die Hitze verlieh ihren Wangen die Blässe von weiß gestrichenem Holz; und ihre schönen Augen, die keinen Blick hatten, dem sie begegnen konnten, blickten nach vorn, leer, strahlend, mit der unglaublichen Unschuld einer Skulptur.

Es war immer das Reden über ihre eigenen Leiden, das Miss Kilman so schwierig machte. Und hatte sie recht? Wenn es den Armen zugute kam, in Komitees zu sein und jeden Tag Stunden um Stunden zu opfern (sie sah ihn in London kaum), dann tat ihr Vater das, Gott weiß – wenn es das war, was Miss Kilman damit meinte, Christin zu sein; aber es war so schwer zu sagen. Oh, sie würde gerne noch ein bisschen weiter gehen. War es noch ein Penny bis zum Strand? Da war noch ein Penny. Sie würde den Strand hinaufgehen.

Sie mochte Menschen, die krank waren. „Und jeder Beruf steht den Frauen Ihrer Generation offen", sagte Miss Kilman. Sie könnte also Ärztin sein. Sie könnte eine Bäuerin sein. Tiere sind oft krank. Sie könnte tausend Hektar Land besitzen und Menschen unter sich haben. Sie würde sie in ihren Hütten besuchen. Das war Somerset House. Man könnte ein sehr guter Bauer sein – und das war, seltsamerweise auch wenn Miss Kilman ihren Anteil daran hatte, fast ausschließlich Somerset House zu verdanken. Es sah so prächtig aus, so ernst, dieses große graue Gebäude. Und sie mochte das Gefühl, dass Menschen arbeiten. Sie mochte diese Kirchen, die wie Formen aus grauem Papier am Flussufer des Strands lagen. „Hier ist es ganz anders als in Westminster", dachte sie, als sie an der Chancery Lane ausstieg. Es war so ernst; es war so viel los. Kurz gesagt: Sie möchte einen Beruf ausüben. Sie würde Ärztin oder Landwirtin werden und möglicherweise ins Parlament einziehen, wenn sie es für nötig hielte, und das alles nur wegen des Strandes.

Die Füße dieser Menschen, die ihren Aktivitäten nachgehen, die Hände, die Stein auf Stein legen, die Gedanken, die ewig nicht mit trivialem Geschwätz beschäftigt sind (Frauen mit Pappeln vergleichen – was natürlich ziemlich aufregend, aber sehr albern war), sondern mit Gedanken an Schiffe, an Geschäfte Sie war so stattlich (sie war im Tempel), fröhlich (dort war der Fluss), fromm (dort war die Kirche), und sie war ganz entschlossen, was auch immer ihre Mutter sagen mochte, zu werden entweder ein Bauer oder ein Arzt. Aber sie war natürlich ziemlich faul.

Und es war viel besser, nichts darüber zu sagen. Es schien so albern. So etwas passierte manchmal, wenn man allein war – Gebäude ohne Architektennamen, Menschenmassen, die aus der Stadt zurückkehrten und mehr Macht hatten als einzelne Geistliche in Kensington, als jedes der Bücher, die Miss Kilman ihr geliehen hatte, um anzuregen, was schlummernd, ungeschickt und schüchtern auf dem sandigen Boden des Geistes lag, um an die Oberfläche zu kommen, so wie ein Kind plötzlich seine Arme ausstreckt; Es war vielleicht nur ein Seufzer, ein Ausstrecken der Arme, ein Impuls, eine Offenbarung, die für immer nachwirkt, und dann ging es wieder hinunter auf den sandigen Boden. Sie muss nach Hause gehen. Sie muss sich zum Abendessen anziehen. Aber wie spät war es? – Wo war eine Uhr?

Sie schaute die Fleet Street hinauf. Sie ging nur ein kleines Stück in Richtung St. Paul's, schüchtern, wie jemand, der auf Zehenspitzen eindringt und nachts mit einer Kerze ein fremdes Haus erkundet, nervös, damit der Besitzer nicht plötzlich seine Schlafzimmertür aufreißt und sie um etwas bittet, aber sie tat es auch nicht Wagen Sie es, in seltsame Gassen und verlockende Nebenstraßen zu schlendern, genauso wenig wie in einem fremden Haus, das Türen öffnet, die Schlafzimmertüren oder Wohnzimmertüren sein könnten oder direkt zur Speisekammer führen. Denn kein Dalloways kam täglich den

Strand hinunter; Sie war eine Pionierin, eine Streunerin, wagemutig und vertrauensvoll.

Ihre Mutter hatte das Gefühl, dass sie in vielerlei Hinsicht extrem unreif war, wie ein Kind, das an Puppen und alten Hausschuhen hing; ein perfektes Baby; und das war bezaubernd. Aber dann gab es in der Familie Dalloway natürlich auch die Tradition des öffentlichen Dienstes. Äbtissinnen, Rektorinnen, Schulleiterinnen, Würdenträgerinnen, in der Republik der Frauen – ohne brillant zu sein, waren sie alle das. Sie drang noch ein Stück weiter in Richtung St. Paul's vor. Sie mochte die Freundlichkeit, Schwesterlichkeit, Mutterschaft und Brüderlichkeit dieses Aufruhrs. Es schien ihr gut. Der Lärm war gewaltig; und plötzlich erklangen Trompeten (die Arbeitslosen) und rasselten im Aufruhr; Militärmusik; als würden Menschen marschieren; Doch wären sie im Sterben gelegen – hätte eine Frau ihren letzten Atemzug getan und wer auch immer zusah, das Fenster des Zimmers öffnete, in dem sie gerade diesen Akt höchster Würde vollbracht hatte, und auf die Fleet Street hinunterblickte, dieser Aufruhr, diese Militärmusik wäre gekommen triumphierend auf ihn zu, tröstend, gleichgültig.

Es war nicht bewusst. Darin war keine Erinnerung an ein bestimmtes Schicksal oder Schicksal zu erkennen, und aus genau diesem Grund wirkten sie selbst für diejenigen, die benommen waren, weil sie auf den letzten Funken des Bewusstseins auf den Gesichtern der Sterbenden lauerten, tröstend. Die Vergesslichkeit der Menschen könnte verletzen, ihre Undankbarkeit zersetzen , aber diese Stimme, die Jahr für Jahr endlos strömt, würde alles nehmen, was auch immer es sein mag; dieses Gelübde; dieser Van; dieses Leben; Diese Prozession würde sie alle umhüllen und weitertragen, wie das Eis im rauen Strom eines Gletschers einen Knochensplitter, ein blaues Blütenblatt, einige Eichen hält und sie weiterwälzt.

Aber es war später, als sie dachte. Ihre Mutter möchte nicht, dass sie so alleine umherirrt. Sie bog wieder den Strand hinunter ab.

Ein Windstoß (trotz der Hitze war es ziemlich windig) wehte einen dünnen schwarzen Schleier über die Sonne und über den Strand. Die Gesichter verblassten; Die Omnibusse verloren plötzlich ihren Glanz. Denn obwohl die Wolken von gebirgigem Weiß waren, so dass man sich vorstellen konnte, harte Splitter mit einem Beil abzuhacken, mit breiten goldenen Hängen, an ihren Flanken Rasenflächen himmlischer Vergnügungsgärten, und der ganze Anschein von Siedlungen erweckte, die für die Konferenz der Götter versammelt waren Über der Welt herrschte unter ihnen eine ständige Bewegung. Zeichen wurden ausgetauscht, als, als wolle man einen bereits vereinbarten Plan erfüllen, bald ein Gipfel schrumpfte, bald ein ganzer Block von Pyramidengröße, der seine Stellung unwandelbar gehalten hatte, in die Mitte vorrückte oder die Prozession ernst zu einem neuen Ankerplatz führte. Auch wenn sie scheinbar auf ihren Posten standen und in vollkommener Einmütigkeit ruhten, nichts konnte oberflächlich gesehen frischer, freier und sensibler sein als die schneeweiße oder goldbedeckte Oberfläche; sich zu verändern, zu gehen, die feierliche Versammlung aufzulösen war sofort möglich; und trotz der ernsten Festigkeit, der angesammelten Robustheit und Festigkeit brachten sie bald Licht auf die Erde, bald Dunkelheit.

Ruhig und kompetent bestieg Elizabeth Dalloway den Westminster-Omnibus.

Gehen und Kommen, Winken, Zeichen , so kam es Septimus Warren Smith wie das Licht und der Schatten vor, die bald die Wand grau, bald die Bananen leuchtend gelb, bald den Strand grau und bald die Omnibusse leuchtend gelb erscheinen ließen Wohnzimmer; Beobachten Sie, wie das wässrige Gold auf den Rosen und auf der Tapete mit der erstaunlichen Sensibilität eines lebenden Wesens schimmert und verblasst. Draußen zogen die Bäume ihre Blätter wie Netze durch die Tiefen der Luft; Das Rauschen des Wassers war im Raum und durch die Wellen drangen die Stimmen singender Vögel. Jede Macht schüttete ihre Schätze auf sein Haupt, und seine Hand lag dort auf der Sofalehne, so wie er sie hatte liegen sehen, als er badete, schwebend, auf dem Gipfel der Wellen, während er weit entfernt am Ufer Hunde hörte Bellen und Bellen in der Ferne. Fürchte dich nicht mehr, sagt das Herz im Körper; Fürchte dich nicht mehr.

Er hatte keine Angst. In jedem Moment machte die Natur durch irgendeine lachende Andeutung, ähnlich dem goldenen Fleck, der um die Wand ging — dort, dort, dort — ihre Entschlossenheit zu zeigen, indem sie ihre Federn schwenkte, ihre Locken schüttelte und ihren Mantel hin und her warf, wunderschön, immer Wunderschön, und ganz nah dastehend, um durch ihre ausgehöhlten Hände Shakespeares Worte und ihre Bedeutung einzuatmen.

Rezia, die am Tisch saß und einen Hut in ihren Händen drehte, beobachtete ihn; sah ihn lächeln. Da war er glücklich. Aber sie konnte es nicht ertragen, ihn lächeln zu sehen. Es war keine Ehe; Es bedeutete nicht, dass man sein Ehemann war, so seltsam auszusehen, immer zusammenzucken, zu lachen, stundenlang schweigend dasitzen zu müssen oder sie zu umarmen und ihr zu sagen, sie solle schreiben. Die Tischschublade war voll mit diesen Schriften; über den Krieg; über Shakespeare; über große Entdeckungen; wie es keinen Tod gibt. In letzter Zeit war er plötzlich und ohne Grund aufgeregt (und sowohl Dr. Holmes als auch Sir William Bradshaw sagten, Aufregung sei das Schlimmste für ihn) und wedelte mit den Händen und schrie, dass er die Wahrheit kenne! Er wusste alles! Dieser Mann, sein getöteter Freund Evans, sei gekommen, sagte er. Er sang hinter der Leinwand. Sie schrieb es genau so auf, wie er es sprach. Manche Dinge waren sehr schön; andere purer Unsinn. Und er blieb immer mittendrin stehen und änderte seine Meinung; etwas hinzufügen wollen; etwas Neues hören; hört mit erhobener Hand zu.

Aber sie hörte nichts.

Und einmal fanden sie das Mädchen, das den Raum besetzte, beim Lesen einer dieser Zeitungen in schallendes Gelächter. Es war schrecklich schade. Denn das brachte Septimus dazu, über die Grausamkeit der Menschen aufzuschreien – wie sie sich gegenseitig in Stücke reißen. Die Gefallenen, sagte er, zerreißen sie. „Holmes ist auf uns", sagte er und erfand Geschichten über Holmes; Holmes isst Haferbrei; Holmes las Shakespeare – er brüllte vor Lachen oder vor Wut, denn Dr. Holmes schien für etwas Schreckliches für ihn zu stehen. „Menschliche Natur", nannte er ihn. Dann gab es die Visionen. Er sei ertrunken, sagte er, und habe auf einer Klippe gelegen, während die Möwen über ihm kreischten. Er schaute über die Sofakante hinunter ins Meer. Oder er hörte Musik. Eigentlich war es nur eine Drehorgel oder ein Mann, der auf der Straße weinte. Aber „Schön!" Er weinte immer, und die Tränen liefen ihm über die Wangen, was für sie das Schrecklichste war, einen Mann wie Septimus, der gekämpft hatte, der mutig war, weinen zu sehen. Und er lag da und lauschte, bis er plötzlich schrie, er würde hinabstürzen, hinab in die Flammen! Eigentlich würde sie nach Flammen suchen, es war so lebendig. Aber da war nichts. Sie waren allein im Raum. Es sei ein Traum gewesen, erzählte sie ihm und brachte ihn so endlich zum Schweigen, aber manchmal hatte sie auch Angst. Sie seufzte, während sie nähte.

Ihr Seufzer war zart und bezaubernd, wie der Wind draußen in einem Wald am Abend. Jetzt legte sie ihre Schere nieder; Jetzt drehte sie sich um, um etwas vom Tisch zu nehmen. Ein wenig Rühren, ein wenig Knistern, ein wenig Klopfen baute etwas auf dem Tisch dort auf, wo sie saß und nähte. Durch seine Wimpern konnte er ihre verschwommenen Umrisse sehen; ihr kleiner schwarzer Körper; ihr Gesicht und ihre Hände; ihre Drehbewegungen am Tisch, wenn sie eine Rolle aufnahm oder nach ihrer Seide suchte (sie neigte dazu, Dinge zu verlieren). Sie machte einen Hut für Mrs. Filmers verheiratete Tochter, deren Name war – er hatte ihren Namen vergessen.

„Wie heißt Mrs. Filmers verheiratete Tochter?" er hat gefragt.

"Frau. Peters", sagte Rezia. Sie habe Angst, dass es zu klein sei, sagte sie und hielt es vor sich hin. Frau Peters war eine große Frau; aber sie mochte sie nicht. Das lag nur daran, dass Frau Filmer so gut zu ihnen gewesen war. „Sie hat mir heute Morgen Weintrauben geschenkt", sagte sie – dass Rezia etwas tun wollte, um ihre Dankbarkeit zu zeigen. Sie war neulich Abend ins

Zimmer gekommen und hatte Mrs. Peters vorgefunden, die dachte, sie wären draußen, und spielte Grammophon.

„War es wahr?" er hat gefragt. Sie spielte Grammophon? Ja; sie hatte ihm damals davon erzählt; Sie hatte Mrs. Peters beim Grammophonspielen gefunden.

Er begann ganz vorsichtig die Augen zu öffnen, um zu sehen, ob wirklich ein Grammophon da war. Aber echte Dinge – echte Dinge waren zu aufregend. Er muss vorsichtig sein. Er würde nicht verrückt werden. Zuerst blickte er auf die Modezeitungen im unteren Regal, dann nach und nach auf das Grammophon mit der grünen Trompete. Nichts könnte genauer sein. Und so blickte er, all seinen Mut zusammennehmend, auf die Anrichte; der Teller mit Bananen; der Stich von Königin Victoria und dem Prinzgemahl; am Kaminsims, mit dem Glas Rosen. Keines dieser Dinge bewegte sich. Alle waren still; alle waren echt.

„Sie ist eine Frau mit einer boshaften Zunge", sagte Rezia.

„Was macht Herr Peters?" Fragte Septimus.

„Ah", sagte Rezia und versuchte sich zu erinnern. Sie dachte, Mrs. Filmer hätte gesagt, er sei aus Gesellschaftsgründen gereist. „Gerade ist er in Hull", sagte sie.

"Soeben!" Das sagte sie mit ihrem italienischen Akzent. Das hat sie selbst gesagt. Er beschattete seine Augen, damit er immer nur einen kleinen Teil ihres Gesichts sehen konnte, zuerst das Kinn, dann die Nase, dann die Stirn, für den Fall, dass sie deformiert war oder einen schrecklichen Fleck aufwies. Aber nein, da war sie, ganz natürlich, beim Nähen, mit den geschürzten Lippen, die Frauen haben, dem festen, melancholischen Ausdruck beim Nähen. Aber es sei nichts Schreckliches daran, versicherte er sich und blickte ein zweites Mal, ein drittes Mal auf ihr Gesicht, ihre Hände, denn was war an ihr erschreckend oder ekelhaft, wenn sie am helllichten Tag da saß und nähte? Frau Peters hatte eine boshafte Zunge. Herr Peters war in Hull. Warum dann wüten und prophezeien? Warum gegeißelt und ausgestoßen fliegen? Warum von den Wolken zum Zittern und Schluchzen gebracht werden? Warum nach Wahrheiten suchen und Botschaften überbringen, wenn Rezia saß und Nadeln vorne in ihr Kleid steckte und Mr. Peters in Hull war? Wunder, Offenbarungen, Qualen, Einsamkeit, der Sturz durchs Meer, hinab in die Flammen, alles war ausgebrannt, denn als er Rezia dabei zusah, wie sie den Strohhut für Mrs. Peters stutzte, hatte er das Gefühl einer Decke aus Blumen.

„Es ist zu klein für Mrs. Peters", sagte Septimus.

Zum ersten Mal seit Tagen sprach er so wie früher! Natürlich war es – absurd klein, sagte sie. Aber Frau Peters hatte es gewählt.

Er nahm es ihr aus der Hand. Er sagte, es sei der Affenhut eines Drehorgelspielers.

Wie freute sie sich darüber! Wochenlang hatten sie nicht mehr so zusammen gelacht und sich privat wie verheiratete Menschen lustig gemacht. Was sie meinte war, wenn Mrs. Filmer oder Mrs. Peters oder sonst jemand hereingekommen wäre, hätten sie nicht verstanden, worüber sie und Septimus lachten.

„Da", sagte sie und steckte eine Rose an eine Seite des Hutes. Noch nie hatte sie sich so glücklich gefühlt! Nie in ihrem Leben!

Aber das sei noch lächerlicher, sagte Septimus. Jetzt sah die arme Frau aus wie ein Schwein auf einem Jahrmarkt. (Niemand hat sie jemals so zum Lachen gebracht wie Septimus.)

Was hatte sie in ihrer Arbeitskiste? Sie hatte Bänder und Perlen, Quasten und künstliche Blumen. Sie ließ sie auf den Tisch fallen. Er fing an, seltsame Farben zusammenzustellen – denn obwohl er keine Finger hatte und nicht einmal ein Paket zuschneiden konnte, hatte er ein wunderbares Auge und hatte oft recht, manchmal natürlich absurd, aber manchmal wunderbar richtig.

„Sie soll einen schönen Hut haben!" murmelte er und nahm dies und das auf, während Rezia neben ihm kniete und ihm über die Schulter blickte. Nun war es fertig – das heißt der Entwurf; sie muss es zusammennähen. Aber sie müsse sehr, sehr vorsichtig sein, sagte er, damit es so bliebe, wie er es gemacht hatte.

Also hat sie genäht. Wenn sie nähte, dachte er, machte sie ein Geräusch wie ein Wasserkocher auf dem Herd; sprudelnd, murmelnd, immer beschäftigt, ihre starken kleinen spitzen Finger kneifen und stochern; Ihre Nadel blitzte gerade. Die Sonne könnte auf den Quasten und auf der Tapete ein- und ausgehen, aber er würde warten, dachte er, streckte seine Füße aus und blickte auf seine Ringsocke am Ende des Sofas; er wartete an diesem warmen Ort, dieser stillen Luftblase, die man manchmal am Abend am Waldrand findet, wenn der Boden umfällt oder eine Anordnung der Bäume (man muss wissenschaftlich sein). (vor allem wissenschaftlich), die Wärme bleibt zurück, und die Luft streichelt die Wange wie der Flügel eines Vogels.

„Da ist es", sagte Rezia und drehte Mrs. Peters' Hut auf ihren Fingerspitzen. „Das reicht für den Moment. Später ..." Ihr Satz sprudelte tropfend, tropfend, tropfend hervor, wie ein zufrieden laufender Wasserhahn.

Es war wundervoll. Noch nie hatte er etwas getan, das ihn so stolz machte. Er war so real, er war so substanziell, der Hut von Frau Peters.

„Sehen Sie es sich einfach an", sagte er.

Ja, es würde sie immer glücklich machen, diesen Hut zu sehen. Damals war er er selbst geworden, er hatte damals gelacht. Sie waren allein zusammen gewesen. Der Hut würde ihr immer gefallen.

Er sagte ihr, sie solle es anprobieren.

„Aber ich muss so seltsam aussehen!" „, schrie sie, rannte zum Glas und blickte erst von der Seite, dann von der anderen. Dann riss sie es wieder ab, denn es klopfte an der Tür. Könnte es Sir William Bradshaw sein? Hatte er schon gesendet?

NEIN! es war nur das kleine Mädchen mit der Abendzeitung.

Was immer geschah, geschah dann – was jede Nacht ihres Lebens geschah. Das kleine Mädchen lutschte an der Tür am Daumen; Rezia ging auf die Knie; Rezia gurrte und küsste; Rezia holte eine Tüte Süßigkeiten aus der Tischschublade. Denn so geschah es immer. Erst das eine, dann das andere. Also baute sie es auf, erst das eine und dann das andere. Sie tanzten, hüpften und gingen im Raum umher. Er nahm die Zeitung. Surrey war am Ende, las er. Es gab eine Hitzewelle. Rezia wiederholte: Surrey war am Ende. Da es eine Hitzewelle gab, war es Teil des Spiels, das sie mit Mrs. Filmers Enkelkind spielte, wobei beide gleichzeitig über ihr Spiel lachten und plauderten. Er war sehr müde. Er war sehr glücklich. Er würde schlafen. Er schloss die Augen. Doch sobald er nichts sah, wurden die Geräusche des Spiels schwächer und seltsamer und klangen wie die Schreie von Menschen, die suchten und nicht fanden und immer weiter wegzogen. Sie hatten ihn verloren!

Erschrocken fuhr er auf. Was hat er gesehen? Der Teller mit Bananen auf dem Sideboard. Niemand war da (Rezia hatte das Kind zu seiner Mutter gebracht. Es war Schlafenszeit). Das war es: für immer allein zu sein. Das war das Schicksal, das in Mailand verkündet wurde, als er den Raum betrat und sah, wie sie mit ihren Scheren Buckram-Formen ausschnitten; für immer allein sein.

Er war allein mit der Anrichte und den Bananen. Er war allein, ausgesetzt auf dieser trostlosen Anhöhe, ausgestreckt – aber nicht auf einem Hügel; nicht auf einem Felsen; auf Mrs. Filmers Wohnzimmersofa. Was die Visionen, die Gesichter, die Stimmen der Toten betrifft, wo waren sie? Vor ihm war ein Bildschirm mit schwarzen Binsen und blauen Schwalben. Wo er einst Berge gesehen hatte, wo er Gesichter gesehen hatte, wo er Schönheit gesehen hatte, war ein Bildschirm.

„Evans!" er weinte. Es gab keine Antwort. Eine Maus hatte gequietscht oder ein Vorhang raschelte. Das waren die Stimmen der Toten. Der Schirm, der Kohleneimer, die Anrichte blieben ihm. Lassen Sie ihn dann den Bildschirm, den Kohleneimer und die Anrichte betrachten ... aber Rezia stürzte plappernd in den Raum.

Irgendein Brief war angekommen. Alle Pläne wurden geändert. Mrs. Filmer würde schließlich nicht nach Brighton gehen können. Es blieb keine Zeit, Mrs. Williams Bescheid zu sagen, und Rezia empfand es wirklich als sehr, sehr ärgerlich, als sie den Hut erblickte und dachte ... vielleicht ... könnte sie ... einfach ein bisschen machen ... Ihre Stimme erstarb in einer zufriedenen Melodie.

„Ah, verdammt!" sie weinte (es war ein Witz von ihnen, dass sie fluchte), die Nadel war kaputt. Hut, Kind, Brighton, Nadel. Sie hat es aufgebaut; Erst das eine, dann das andere, sie baute es auf, nähte.

Sie wollte, dass er sagte, ob sie durch das Verschieben der Rose den Hut verbessert hatte. Sie saß am Ende des Sofas.

Sie seien jetzt vollkommen glücklich, sagte sie plötzlich und legte den Hut ab. Denn sie konnte ihm jetzt alles sagen. Sie konnte alles sagen, was ihr in den Sinn kam. Das war fast das erste, was sie an diesem Abend im Café für ihn empfunden hatte, als er mit seinen englischen Freunden hereingekommen war. Er war ziemlich schüchtern hereingekommen und hatte sich umgeschaut, und sein Hut war heruntergefallen, als er ihn aufgehängt hatte. Daran konnte sie sich erinnern. Sie wusste, dass er Engländer war, wenn auch nicht einer der großen Engländer, die ihre Schwester bewunderte, denn er war immer dünn; aber er hatte eine schöne frische Farbe ; und mit seiner großen Nase, seinen leuchtenden Augen und seiner Art, ein wenig gebeugt zu sitzen, ließen sie, wie sie ihm oft erzählt hatte, an einen jungen Falken denken, an jenem ersten Abend, als sie ihn sah, als sie Domino spielten, und er hereingekommen war – eines jungen Falken; aber ihr gegenüber war er immer sehr sanft. Sie hatte ihn noch nie wild oder betrunken gesehen, nur manchmal litt er unter diesem schrecklichen Krieg, aber trotzdem würde er alles hinter sich lassen, wenn sie hereinkam. Alles, alles auf der ganzen Welt, jede noch so kleine Störung bei ihrer Arbeit, alles, was ihr in den Sinn kam, zu sagen, dass sie es ihm sagen würde, und er verstand es sofort. Auch ihre eigene Familie war nicht mehr dieselbe. Da er älter war als sie und so klug war – wie ernst es ihm war, wollte er, dass sie Shakespeare las, bevor sie überhaupt eine Kindergeschichte auf Englisch lesen konnte! – und da er so viel erfahrener war, konnte er ihr helfen. Und auch sie konnte ihm helfen.

Aber dieser Hut jetzt. Und dann (es wurde schon spät) Sir William Bradshaw.

Sie hielt ihre Hände an ihren Kopf und wartete darauf, dass er sagen würde, ob ihm der Hut gefiel oder nicht, und als sie dort saß und wartete und nach unten blickte, konnte er fühlen, wie ihr Geist wie ein Vogel von Ast zu Ast fiel, und zwar immer aussteigen, völlig zu Recht; Er konnte ihren Gedanken folgen, als sie dort in einer dieser lockeren, lässigen Posen saß, die für sie ganz natürlich waren, und wenn er etwas sagen sollte, lächelte sie sofort, wie ein Vogel, der sich mit allen Krallen fest auf dem Ast niederlässt.

Aber er erinnerte sich, dass Bradshaw gesagt hatte: „Die Menschen, die wir am liebsten haben, sind nicht gut für uns, wenn wir krank sind." Bradshaw sagte, man müsse ihm beibringen, sich auszuruhen. Bradshaw sagte, sie müssten getrennt werden.

„Muss", „Muss", warum „Muss"? Welche Macht hatte Bradshaw über ihn? „Welches Recht hat Bradshaw, zu mir ‚Muss' zu sagen?" er forderte an.

„Das liegt daran, dass Sie davon gesprochen haben, sich umzubringen", sagte Rezia. (Zum Glück konnte sie Septimus jetzt alles sagen.)

also in ihrer Macht! Holmes und Bradshaw waren auf ihn los! Das Biest mit den roten Nasenlöchern schnüffelte an jedem geheimen Ort! „Muss" könnte man sagen! Wo waren seine Papiere? die Dinge, die er geschrieben hatte?

Sie brachte ihm seine Papiere, die Dinge, die er geschrieben hatte, Dinge, die sie für ihn geschrieben hatte. Sie ließ sie auf das Sofa fallen. Sie betrachteten sie gemeinsam. Diagramme, Zeichnungen, kleine Männer und Frauen, die Stöcke als Arme schwenkten, mit Flügeln – waren das? – auf dem Rücken; Kreise, die um Schilling und Sixpence gezogen wurden – die Sonnen und Sterne; zickzackförmige Abgründe mit Bergsteigern, die an Seilen aufsteigen, genau wie Messer und Gabeln; Meeresstücke mit kleinen Gesichtern, die aus etwas lachen, was vielleicht Wellen sein könnten: die Weltkarte. Verbrenne sie! er weinte. Nun zu seinen Schriften; wie die Toten hinter Rhododendronbüschen singen; Oden an die Zeit; Gespräche mit Shakespeare; Evans, Evans, Evans – seine Botschaften von den Toten; Fälle keine Bäume; Sagen Sie es dem Premierminister. Universelle Liebe: der Sinn der Welt. Verbrenne sie! er weinte.

Aber Rezia legte ihre Hände darauf. Manche waren sehr schön, dachte sie. Sie würde sie mit einem Stück Seide zubinden (denn sie hatte keinen Umschlag).

Selbst wenn sie ihn mitnehmen würden, sagte sie, würde sie mit ihm gehen. Sie könnten sie nicht gegen ihren Willen trennen, sagte sie.

Sie ordnete die Kanten gerade, wickelte die Papiere zusammen und verschnürte das Paket fast ohne hinzusehen. Sie saß neben ihm, dachte er, als wären all ihre Blütenblätter um sie herum. Sie war ein blühender Baum; und durch ihre Zweige blickte das Gesicht einer Gesetzgeberin, die ein Heiligtum erreicht hatte, wo sie niemanden fürchtete; nicht Holmes; nicht Bradshaw; ein Wunder, ein Triumph, der letzte und größte. Erschüttert sah er, wie sie die entsetzliche Treppe hinaufstieg, beladen mit Holmes und Bradshaw, Männern, die nie weniger als elf Pfund und sechs Pfund wogen, die ihre Frauen an den Hof schickten, Männer, die zehntausend im Jahr verdienten und von Proportionen sprachen; die in ihren Urteilen unterschiedlich waren (denn Holmes sagte das eine, Bradshaw das andere), und doch waren sie Richter; der die Vision und das Sideboard vermischte; Ich habe nichts Klares gesehen und dennoch entschieden und dennoch zugefügt. „Muss", sagten sie . Sie siegte über sie.

"Dort!" Sie sagte. Die Papiere waren gefesselt. Niemand sollte an sie herankommen. Sie würde sie wegräumen.

Und, sagte sie, nichts dürfe sie trennen. Sie setzte sich neben ihn und nannte ihn den Falken oder die Krähe, die, da sie bösartig und ein großer Erntezerstörer war, genau wie er war. Niemand könne sie trennen, sagte sie.

Dann stand sie auf, um ins Schlafzimmer zu gehen und ihre Sachen zu packen, aber als sie unten Stimmen hörte und dachte, dass Dr. Holmes vielleicht angerufen hatte, rannte sie hinunter, um ihn am Heraufkommen zu hindern.

Septimus konnte hören, wie sie auf der Treppe mit Holmes sprach.

„Meine liebe Dame, ich bin als Freundin gekommen", sagte Holmes gerade.

"NEIN. „Ich werde Ihnen nicht erlauben, meinen Mann zu sehen", sagte sie.

Er konnte sie wie eine kleine Henne sehen, deren Flügel ihm den Weg versperrten. Aber Holmes hielt durch.

„Meine liebe Dame, erlauben Sie mir ...", sagte Holmes und schob sie beiseite (Holmes war ein kräftig gebauter Mann).

Holmes kam nach oben. Holmes würde die Tür aufsprengen. Holmes würde sagen: „In einem Funk, was?" Holmes würde ihn kriegen. Aber nein; nicht Holmes; nicht Bradshaw. Er stand ziemlich unsicher auf, hüpfte tatsächlich von einem Fuß auf den anderen und betrachtete Mrs. Filmers schönes, sauberes Brotmesser mit der Aufschrift „Brot" auf dem Griff. Ah, aber das darf man nicht verderben. Der Gaskamin ? Aber jetzt war es zu spät. Holmes kam. Rasierer hätte er vielleicht gehabt, aber Rezia, die so etwas immer tat, hatte sie eingepackt. Da blieb nur das Fenster, das große Fenster des Bloomsbury-Herbergshauses, die ermüdende, beschwerliche und ziemlich melodramatische Angelegenheit, das Fenster zu öffnen und sich hinauszuwerfen. Es war ihre Vorstellung von einer Tragödie, nicht seine oder Rezias (denn sie war bei ihm). Holmes und Bradshaw mögen so etwas. (Er setzte sich auf das Fensterbrett.) Aber er würde bis zum allerletzten Moment warten. Er wollte nicht sterben. Das Leben war gut. Die Sonne heiß. Nur Menschen – was wollten *sie*? Als er gegenüber die Treppe herunterkam, blieb ein alter Mann stehen und starrte ihn an. Holmes war an der Tür. „Ich gebe es dir!" schrie er und warf sich energisch und heftig auf das Geländer von Mrs. Filmers Bereich.

„Der Feigling!" rief Dr. Holmes und sprengte die Tür auf. Rezia rannte zum Fenster, sie sah; Sie verstand. Dr. Holmes und Mrs. Filmer kollidierten miteinander. Mrs. Filmer wedelte mit ihrer Schürze und zwang sie, im Schlafzimmer ihre Augen zu verbergen. Es wurde viel Treppen hoch und runter gerannt. Dr. Holmes kam herein – bleich wie ein Laken, am ganzen Körper zitternd, mit einem Glas in der Hand. Sie muss tapfer sein und etwas trinken, sagte er (Was war das? Etwas Süßes), denn ihr Mann war schrecklich verstümmelt, würde das Bewusstsein nicht wiedererlangen, sie durfte ihn nicht sehen, musste so weit wie möglich verschont bleiben, würde die gerichtliche Untersuchung haben Geh durch, arme junge Frau. Wer hätte es vorhersagen können? Ein plötzlicher Impuls, an dem niemand die geringste Schuld hatte (erzählte er zu Frau Filmer). Und warum zum Teufel er das tat, konnte sich Dr. Holmes nicht vorstellen.

Während sie das süße Zeug trank, kam es ihr vor, als würde sie lange Fenster öffnen und in einen Garten treten. Aber wo? Die Uhr schlug – eins, zwei, drei: wie deutlich der Ton war; verglichen mit all diesem Pochen und Flüstern; wie Septimus selbst. Sie schlief ein. Aber die Uhr schlug weiter, vier, fünf, sechs, und Mrs. Filmer, die mit ihrer Schürze wedelte (sie würden die Leiche nicht hierher bringen, oder?), schien ein Teil dieses Gartens zu sein; oder eine Fahne. Sie hatte einmal gesehen, wie eine Flagge langsam von einem Mast wehte, als sie bei ihrer Tante in Venedig wohnte. Im Kampf gefallene Männer wurden auf diese Weise begrüßt, und Septimus hatte den Krieg miterlebt. Die meisten ihrer Erinnerungen waren glücklich.

Sie setzte ihren Hut auf und rannte durch Maisfelder – wo könnte das gewesen sein? – auf einen Hügel, irgendwo in der Nähe des Meeres, denn dort waren Schiffe, Möwen, Schmetterlinge; Sie saßen auf einer Klippe. Auch in London saßen sie da und kamen halb träumend durch die Schlafzimmertür zu ihr, Regen fiel, Flüstern, Bewegungen im trockenen Mais, die Liebkosung des Meeres, wie es ihr vorkam, wie es sie in seine gewölbte Schale höhlte und Sie murmelte ihr zu , als sie am Ufer lag , verstreut fühlte sie sich wie fliegende Blumen über einem Grab.

„Er ist tot", sagte sie und lächelte die arme alte Frau an, die sie bewachte und ihre ehrlichen hellblauen Augen auf die Tür gerichtet hatte. (Sie würden ihn doch nicht hierher bringen, oder?) Aber Mrs. Filmer hat geplaudert. Oh nein, oh nein! Sie trugen ihn jetzt weg. Sollte man es ihr nicht sagen? Verheiratete Menschen sollten zusammen sein, dachte Mrs. Filmer. Aber sie müssen tun, was der Arzt gesagt hat.

„Lass sie schlafen", sagte Dr. Holmes und fühlte ihren Puls. Sie sah die großen Umrisse seines Körpers, die dunkel vor dem Fenster standen. Das war also Dr. Holmes.

Einer der Triumphe der Zivilisation , dachte Peter Walsh. Es ist einer der Triumphe der Zivilisation , als die helle, hohe Glocke des Krankenwagens ertönte. Schnell und sauber raste der Krankenwagen zum Krankenhaus, nachdem er sofort und menschlich einen armen Teufel aufgenommen hatte; Jemand wurde vor etwa einer Minute an einem dieser Übergänge auf den Kopf geschlagen, von einer Krankheit niedergeschlagen, umgeworfen, wie es einem selbst passieren könnte. Das war Zivilisation . Als er aus dem Osten zurückkam, fielen ihm die Effizienz, die Organisation und der Gemeinschaftsgeist Londons auf. Jeder Wagen oder jede Kutsche fuhr von selbst zur Seite, um den Krankenwagen passieren zu lassen. Vielleicht war es krankhaft; Oder war es nicht eher rührend, wie respektvoll sie diesem Krankenwagen mit seinem Opfer darin entgegenkamen – vielbeschäftigte Männer, die nach Hause eilten, sich aber sofort an sie erinnerten, als er an einer Frau vorbeifuhr? oder vermutlich, wie leicht es ihnen dort ergangen sein könnte, ausgestreckt auf einem Regal mit einem Arzt und einer Krankenschwester ... Ah, aber das Denken wurde krankhaft, sentimental, sobald man anfing, Ärzte und Leichen heraufzubeschwören; ein kleiner Anflug von Vergnügen, auch eine Art Lust über dem visuellen Eindruck warnte einen davor, mit solchen Dingen weiterzumachen – fatal für die Kunst, fatal für die Freundschaft. WAHR. Und doch, dachte Peter Walsh, als der Krankenwagen um die Ecke bog, obwohl die helle, hohe Glocke die nächste Straße hinunter und noch weiter, als er die Tottenham Court Road überquerte, mit ständigem Läuten zu hören war, ist es das Privileg der Einsamkeit; In der Privatsphäre kann man tun und lassen, was man möchte. Man könnte weinen, wenn es niemand sah. Diese Anfälligkeit für die anglo-indische Gesellschaft war ihm zum Verhängnis geworden; nicht zum richtigen Zeitpunkt weinen oder auch nicht lachen. Ich habe das in mir, dachte er, als er am Säulenkasten stand, und konnte sich nun in Tränen auflösen. Warum, weiß der Himmel. Wahrscheinlich eine Art Schönheit und die Last des Tages, der ihn, beginnend mit diesem Besuch bei Clarissa, mit seiner Hitze, seiner Intensität und dem Tropfen, Tropfen eines Eindrucks nach dem anderen in den Keller erschöpft hatte, in dem sie tief standen , dunkel, und niemand würde es jemals erfahren. Teilweise aus diesem Grund, seiner völligen und unantastbaren Geheimhaltung, hatte er das Leben wie einen unbekannten Garten voller Wendungen und Ecken gefunden, überraschend, ja; Es raubte einem wirklich den Atem, diese Momente; Da kam einer von ihnen am Säulenkasten gegenüber dem Britischen Museum zu ihm, ein Moment, in dem die Dinge zusammenkamen; dieser Krankenwagen; und Leben und Tod. Es war, als würde er von diesem Gefühlsrausch auf ein sehr hohes Dach gesaugt und der Rest von ihm bliebe wie ein mit weißen Muscheln bestreuter Strand unbedeckt. Diese Anfälligkeit war ihm in der anglo-indischen Gesellschaft zum Verhängnis geworden.

Einmal war Clarissa mit ihm irgendwo auf dem Dach eines Omnibusses unterwegs, Clarissa zumindest oberflächlich betrachtet, so leicht bewegt, mal verzweifelt, mal bester Laune, ganz zitternd damals und in so guter Gesellschaft, seltsame kleine Szenen entdeckend, Namen, Leute vom Dach eines Busses aus, denn sie erkundeten London und brachten Taschen voller Schätze vom kaledonischen Markt mit – Clarissa hatte damals eine Theorie –, sie hatten jede Menge Theorien, immer Theorien, wie junge Leute es getan haben. Es sollte das Gefühl der Unzufriedenheit erklären; Menschen nicht kennen; nicht bekannt sein. Denn wie konnten sie sich kennen? Ihr habt euch jeden Tag getroffen; dann nicht für sechs Monate oder Jahre. Es sei unbefriedigend, waren sie sich einig, wie wenig man Menschen kenne. Aber sie sagte, als sie im Bus saß, der die Shaftesbury Avenue hinauffuhr, fühlte sie sich überall; nicht „hier, hier, hier"; und sie klopfte auf die Rückenlehne; aber überall. Sie winkte mit der Hand und ging die Shaftesbury Avenue hinauf. Das war sie alles. Um sie oder irgendjemanden zu kennen, muss man also die Menschen aufsuchen, die sie vollendet haben; sogar die Orte. Seltsame Affinitäten hatte sie zu Menschen, mit denen sie nie gesprochen hatte, zu einer Frau auf der Straße, zu einem Mann hinter einer Theke – sogar zu Bäumen oder Scheunen. Es endete in einer transzendentalen Theorie, die es ihr trotz ihres Schreckens vor dem Tod erlaubte zu glauben oder zu sagen, dass sie glaubte (bei aller Skepsis), dass seit unseren Erscheinungen der Teil von uns, der erscheint, im Vergleich zum anderen so vorübergehend ist , der unsichtbare Teil von uns, der sich weit ausbreitet, das Unsichtbare könnte überleben, wiederhergestellt werden, irgendwie an diese oder jene Person gebunden sein oder sogar bestimmte Orte nach dem Tod heimsuchen ... vielleicht – vielleicht.

Rückblickend auf die lange Freundschaft von fast dreißig Jahren funktionierte ihre Theorie in diesem Ausmaß. Kurz, zerbrochen und oft schmerzhaft, so sehr ihre eigentlichen Begegnungen auch gewesen waren, aufgrund seiner Abwesenheiten und Unterbrechungen (heute Morgen zum Beispiel kam Elizabeth herein, wie ein langbeiniges Fohlen, gutaussehend, stumm, gerade als er anfing, mit Clarissa zu reden). Ihre Wirkung auf sein Leben war unermesslich. Es gab ein Geheimnis darüber. Ihnen wurde eine scharfe, scharfe, unangenehme Note gegeben – das eigentliche Treffen; oft schrecklich schmerzhaft; doch in der Abwesenheit, an den unwahrscheinlichsten Orten, blühte es auf, öffnete sich, verströmte seinen Duft, ließ dich berühren, schmecken, dich umschauen, das ganze Gefühl und Verständnis davon bekommen, nach Jahren des Verlorenseins. So war sie zu ihm gekommen; an Bord eines Schiffes; im Himalaya; durch die seltsamsten Dinge vorgeschlagen (so dachte Sally Seton, großzügige, begeisterte Gans!, an *ihn* , als sie blaue Hortensien sah). Sie hatte ihn mehr beeinflusst als jeder andere Mensch, den er je gekannt hatte. Und immer so vor ihn treten, ohne dass er es wollte, kühl, damenhaft, kritisch; oder hinreißend, romantisch, an ein Feld oder eine englische Ernte erinnernd. Er sah sie am häufigsten auf dem Land, nicht in London. Eine Szene nach der anderen in Bourton...

Er hatte sein Hotel erreicht. Er durchquerte den Flur mit seinen Hügeln aus rötlichen Stühlen und Sofas und seinen ährenblättrigen, verdorrten Pflanzen. Er hat seinen Schlüssel vom Haken genommen. Die junge Dame überreichte ihm einige Briefe. Er ging nach oben – er sah sie am häufigsten im Spätsommer in Bourton, wenn er dort eine Woche oder sogar zwei Wochen blieb, wie es die Leute damals taten. Zuerst stand sie auf einem Hügel, die Hände ins Haar geklammert, ihr Umhang wehte, zeigte auf sie und weinte zu ihnen – sie sah den Severn darunter. Oder in einem Wald, wo sie den Kessel zum Kochen bringt – was mit ihren Fingern sehr wirkungslos ist; der Rauch knickste und wehte ihnen ins Gesicht; ihr kleines rosa Gesicht schimmert durch; Sie baten eine alte Frau in einer Hütte um Wasser, die an die Tür kam, um ihnen beim Gehen zuzusehen. Sie gingen immer; die anderen fuhren. Sie langweilte sich beim Autofahren und mochte keine Tiere außer diesem Hund. Sie stapften kilometerweit über Straßen. Sie würde abbrechen, um sich zu orientieren und ihn quer durchs Land zurücksteuern; und die ganze Zeit stritten sie, diskutierten über Gedichte, diskutierten über Menschen, diskutierten über Politik (damals war sie eine Radikale); Sie bemerkte nichts, außer wenn sie stehen blieb, zu einer Aussicht oder einem Baum schrie und ihn dazu zwang, mit ihr hinzusehen; und so weiter, durch Stoppelfelder, sie ging voran, mit einer Blume für ihre Tante, nie müde, vor lauter Zartheit zu gehen; in der Dämmerung auf Bourton herabzufallen. Dann, nach dem Abendessen, öffnete der alte Breitkopf das Klavier und sang ohne Stimme, und sie lagen zusammengesunken in Sesseln und versuchten, nicht zu lachen, brachen aber immer zusammen und lachten, lachten – lachten über nichts. Breitkopf sollte es nicht sehen. Und dann morgens wie eine Bachstelze vor dem Haus auf und ab flirten....

Oh, es war ein Brief von ihr! Dieser blaue Umschlag; das war ihre Hand. Und er würde es lesen müssen. Hier war wieder eines dieser Treffen, das bestimmt schmerzhaft sein würde! Um ihren Brief zu lesen, war eine gewaltige Anstrengung nötig. „Wie himmlisch es war, ihn zu sehen. Das muss sie ihm sagen." Das war alles.

Aber es hat ihn verärgert. Es ärgerte ihn. Er wünschte, sie hätte es nicht geschrieben. Als er über seine Gedanken nachdachte, fühlte es sich wie ein Stoß in die Rippen an. Warum konnte sie ihn nicht in Ruhe lassen? Schließlich hatte sie Dalloway geheiratet und all die Jahre in vollkommenem Glück mit ihm zusammengelebt.

Diese Hotels sind keine tröstlichen Orte. Weit davon entfernt. Unzählige Leute hatten ihre Hüte an diesen Haken aufgehängt. Sogar die Fliegen hatten sich, wenn man so darüber nachdachte, auf den Nasen anderer Leute niedergelassen. Was die Sauberkeit betrifft, die ihm ins Gesicht schlug, so war es keine Sauberkeit, sondern eher Kahlheit, Frigidität; eine Sache, die sein musste. Eine dürre Matrone machte im Morgengrauen ihre Runde, schnüffelte, spähte und veranlasste blaunasige Mägde, um alles herumzuschrubben, als wäre der nächste Besucher ein Stück Fleisch, das auf einer vollkommen sauberen Platte serviert würde. Zum Schlafen ein Bett; zum Sitzen, ein Sessel; zum Zähneputzen und Kinnrasieren, ein Trinkglas, ein Spiegel. Bücher, Briefe, Schlafrock glitten auf der Unpersönlichkeit des Rosshaars herum wie unpassende Unverschämtheiten. Und es war Clarissas Brief, der ihm das alles klar machte. „Himmlisch dich zu sehen. Das muss sie sagen!" Er faltete das Papier; schob es weg; nichts würde ihn dazu bewegen, es noch einmal zu lesen!

Um diesen Brief bis sechs Uhr bei ihm zu haben, musste sie sich sofort hingesetzt und ihn geschrieben haben, als er sie verlassen hatte; stempelte es; habe jemanden zur Post geschickt. Es war ihr, wie die Leute sagen, sehr ähnlich. Sie war verärgert über seinen Besuch. Sie hatte viel gefühlt; Einen Moment lang, als sie ihm die Hand küsste, hatte sie es bedauert, ihn sogar beneidet und sich möglicherweise (denn er sah, wie sie es sah) an etwas erinnert, das er gesagt hatte – wie sie vielleicht die Welt verändern würden, wenn sie ihn heiraten würde; in der Erwägung, dass es dies war; es war mittleres Alter; es war Mittelmäßigkeit; Dann zwang sie sich mit ihrer unbändigen Lebenskraft dazu, all das beiseite zu legen, da in ihr ein Lebensfaden steckte, den er in puncto Zähigkeit, Ausdauer und Kraft, Hindernisse zu überwinden und sie siegreich hindurchzutragen, noch nie zuvor gekannt hatte. Ja; aber sobald er den Raum verließ, kam es zu einer Reaktion. Er würde ihr furchtbar leidtun; Sie dachte darüber nach, was in aller Welt sie tun könnte, um ihm Vergnügen zu bereiten (immer ohne das eine), und er konnte sehen, wie sie mit Tränen über ihre Wangen zu ihrem Schreibtisch ging und die eine Zeile abbrach, die er hatte Finde ihn grüßend... „Himmlisch dich zu sehen!" Und sie meinte es ernst.

Peter Walsh hatte inzwischen seine Stiefel aufgeschnürt.

Aber es wäre kein Erfolg geworden, ihre Ehe. Das andere kam schließlich so viel natürlicher zustande.

Es war seltsam; es war wahr; Viele Leute haben es gespürt. Peter Walsh, der sich gerade respektabel geschlagen hatte, die üblichen Posten angemessen besetzte, wurde gemocht, schien aber ein wenig mürrisch zu sein, gab sich die Allüren – es war seltsam, dass *er*, besonders jetzt, wo sein Haar grau war, einen zufriedenen Ausdruck haben sollte; ein Anschein von Reserven. Das machte ihn für Frauen attraktiv, denen das Gefühl gefiel, dass er nicht ganz männlich war. Da war etwas Ungewöhnliches an ihm oder etwas hinter ihm. Es könnte sein, dass er ein Bücherwurm war – er kam nie zu Ihnen, ohne das Buch auf dem Tisch in die Hand zu nehmen (er las jetzt, während seine Schnürsenkel auf dem Boden hingen); oder dass er ein Gentleman war, was sich in der Art zeigte, wie er die Asche aus seiner Pfeife schlug, und natürlich in seinem Benehmen gegenüber Frauen. Denn es war sehr reizend und ziemlich lächerlich, wie leicht ein Mädchen ohne jeglichen Verstand ihn um den Finger wickeln konnte. Aber auf eigenes Risiko. Das heißt, obwohl er noch so locker sein mochte und es mit seiner Fröhlichkeit und seinem guten Wesen tatsächlich faszinierend war, mit ihm zusammen zu sein, reichte es nur bis zu einem gewissen Punkt. Sie sagte etwas – nein, nein; er hat das durchschaut. Das würde er nicht ertragen – nein, nein. Dann konnte er bei einem Scherz mit Männern schreien und schaukeln und seine Seiten zusammenhalten. Er war der beste Kochkenner in Indien. Er war ein Mann. Aber nicht die Art von Mann, die man respektieren musste – was eine Gnade war; nicht wie Major Simmons zum Beispiel; Ganz und gar nicht so, dachte Daisy, als sie sie trotz ihrer beiden kleinen Kinder verglich.

Er zog seine Stiefel aus. Er leerte seine Taschen. Mit seinem Taschenmesser holte er einen Schnappschuss von Daisy auf der Veranda hervor; Daisy ganz in Weiß, mit einem Foxterrier auf dem Knie; sehr charmant, sehr dunkel; das Beste, was er je von ihr gesehen hatte. Es kam schließlich so natürlich; so viel natürlicher als Clarissa. Keine Aufregung. Keine Mühe. Kein Gefummel und Gefummel. Alles klar. Und das dunkle, bezaubernd hübsche Mädchen auf der Veranda rief (er konnte sie hören). Natürlich, natürlich würde sie ihm alles geben! Sie weinte (sie hatte keinen Sinn für Diskretion) alles, was er wollte! „ schrie sie und rannte ihm entgegen, wer auch immer hinschaute. Und sie war erst vierundzwanzig. Und sie hatte zwei Kinder. Gut gut!

Nun ja, tatsächlich hatte er sich in seinem Alter in eine schwierige Situation gebracht. Und als er nachts aufwachte, überkam es ihn ziemlich heftig. Angenommen, sie hätten geheiratet? Für ihn wäre alles schön und gut, aber was ist mit ihr? Mrs. Burgess, eine gute Sorte und keine Schwätzerin, der er sich anvertraut hatte, glaubte, dass seine Abwesenheit in England, angeblich um Anwälte aufzusuchen, Daisy dazu bringen könnte, es sich noch einmal zu überlegen und darüber nachzudenken, was das bedeutete. Es sei eine Frage ihrer Position, sagte Frau Burgess; die soziale Barriere; ihre Kinder aufgeben. Sie würde eines Tages eine Witwe mit einer Vergangenheit sein, die in den Vororten herumschleppt, oder, was wahrscheinlicher ist, wahllos (Sie wissen ja, sagte sie, wie solche Frauen sind, wenn sie zu viel Farbe haben). Aber Peter Walsh hat das alles vermasselt. Er wollte noch nicht sterben. Wie dem auch sei, sie muss mit sich selbst zufrieden sein; Urteile selbst, dachte er, während er in Socken durch das Zimmer lief und sein Hemd glattstrich, denn er könnte zu Clarissas Party gehen, oder er könnte in einen der Säle gehen, oder er könnte sich dort niederlassen und ein fesselndes geschriebenes Buch lesen von einem Mann, den er früher in Oxford kannte. Und wenn er in den Ruhestand gehen würde, würde er genau das tun: Bücher schreiben. Er würde nach Oxford gehen und im Bodleian herumstöbern. Vergebens rannte das dunkle, bezaubernd hübsche Mädchen zum Ende der Terrasse; vergeblich winkte mit der Hand; weinte vergeblich, es war ihr völlig egal, was die Leute sagten. Da war er, der Mann, von dem sie dachte, der perfekte Gentleman, der Faszinierende, der Vornehme (und sein Alter machte für sie nicht den geringsten Unterschied), trottete durch ein Zimmer in einem Hotel in Bloomsbury, rasierte, wusch, fuhr fort, während er Dosen in die Hand nahm, Rasiermesser weglegte, um im Bodleian herumzustöbern und die Wahrheit über ein oder zwei Kleinigkeiten herauszufinden, die ihn interessierten. Und er unterhielt sich mit demjenigen, der es sein mochte, und ignorierte so immer genauere Mittagszeiten und verpasste Verabredungen, und als Daisy ihn, wie sie es immer tat, um einen Kuss oder eine Szene bat, kam er nicht zur Sprache bis ins kleinste Detail (obwohl er ihr aufrichtig ergeben war) – kurzum, es wäre vielleicht glücklicher, wenn sie, wie Mrs. Burgess sagte, ihn vergessen oder sich nur an ihn erinnern würde, wie er im August 1922 war, wie an eine Gestalt, die am Kreuz stand Straßen in der Abenddämmerung, die immer weiter entfernt werden, während der Hundekarren sich davondreht und sie sicher auf dem Rücksitz trägt, obwohl ihre Arme ausgestreckt sind, und als sie sieht, wie die Gestalt schrumpft und verschwindet, schreit sie immer noch, wie sie es tun würde alles auf der Welt, alles, alles, alles ...

Er wusste nie, was die Leute dachten. Es fiel ihm immer schwerer, sich zu konzentrieren. Er wurde vertieft; er beschäftigte sich mit seinen eigenen Sorgen; mal mürrisch, mal fröhlich; abhängig von Frauen, geistesabwesend, launisch, immer weniger in der Lage (so dachte er, während er sich rasierte), warum Clarissa nicht einfach eine Unterkunft für sie finden und nett zu Daisy sein konnte; stelle sie vor. Und dann konnte er einfach – einfach tun, was? einfach umherschweifen und schweben (er war gerade damit beschäftigt, verschiedene Schlüssel und Papiere zu sortieren), sausen und schmecken, allein sein, kurz, sich selbst genügen; und doch war natürlich niemand stärker von anderen abhängig (er knöpfte seine Weste zu); es war sein Untergang gewesen. Er konnte sich den Raucherzimmern nicht entziehen, mochte Colonels, mochte Golf, mochte Bridge und vor allem die Gesellschaft der Frauen und die Feinheit ihrer Kameradschaft und ihre Treue und Kühnheit und Größe in der Liebe, die ihm, obwohl sie ihre Nachteile hatte, vorkam (und das dunkle, entzückend hübsche Gesicht befand sich oben auf den Umschlägen) Es war eine so bewundernswerte, so prächtige Blume, auf dem Gipfel des menschlichen Lebens zu wachsen, und doch konnte er nicht an die Spitze herankommen, da er immer dazu neigte, Dinge rundherum zu sehen (Clarissa hatte etwas in ihm dauerhaft ausgelaugt) und der stummen Hingabe und dem Wunsch nach Abwechslung in der Liebe sehr schnell müde zu werden, obwohl es ihn wütend machen würde, wenn Daisy jemand anderen lieben würde, wütend! denn er war eifersüchtig, vom Temperament her unkontrollierbar eifersüchtig. Er erlitt Folterungen! Aber wo war sein Messer? seine Uhr; seine Siegel, sein Notizetui und Clarissas Brief, den er nicht noch einmal lesen wollte, an den er aber gerne dachte, und Daisys Foto? Und jetzt zum Abendessen.

Sie aßen.

Sie saßen an kleinen Tischen um Vasen herum, bekleidet oder unbekleidet, mit ihren Schals und Taschen daneben, mit ihrer Miene falscher Gelassenheit, denn sie waren an so viele Gänge beim Abendessen nicht gewöhnt, und Selbstvertrauen, denn sie konnten dafür bezahlen es und die Anstrengung, denn sie waren den ganzen Tag durch London gelaufen, um einzukaufen und Sehenswürdigkeiten zu besichtigen; und ihre natürliche Neugier, denn sie schauten sich um und blickten auf, als der gutaussehende Herr mit der Hornbrille hereinkam, und ihre Gutmütigkeit, denn sie hätten gerne jeden kleinen Dienst geleistet, wie zum Beispiel einen Fahrplan geliehen oder nützliche Informationen weitergeben, und ihr Wunsch, der in ihnen pulsiert und unter der Erde an ihnen zerrt , irgendwie Verbindungen herzustellen, wäre es nur ein gemeinsamer Geburtsort (z. B. Liverpool) oder Freunde mit demselben Namen; mit ihren verstohlenen Blicken, ihrem seltsamen Schweigen und ihrem plötzlichen Rückzug in familiäre Scherzhaftigkeit und Isolation; Dort saßen sie beim Abendessen, als Mr. Walsh hereinkam und an einem kleinen Tisch neben dem Vorhang Platz nahm.

Es war nicht so, dass er etwas sagte, denn als Einzelgänger konnte er sich nur an den Kellner wenden; Es war seine Art, die Speisekarte zu betrachten, mit dem Zeigefinger auf einen bestimmten Wein zu zeigen, sich an den Tisch zu setzen, sich ernsthaft und nicht gefräßig zum Abendessen zu äußern, die ihm ihren Respekt einbrachte; Das musste während des größten Teils der Mahlzeit unausgesprochen bleiben und flammte an dem Tisch auf, an dem die Morrises saßen, als man Mr. Walsh am Ende der Mahlzeit sagen hörte:

„Bartlett-Birnen." Weder der junge Charles Morris, noch der alte Charles, weder Miss Elaine noch Mrs. Morris wussten, warum er so gemäßigt und doch bestimmt mit der Miene eines Disziplinarbeamten im Rahmen seiner auf Gerechtigkeit beruhenden Rechte hätte sprechen sollen. Aber als er allein an seinem Tisch saß und „Bartlett-Birnen" sagte, hatten sie das Gefühl, dass er bei einer rechtmäßigen Forderung auf ihre Unterstützung zählte; war Verfechter einer Sache, die sofort zu ihrer eigenen wurde, so dass ihre Blicke ihm mitfühlend begegneten, und als sie alle gleichzeitig das Raucherzimmer erreichten, war ein kleines Gespräch zwischen ihnen unvermeidlich.

Es war nicht sehr tiefgreifend – nur so, dass London überfüllt war; hatte sich in dreißig Jahren verändert; dass Mr. Morris Liverpool bevorzugte; dass Mrs. Morris bei der Blumenschau in Westminster gewesen sei und dass sie alle den Prinzen von Wales gesehen hätten. Dennoch, dachte Peter Walsh, kann sich keine Familie auf der Welt mit den Morrises vergleichen ; überhaupt nichts; und ihre Beziehungen zueinander sind perfekt, und sie scheren sich nicht das Geringste um die Oberschicht, und sie mögen, was sie mögen, und Elaine macht eine Ausbildung für das Familienunternehmen, und der Junge hat ein Stipendium in Leeds gewonnen, und das die alte Dame (ungefähr in seinem Alter) hat noch drei weitere Kinder zu Hause; und sie haben zwei Autos, aber Mr. Morris repariert am Sonntag immer noch die Stiefel: Es ist großartig, es ist absolut großartig, dachte Peter Walsh und schwankte mit seinem Likörglas in der Hand ein wenig zwischen den haarigen roten Stühlen hin und her Aschenbecher, er fühlte sich sehr zufrieden mit sich, denn die Morrises mochten ihn. Ja, sie mochten einen Mann, der sagte: „Bartlett-Birnen." Er hatte das Gefühl, dass sie ihn mochten.

Er würde zu Clarissas Party gehen. (Die Morrises machten sich auf den Weg; aber sie würden sich wiedersehen.) Er würde zu Clarissas Party gehen, weil er Richard fragen wollte, was sie in Indien machten – die konservativen Duffers. Und was wird gespielt? Und Musik... Ach ja, und bloßer Klatsch.

Denn das ist die Wahrheit über unsere Seele, dachte er, unser Selbst, das wie ein Fisch in tiefen Meeren lebt und sich zwischen Dunkelheiten bewegt, die sich ihren Weg zwischen den Stämmen riesiger Unkräuter, über von der Sonne flackernde Räume und immer weiter in die Dunkelheit, Kälte, tief, unergründlich; plötzlich schießt sie an die Oberfläche und vergnügt sich auf den windgepeitschten Wellen; das heißt, es hat ein positives Bedürfnis, sich zu bürsten, zu kratzen, sich zu entzünden und zu klatschen. Was wollte die Regierung – das wusste Richard Dalloway – in Bezug auf Indien tun?

Da es eine sehr heiße Nacht war und die Zeitungsjungen mit Plakaten vorbeigingen, auf denen in großen roten Buchstaben verkündet wurde, dass es eine Hitzewelle gäbe, wurden Korbstühle auf die Hoteltreppe gestellt, und dort saßen nippende und rauchende herrenlose Herren. Peter Walsh saß dort. Man könnte meinen, dieser Tag, der Londoner Tag, fing gerade erst an. Wie eine Frau, die ihr bedrucktes Kleid und ihre weiße Schürze ausgezogen hatte, um sich in Blau und Perlen zu kleiden, änderte sich der Tag, legte Sachen ab, nahm Gaze, wechselte zum Abend und ließ mit demselben Seufzer der Heiterkeit, den eine Frau atmet, ihre Unterröcke fallen auf dem Boden verströmte es auch Staub, Hitze, Farbe ; der Verkehr wurde dünner; klingelnde und huschende Autos folgten dem Rumpeln der Lieferwagen; und hier und da hing zwischen dem dichten Laubwerk der Plätze ein intensives Licht. Ich resigniere, schien der Abend zu sagen, als er über den geformten, spitzen Zinnen und Vorsprüngen des Hotels, der Wohnung und des Ladenblocks verblasste und verblasste, ich verblasse, sie begann, ich verschwinde, aber London würde nichts davon haben es und schleuderte ihre Bajonette in den Himmel, fesselte sie und zwang sie, an ihrem Vergnügen teilzunehmen.

Denn die große Revolution in Mr. Willetts Sommerzeit hatte seit Peter Walshs letztem Besuch in England stattgefunden. Der verlängerte Abend war für ihn neu. Es war eher inspirierend. Denn als die jungen Leute mit ihren Versandkisten vorbeigingen , waren sie furchtbar froh, frei zu sein, und waren auch stolz und stumm, diesen berühmten Bürgersteig betreten zu haben, eine Art Freude, billig, glanzvoll, wenn man so will, aber dennoch vor Verzückung und errötend ihre Gesichter. Sie zogen sich auch gut an; rosa Strümpfe; hübsche Schuhe. Sie hätten nun zwei Stunden Zeit, sich die Bilder anzuschauen. Es schärfte, es verfeinerte sie, das gelbblaue Abendlicht; und auf den Blättern auf dem Platz leuchtete grell und fahl – sie sahen aus, als wären sie in Meerwasser getaucht – das Laub einer versunkenen Stadt. Er war erstaunt über die Schönheit; Es war auch ermutigend, denn wo der zurückgekehrte Anglo-Indianer rechtmäßig (er kannte jede Menge davon) im Oriental Club saß und den Untergang der Welt gallig zusammenfasste, war er hier, so jung wie eh und je; Er beneidet junge Menschen um ihre Sommerzeit und den Rest davon und ahnt mehr als nur aus den Worten eines Mädchens, aus dem Lachen eines Hausmädchens – immaterielle Dinge, die man nicht in die Finger bekommen kann –, dass sich die gesamte Pyramidenanhäufung in seiner Jugend verschoben hat schien unbeweglich. Auf sie hatte es gedrückt; belastete sie, vor allem die Frauen, wie die Blumen, die Clarissas Tante Helena nach dem Abendessen unter der Lampe sitzend zwischen grauem Löschpapier mit Littrés Wörterbuch darauf presste. Sie war jetzt tot. Er hatte von Clarissa gehört, dass sie das Augenlicht auf einem Auge verloren hatte. Es schien so passend – eines der Meisterwerke der Natur –, dass die alte Miss Parry sich dem Glas zuwandte. Sie würde sterben wie ein Vogel im Frost, der sich an ihrem Sitz festklammert. Sie gehörte einer anderen Zeit an, aber da sie so ganz und vollständig war, stand sie immer am Horizont, steinweiß, erhaben, wie ein Leuchtturm, der eine vergangene Etappe auf dieser abenteuerlichen, langen, langen Reise markierte, dieser endlosen (er fühlte sich). für einen Polizisten, um eine Zeitung zu kaufen und über Surrey und Yorkshire zu lesen – dieses endlose Leben hatte er millionenfach behauptet. Aber Cricket war kein bloßes Spiel. Cricket war wichtig. Er konnte nicht umhin, etwas über Cricket zu lesen. Er las zuerst die Ergebnisse in der Stopppresse und dann, dass es ein heißer Tag war; dann über einen Mordfall. Dinge millionenfach getan zu haben, hat sie bereichert, auch wenn man sagen könnte, dass es ihnen die Oberfläche abnimmt. Die Vergangenheit hat mich bereichert, die Erfahrung gemacht und ich habe mich um ein oder zwei Menschen gekümmert und mir so die Kraft angeeignet, die den jungen Menschen fehlt, sich zu verabschieden, zu tun, was man will, sich nicht einen Scherz darum zu scheren, was die Leute sagen, und völlig unbekümmert zu kommen und zu gehen große Erwartungen (er ließ seine Zeitung auf dem Tisch liegen und ging weg), die jedoch (und er suchte seinen Hut und Mantel) nicht ganz auf ihn zutraf, nicht heute Abend, denn hier begann er, auf eine Party zu gehen, in seinem Alter, mit dem Glauben, dass er gleich eine Erfahrung machen würde. Aber was?

Schönheit jedenfalls. Nicht die rohe Schönheit des Auges. Es war nicht einfach nur Schönheit – der Bedford Place führte zum Russell Square. Es war natürlich Geradlinigkeit und Leere; die Symmetrie eines Korridors; Aber es gab auch erleuchtete Fenster, ein Klavier und ein Grammophon; ein Gefühl des Vergnügens, verborgen, aber hin und wieder zum Vorschein kommend, wenn man durch das nicht vorgehängte Fenster, das Fenster offen gelassen, Gesellschaften an Tischen sitzen sah, junge Leute, die langsam kreisten, Gespräche zwischen Männern und Frauen, Mägde, die müßig hinausschauten (ein seltsames Gefühl). Kommentieren Sie ihre Kommentare, als die Arbeit erledigt war), Strümpfe, die auf den oberen Felsvorsprüngen trocknen, ein Papagei, ein paar Pflanzen. Fesselnd, geheimnisvoll, von unendlichem Reichtum, dieses Leben. Und auf dem großen Platz, wo die Taxis so schnell schossen und auswichen, tummelten sich Paare, die sich umarmten und unter dem Regen eines Baumes zusammenschrumpften; das war bewegend; so still, so versunken, dass man diskret und schüchtern daran vorbeiging, als ob es eine heilige Zeremonie gäbe, die man unterbrechen müsste, was gottlos gewesen wäre. Das war interessant. Und so weiter in das Aufflackern und Blenden.

Sein heller Mantel flog auf, er trat mit unbeschreiblicher Eigenart auf, beugte sich ein wenig vor, stolperte, die Hände auf dem Rücken verschränkt und die Augen immer noch ein wenig wie ein Falke; Er stolperte durch London in Richtung Westminster und beobachtete.

Haben denn alle auswärts gegessen? Hier wurden von einem Lakaien Türen geöffnet, um eine hochschreitende alte Dame in Schnallenschuhen und mit drei violetten Straußenfedern im Haar herauszulassen. Türen wurden geöffnet für Damen, die wie Mumien in Tücher mit leuchtenden Blumen darauf gehüllt waren, Damen mit nacktem Kopf. Und in respektablen Vierteln mit Stucksäulen durch kleine Vorgärten, die leicht mit Kämmen im Haar bedeckt waren (nachdem sie zu den Kindern gelaufen waren), kamen Frauen; Männer warteten mit aufgerissenen Mänteln auf sie, und der Motor startete. Alle gingen aus. Als diese Türen geöffnet wurden, der Abstieg und der Start stattfanden, schien es, als würde ganz London in kleinen Booten einsteigen, die am Ufer vertäut waren und sich auf dem Wasser schaukelten, als würde der ganze Ort im Karneval davontreiben. Und Whitehall wurde mit Schlittschuhen überrollt, so silbern es auch war, überrollt von Spinnen, und man spürte Mücken um die Bogenlampen; Es war so heiß, dass die Leute herumstanden und redeten. Und hier in Westminster saß vermutlich ein pensionierter Richter ganz in Weiß gekleidet vor seiner Haustür. Vermutlich ein Anglo-Inder.

Und hier ein Haufen streitender Frauen, betrunkene Frauen; hier nur ein Polizist und drohende Häuser, hohe Häuser, Kuppelhäuser, Kirchen, Parlamente und das Heulen eines Dampfers auf dem Fluss, ein hohler, nebliger Schrei. Aber es war ihre Straße, diese, Clarissas; Taxis rauschten um die Ecke, wie Wasser um die Pfeiler einer Brücke, zusammengezogen, so schien es ihm, weil sie Leute langweilten, die zu ihrer Party, Clarissas Party, gingen.

Der kalte Strom visueller Eindrücke ließ ihn jetzt im Stich, als wäre das Auge ein Becher, der überläuft und den Rest unaufgezeichnet an seinen Porzellanwänden herunterlaufen lässt . Das Gehirn muss jetzt erwachen. Der Körper muss sich jetzt zusammenziehen, wenn er das Haus betritt, das erleuchtete Haus, wo die Tür offen stand, wo die Autos standen und strahlende Frauen herabstiegen: die Seele muss sich trauen, durchzuhalten. Er öffnete die große Klinge seines Taschenmessers.

Lucy rannte in vollem Lauf die Treppe hinunter, nachdem sie gerade ins Wohnzimmer geschlüpft war, um eine Decke zu glätten, einen Stuhl zurechtzurücken, einen Moment innezuhalten und zu spüren, dass jeder, der hereinkam, darüber nachdenken musste, wie sauber, wie hell, wie schön gepflegt er war sah das schöne Silber, die Messingfeuereisen, die neuen Stuhlbezüge und die Vorhänge aus gelbem Chintz: Sie begutachtete jedes; hörte ein Stimmengebrüll; Leute kommen schon vom Abendessen; sie muss fliegen!

Der Premierminister käme, sagte Agnes. Das habe sie im Esszimmer gehört, sagte sie, als sie mit einem Tablett voller Gläser hereinkam. Spielte es eine Rolle, spielte es überhaupt eine Rolle, ein Premierminister mehr oder weniger? Zu dieser Stunde der Nacht machte es für Mrs. Walker keinen Unterschied zwischen den Tellern, Kochtöpfen, Kochlöffeln, Bratpfannen, Hühnchen in Sülze, Eiscreme-Gefrierschränken, geschnittenen Brotkrusten, Zitronen, Suppenterrinen und Puddingschüsseln, die … Wie hart sie auch in der Spülküche abgewaschen wurden, sie schienen alle auf ihr, auf dem Küchentisch, auf Stühlen zu liegen, während das Feuer loderte und dröhnte, das elektrische Licht blendete und immer noch das Abendessen serviert werden musste. Sie hatte nur das Gefühl, dass ein einziger Premierminister für Mrs. Walker mehr oder weniger keinen Unterschied machte.

„Die Damen gingen bereits nach oben“, sagte Lucy; Die Damen gingen eine nach der anderen hinauf, Mrs. Dalloway ging als Letzte und schickte fast immer eine Nachricht an die Küche zurück: „Meine Grüße an Mrs. Walker“, das war es eines Abends. Am nächsten Morgen gingen sie das Geschirr durch – die Suppe, den Lachs; der Lachs war, wie Mrs. Walker wusste, wie üblich zu wenig zubereitet, denn wegen des Puddings wurde sie immer nervös und überließ ihn Jenny; So kam es, dass der Lachs immer zu wenig gegart war. Aber eine Dame mit blondem Haar und silbernem Schmuck hatte gesagt, Lucy sagte, dass die Vorspeise wirklich zu Hause zubereitet worden sei. Aber es war der Lachs, der Mrs. Walker störte, als sie die Teller immer wieder drehte und Dämpfer einzog und Dämpfer herauszog; und aus dem Esszimmer ertönte schallendes Gelächter; eine Stimme, die spricht; dann ein weiterer Gelächter – die Herren amüsierten sich, als die Damen gegangen waren. „Der Tokay“, sagte Lucy, die hereinkam. Mr. Dalloway hatte den Tokay aus den Kellern des Kaisers holen lassen , dem Imperial Tokay.

Es wurde durch die Küche getragen. Über ihre Schulter erzählte Lucy, wie hübsch Miss Elizabeth aussah; sie konnte den Blick nicht von ihr abwenden; in ihrem rosa Kleid und mit der Halskette, die Mr. Dalloway ihr geschenkt hatte. Jenny muss sich an den Hund erinnern, Miss Elizabeths Foxterrier, der, weil er biss, zum Schweigen gebracht werden musste und, dachte Elizabeth, vielleicht etwas wollte. Jenny muss sich an den Hund erinnern. Aber Jenny ging nicht mit all den Leuten nach oben. An der Tür stand schon ein Motor! Es klingelte – und die Herren waren immer noch im Speisesaal und tranken Tokay!

Dort gingen sie nach oben; Das war der Erste, der kam, und jetzt würden sie immer schneller kommen, so dass Mrs. Parkinson (für Partys angeheuert) die Tür zum Saal angelehnt ließ und der Saal voller wartender Herren sein würde (sie standen wartend da und glitten ihre Kleider hinunter Haare), während die Damen im Raum entlang des Flurs ihre Mäntel auszogen; wo Mrs. Barnet ihnen half, die alte Ellen Barnet, die seit vierzig Jahren bei der Familie war und jeden Sommer kam, um den Damen zu helfen, und sich an Mütter erinnerte, als sie Mädchen waren, und obwohl sie sehr bescheiden war, schüttelte sie die Hand; sagte „Mylady" sehr respektvoll, hatte aber dennoch eine humorvolle Art mit ihr umzugehen, schaute die jungen Damen an und half ganz taktvoll Lady Lovejoy, die Probleme mit ihrem Unterleib hatte. Und sie konnten sich des Gefühls nicht erwehren, Lady Lovejoy und Miss Alice, dass ihnen ein kleines Privileg in Sachen Bürste und Kamm zuteil wurde, nachdem sie Mrs. Barnet gekannt hatten – „ dreißig Jahre, Mylady", sagte Mrs. Barnet ihr. Junge Damen trugen kein Rouge, sagte Lady Lovejoy, als sie früher in Bourton übernachteten. Und Miss Alice brauchte kein Rouge, sagte Mrs. Barnet und sah sie liebevoll an. Dort saß Mrs. Barnet in der Garderobe, klopfte die Pelze ab, strich die spanischen Schals glatt, räumte den Frisiertisch auf und wusste ganz genau, welche Damen nett waren und welche nicht, trotz der Pelze und Stickereien . „Der liebe alte Körper", sagte Lady Lovejoy, als sie die Treppe hinaufstieg, Clarissas alte Amme.

Und dann versteifte sich Lady Lovejoy. „Lady und Miss Lovejoy", sagte sie zu Mr. Wilkins (für Partys engagiert). Er hatte eine bewundernswerte Art, als er sich beugte und aufrichtete, sich beugte und aufrichtete und mit völliger Unparteilichkeit verkündete: „Lady und Miss Lovejoy … Sir John und Lady Needham … Miss Weld … Mr. Walsh." Seine Art war bewundernswert; Sein Familienleben musste tadellos sein, außer dass es unmöglich schien, dass ein Wesen mit grünlichen Lippen und rasierten Wangen jemals in die Belästigung von Kindern geraten konnte.

„Wie schön, dich zu sehen!" sagte Clarissa. Sie sagte es jedem . Wie schön, Sie zu sehen! Sie war in ihrer schlimmsten Form – überschwänglich, unaufrichtig. Es war ein großer Fehler, gekommen zu sein. Er hätte zu Hause bleiben und sein Buch lesen sollen, dachte Peter Walsh; hätte in einen Musiksaal gehen sollen; er hätte zu Hause bleiben sollen, denn er kannte niemanden.

Oh je, es würde ein Misserfolg werden; ein völliger Misserfolg, Clarissa spürte es in ihren Knochen, als der liebe alte Lord Lexham da stand und sich für seine Frau entschuldigte , die sich auf der Gartenparty im Buckingham Palace erkältet hatte . Sie konnte Peter aus dem Augenwinkel sehen, wie er sie dort in dieser Ecke kritisierte . Warum hat sie schließlich diese Dinge getan? Warum nach Gipfeln suchen und im Feuer durchnässt dastehen? Könnte es sie trotzdem verzehren! Verbrenne sie zu Asche! Besser alles, besser die Fackel schwingen und auf die Erde schleudern, als sich zu verjüngen und dahinzuschwinden wie eine Ellie Henderson! Es war außergewöhnlich, wie Peter sie in diese Zustände versetzte, indem er einfach in einer Ecke stand. Er ließ sie sich selbst sehen; übertreiben. Es war idiotisch. Aber warum kam er dann nur, um zu kritisieren ? Warum immer nehmen, niemals geben? Warum nicht den einen oder anderen Standpunkt riskieren? Da wanderte er davon, und sie musste mit ihm sprechen. Aber sie würde keine Chance bekommen. Das Leben war das – Demütigung, Verzicht. Was Lord Lexham damit sagen wollte, war, dass seine Frau ihre Pelze auf der Gartenparty nicht tragen würde, weil „meine Liebe, ihr Damen seid alle gleich" – Lady Lexham war mindestens fünfundsiebzig! Es war köstlich, wie sie sich gegenseitig streichelten, dieses alte Paar. Sie mochte den alten Lord Lexham . Sie glaubte wirklich, dass es wichtig war, ihre Party, und es machte sie ziemlich krank, zu wissen, dass alles schiefging, dass alles scheiterte. Alles, jede Explosion, jeder Horror war besser als Menschen, die ziellos umherirrten und wie Ellie Henderson in einer Gruppe an einer Ecke standen und sich nicht einmal darum kümmerten, sich aufrecht zu halten.

Sanft wehte der gelbe Vorhang mit all den Paradiesvögeln auf und es schien, als würde ein Flügelschwarm in den Raum fliegen, direkt hinaus und dann zurückgesaugt. (Denn die Fenster waren offen.) War es zugig, fragte sich Ellie Henderson? Sie litt unter Schüttelfrost. Aber es spielte keine Rolle, dass sie morgen niesend herunterkam; Sie dachte an die Mädchen mit ihren nackten Schultern, die ihr von einem alten Vater, einem verstorbenen Pfarrer aus Bourton, beigebracht worden war, an andere zu denken, aber er war jetzt tot; und ihr Schüttelfrost stieg ihr nie bis zur Brust, niemals. Es waren die Mädchen, an die sie dachte, die jungen Mädchen mit ihren nackten Schultern, sie selbst war mit ihrem dünnen Haar und ihrem dürftigen Profil schon immer ein kleines Geschöpf gewesen; obwohl jetzt, nach fünfzig, begann etwas durch einen milden Strahl zu schimmern, etwas, das durch Jahre der Selbstverleugnung zu einem Vorbild geläutert, aber immer wieder von ihrer quälenden Vornehmheit, ihrer panischen Angst, die aus dem Einkommen von dreihundert Pfund entsprang, immer wieder verdunkelt wurde. und ihr waffenloser Zustand (sie konnte keinen Penny verdienen) und es machte sie schüchtern und von Jahr zu Jahr disqualifizierter, gut gekleidete Leute zu treffen, die jeden Abend der Saison so etwas taten und ihren Dienstmädchen lediglich sagten: „Ich „Ich werde so und so tragen", während Ellie Henderson nervös hinauslief, billige rosa Blumen kaufte, ein halbes Dutzend, und dann einen Schal über ihr altes schwarzes Kleid warf. Denn ihre Einladung zu Clarissas Party war im letzten Moment gekommen. Sie war nicht ganz glücklich darüber. Sie hatte das Gefühl, dass Clarissa sie dieses Jahr nicht fragen wollte.

Warum sollte sie? Es gab eigentlich keinen Grund, außer dass sie sich schon immer gekannt hatten. Tatsächlich waren sie Cousins. Aber natürlich hatten sie sich ziemlich auseinandergelebt, da Clarissa so begehrt war. Für sie war es ein Ereignis, auf eine Party zu gehen. Es war eine wahre Freude, die schönen Kleidungsstücke zu sehen. War das nicht Elizabeth, erwachsen, mit der modischen Frisur, in dem rosa Kleid? Dabei konnte sie nicht älter als siebzehn sein. Sie war sehr, sehr hübsch. Aber als Mädchen ihr erstes Coming-out hatten, schienen sie nicht wie früher Weiß zu tragen. (Sie muss sich alles merken, was sie Edith erzählen muss.) Mädchen trugen gerade Kleider, perfekt eng anliegend, mit Röcken, die weit über den Knöcheln lagen. Es passte nicht, dachte sie.

Mit ihrer schwachen Sehkraft reckte sich Ellie Henderson ziemlich nach vorne, und es störte sie nicht so sehr, dass sie niemanden zum Reden hatte (sie kannte dort kaum jemanden), denn sie hatte das Gefühl, dass es sich bei ihnen allen um so interessante Menschen handelte, denen man zuschauen konnte ; Politiker vermutlich; Richard Dalloways Freunde; aber es war Richard selbst, der das Gefühl hatte, dass er das arme Geschöpf nicht den ganzen Abend allein dort stehen lassen konnte.

„Nun, Ellie, und wie behandelt *dich die Welt*?" sagte er auf seine freundliche Art, und Ellie Henderson, die nervös wurde und rot wurde und das Gefühl hatte, dass es außerordentlich nett von ihm war, zu ihr zu kommen und mit ihr zu reden, sagte, dass viele Menschen die Hitze wirklich mehr spürten als die Kälte.

„Ja, das tun sie", sagte Richard Dalloway. "Ja."

Aber was hat man noch gesagt?

„Hallo, Richard", sagte jemand und nahm ihn am Ellbogen, und, mein Gott, da war der alte Peter, der alte Peter Walsh. Er war erfreut, ihn zu sehen — sehr erfreut, ihn zu sehen! Er hatte sich kein bisschen verändert. Und los gingen sie gemeinsam durch den Raum und streichelten sich gegenseitig kurz, als hätten sie sich schon lange nicht mehr gesehen, dachte Ellie Henderson, während sie ihnen nachsah, sicher, dass sie das Gesicht dieses Mannes kannte. Ein großer Mann mittleren Alters, ziemlich schöne Augen, dunkel, mit Brille und einem Aussehen wie John Burrows. Edith würde es sicher wissen.

Der Vorhang mit seinem Flug der Paradiesvögel wurde wieder aufgeblasen. Und Clarissa sah – sie sah, wie Ralph Lyon zurückschlug und weiter redete. Es war also doch kein Misserfolg! Jetzt würde alles gut werden – ihre Party. Es hatte begonnen. Es hatte begonnen. Aber es war immer noch ein Kinderspiel. Sie muss vorerst dort stehen bleiben. Die Leute schienen in Eile zu kommen.

Colonel und Mrs. Garrod ... Mr. Hugh Whitbread ... Mr. Bowley ... Mrs. Hilbery ... Lady Mary Maddox ... Mr. Quin ... sagte Wilkin. Sie sprach mit jedem sechs oder sieben Worte, und sie gingen weiter, sie gingen in die Räume; jetzt in etwas, nicht in nichts, seit Ralph Lyon den Vorhang zurückgezogen hatte.

Und doch war es für sie selbst eine zu große Anstrengung. Es hat ihr keinen Spaß gemacht. Es war zu sehr so, als wäre man einfach irgendjemand da; jeder könnte es tun; Doch dieser Jemand, den sie ein wenig bewunderte, konnte sich des Gefühls nicht erwehren, dass sie dies auf jeden Fall möglich gemacht hatte, dass es eine Etappe markierte, diesen Posten, zu dem sie sich selbst entwickelt hatte, denn seltsamerweise hatte sie völlig vergessen, wie sie aussah ähnlich, fühlte sich aber am oberen Ende ihrer Treppe wie ein Pfahl eingetrieben. Jedes Mal, wenn sie eine Party gab , hatte sie das Gefühl, etwas zu sein, das nicht sie selbst war, und dass jeder auf eine Art unwirklich war; viel realer in einem anderen. Es lag, dachte sie, teils an ihrer Kleidung, teils daran, dass sie aus ihrer gewohnten Art herausgenommen wurden, teils am Hintergrund, es war möglich, Dinge zu sagen, die man sonst nicht sagen konnte, Dinge, die einer Anstrengung bedurften; möglich, viel tiefer zu gehen. Aber nicht für sie; jedenfalls noch nicht.

„Wie schön, dich zu sehen!" Sie sagte. Lieber alter Sir Harry! Er würde jeden kennen .

Und das Seltsame daran war das Gefühl, das man hatte, als sie nacheinander die Treppe hinaufkamen: Mrs. Mount und Celia, Herbert Ainsty, Mrs. Dakers – ach ja, Lady Bruton!

„Wie schön, dass du gekommen bist!" Sie sagte, und sie meinte es ernst – es war seltsam, wie man, wenn man da stand, spürte, wie sie weitergingen, weitergingen, einige ziemlich alt, andere ...

Welcher Name? Lady Rosseter? Aber wer zum Teufel war Lady Rosseter?

„Klarissa!" Diese Stimme! Es war Sally Seton! Sally Seton! nach all diesen Jahren! Sie tauchte durch einen Nebel auf. Denn *so* hatte sie nicht ausgesehen , Sally Seton, als Clarissa die Heißwasserkanne ergriff, als sie an sie unter diesem Dach dachte, unter diesem Dach! Nicht so!

Alle übereinander, verlegen, lachend, Worte purzelten heraus – auf der Durchreise durch London; gehört von Clara Haydon; Was für eine Chance, dich zu sehen! Also stürzte ich mich hinein – ohne Einladung …

Man könnte die heiße Wasserkanne ruhig abstellen. Der Glanz war aus ihr verschwunden. Dennoch war es außergewöhnlich, sie wiederzusehen, älter, glücklicher, weniger schön. Sie küssten einander, zuerst diese Wange, dann jene, an der Tür des Wohnzimmers, und Clarissa drehte sich um, mit Sallys Hand in ihrer, und sah, wie ihre Räume voll waren, hörte das Brüllen von Stimmen, sah die Kerzenständer, die wehenden Vorhänge und das Rosen, die Richard ihr geschenkt hatte.

„Ich habe fünf riesige Jungs", sagte Sally.

Sie hatte den einfachsten Egoismus, den offensten Wunsch, immer zuerst gedacht zu werden, und Clarissa liebte sie dafür, dass sie immer noch so war. „Ich kann es nicht glauben!" „, schrie sie und glühte vor Freude bei dem Gedanken an die Vergangenheit.

Aber leider, Wilkins; Wilkins wollte sie; Wilkins stieß mit einer gebieterisch-autoritären Stimme aus, als müsse die ganze Gesellschaft ermahnt und die Gastgeberin von ihrer Frivolität befreit werden, einen Namen:

„Der Premierminister", sagte Peter Walsh.

Der Premierminister? War es wirklich? Ellie Henderson staunte . Was für eine Sache, Edith zu erzählen!

Man konnte nicht über ihn lachen. Er sah so gewöhnlich aus. Du hättest ihn vielleicht hinter eine Theke stellen und Kekse kaufen können – der arme Kerl, ganz mit Goldspitze verziert. Und um fair zu sein, als er seine Runden machte, zuerst mit Clarissa, dann mit Richard als Begleitung, machte er es sehr gut. Er versuchte, jemanden anzusehen. Es war amüsant zuzusehen. Niemand sah ihn an. Sie redeten einfach weiter, doch es war völlig klar, dass sie alle wussten und bis ins Mark ihrer Knochen spürten, dass diese Majestät vorüberging; dieses Symbol für das, wofür sie alle standen: die englische Gesellschaft. Die alte Dame Bruton, und sie sah auch sehr gut aus, sehr robust in ihrer Spitze, schwamm herbei, und sie zogen sich in ein kleines Zimmer zurück, das sofort bewacht und bewacht wurde, und eine Art Aufregung und Rascheln ging offen durch jeden von ihnen: der Premierminister!

Herr, Herr, der Snobismus der Engländer! dachte Peter Walsh, der in der Ecke stand. Wie sehr sie es liebten, sich in goldene Spitze zu kleiden und ihr zu huldigen! Dort! Das muss sein, beim Himmel, Hugh Whitbread, der in den Bezirken des großen, etwas fetteren, eher weißer gewordenen, bewundernswerten Hugh herumschnüffelte!

Er sah immer so aus, als ob er im Dienst wäre, dachte Peter, ein privilegiertes, aber geheimnisvolles Wesen, das Geheimnisse hortet, für deren Verteidigung er sein Leben geben würde, obwohl es sich nur um ein kleines Geschwätz handelte, das von einem Hofdiener fallen gelassen wurde und das in sein würde alle Papiere morgen. Das waren seine Rasseln, seine Kugeln, bei deren Spielen er weiß geworden war, bis an die Schwelle des Alters gelangte und den Respekt und die Zuneigung aller genoss, die das Privileg hatten, diesen Typus des englischen Staatsschullehrers zu kennen . Zwangsläufig hat man sich solche Dinge über Hugh ausgedacht; das war sein Stil; der Stil dieser bewundernswerten Briefe, die Peter Tausende von Meilen über das Meer hinweg in der *Times gelesen hatte* und in denen er Gott gedankt hatte, dass er aus dieser verderblichen Blase herausgekommen wäre, wenn er nur Paviane plappern und Kulis ihre Frauen schlagen hören hätte. Ein olivfarbener Jugendlicher von einer der Universitäten stand unterwürfig daneben. Er würde ihn bevormunden , initiieren und ihm beibringen, wie man weiterkommt. Denn er liebte nichts lieber, als Freundlichkeiten zu erweisen und die Herzen alter Damen vor Freude höher schlagen zu lassen, weil man in ihrem Alter und in ihrem Kummer an sie gedacht hatte und sich völlig vergessen glaubte. Und doch fuhr der liebe Hugh vor und verbrachte eine Stunde damit, über die Vergangenheit zu reden , erinnerte sich an Kleinigkeiten, lobte den selbstgebackenen Kuchen, obwohl Hugh jeden Tag seines Lebens mit einer Herzogin Kuchen essen konnte und, wenn man ihn so ansah, wahrscheinlich viel Zeit mit dieser angenehmen Beschäftigung verbrachte. Der Allurteilende, der Allbarmherzige könnte entschuldigen. Peter Walsh kannte keine Gnade. Schurken muss es geben, und Gott weiß, dass die Schurken, die gehängt werden, weil sie im Zug einem Mädchen den Kopf zerschlagen haben, im Großen und Ganzen weniger Schaden anrichten als Hugh Whitbread und seine Freundlichkeit. Schauen Sie ihn jetzt an, wie er auf Zehenspitzen vorwärtstänzelt, sich verneigt und kratzt, während der Premierminister und Lady Bruton hervortreten und der ganzen Welt zu verstehen geben, dass er das Privileg hatte, Lady Bruton etwas, etwas Privates, zu sagen, als sie vorbeiging. Sie stoppte. Sie wedelte mit ihrem schönen alten Kopf. Sie dankte ihm vermutlich für ein Stück Unterwürfigkeit. Sie hatte ihre Speichellecker, kleine Beamte in Regierungsbüros, die in ihrem Namen umherliefen und kleine Aufträge erledigten, für die sie ihnen im Gegenzug ein Mittagessen gab. Aber sie stammt aus dem 18. Jahrhundert. Es ging ihr gut.

Und nun begleitete Clarissa ihren Premierminister durch den Raum, tänzelnd, funkelnd, mit der Pracht ihres grauen Haares. Sie trug Ohrringe und ein silbergrünes Meerjungfrauenkleid. Als sie sich auf den Wellen räkelte und ihre Locken flocht, schien sie immer noch über diese Gabe zu verfügen; zu sein; existieren; um alles in dem Moment zusammenzufassen, als sie vorbeiging; drehte sich um, verfing ihren Schal im Kleid einer anderen Frau, löste ihn, lachte, und das alles mit der vollkommensten Leichtigkeit und Ausstrahlung eines Wesens, das in seinem Element schwebt. Aber das Alter hatte sie berührt; So wie eine Meerjungfrau an einem klaren Abend in ihrem Glas die untergehende Sonne über den Wellen erblicken könnte. Da war ein Hauch von Zärtlichkeit; Ihre Strenge, ihre Prüderie, ihre Hölzernheit waren jetzt allgegenwärtig, und sie umgab sich, als sie sich von dem dicken, goldgeschmückten Mann verabschiedete, der sein Bestes gab, und viel Glück für ihn, wichtig und unaussprechlich auszusehen Würde; eine exquisite Herzlichkeit; als wünsche sie der ganzen Welt alles Gute und müsse jetzt, da sie am Rande und am Rande der Dinge steht, Abschied nehmen. Also brachte sie ihn zum Nachdenken. (Aber er war nicht verliebt.)

Tatsächlich hatte Clarissa das Gefühl, dass es gut gewesen sei, dass der Premierminister gekommen sei. Und als sie mit ihm durch den Raum ging, mit Sally da und Peter da und Richard sehr zufrieden, mit all den Leuten, die vielleicht eher neidisch waren, hatte sie diesen Rausch des Augenblicks gespürt, diese Erweiterung der Nerven des Herzens selbst bis es zu zittern schien, durchtränkt, aufrecht; – ja, aber schließlich war es das, was andere Leute fühlten, das; Denn obwohl sie es liebte und fühlte, wie es kribbelte und stach, hatten diese Ähnlichkeiten, diese Triumphe (der liebe alte Peter zum Beispiel, der sie für so brillant hielt) dennoch eine Hohlheit; auf Armeslänge waren sie, nicht im Herzen; und es könnte sein, dass sie alt wurde, aber sie befriedigten sie nicht mehr so, wie sie es gewohnt waren; und plötzlich, als sie sah, wie der Premierminister die Treppe hinunterging, holte der Goldrand des Sir-Joshua-Bildes des kleinen Mädchens mit Muff Kilman mit einem Ansturm zurück; Kilman ihr Feind. Das war befriedigend; das war echt. Ach, wie sie sie hasste – heiß, heuchlerisch, korrupt; mit all dieser Kraft; Elizabeths Verführerin; die Frau, die sich eingeschlichen hatte, um zu stehlen und zu beflecken (Richard würde sagen: Was für ein Unsinn!). Sie hasste sie: Sie liebte sie. Man wollte Feinde, keine Freunde – nicht Mrs. Durrant und Clara, Sir William und Lady Bradshaw, Miss Truelock und Eleanor Gibson (die sie die Treppe hinaufkommen sah). Sie müssen sie finden, wenn sie sie wollen. Sie war für die Party!

Da war ihr alter Freund Sir Harry.

„Sehr geehrter Herr Harry!" sagte sie und ging auf den guten alten Kerl zu, der mehr schlechte Bilder hervorgebracht hatte als alle anderen beiden Akademiker in ganz St. John's Wood (es waren immer Rinder, die in Teichen bei Sonnenuntergang standen und Feuchtigkeit aufsaugten oder Zeichen gaben, denn er hatte einen eine gewisse Bandbreite an Gesten, durch das Anheben eines Vorderbeins und das Werfen des Geweihs, „die Annäherung des Fremden" – alle seine Aktivitäten, Essen gehen, Rennen fahren, beruhten darauf, dass Rinder in Teichen bei Sonnenuntergang standen und Feuchtigkeit aufsaugen.

"Worüber lachst du?" Sie hat ihn gefragt. Denn Willie Titcomb und Sir Harry und Herbert Ainsty lachten alle. Aber nein. Sir Harry konnte Clarissa Dalloway (obwohl er sie sehr mochte; für ihren Typ hielt er sie für perfekt und drohte, sie zu malen) seine Geschichten von der Varietébühne nicht erzählen. Er ärgerte sie über ihre Party. Er vermisste seinen Brandy. Diese Kreise, sagte er, befanden sich über ihm. Aber er mochte sie; respektierte sie, trotz ihrer verdammungswürdigen, schwierigen Vornehmheit in der Oberschicht, die es unmöglich machte, Clarissa Dalloway zu bitten, sich auf sein Knie zu setzen. Und herauf kam dieses wandernde Irrlicht, dieses vage Phosphoreszenzlicht, die alte Mrs. Hilbery , die ihre Hände zum gleißenden Gelächter (über den Herzog und die Lady) ausstreckte, das sie am anderen

Ende des Raumes hörte , schien sie in einem Punkt zu beruhigen, der sie manchmal störte, wenn sie früh am Morgen aufwachte und ihre Zofe nicht auf eine Tasse Tee rufen wollte; wie sicher ist, dass wir sterben müssen.

„Sie werden uns ihre Geschichten nicht erzählen", sagte Clarissa.

„Liebe Clarissa!" rief Frau Hilbery aus . Sie sah heute Abend, sagte sie, ihrer Mutter so ähnlich, als sie sie zum ersten Mal mit einem grauen Hut durch einen Garten gehen sah.

Und tatsächlich füllten sich Clarissas Augen mit Tränen. Ihre Mutter spaziert durch einen Garten! Aber leider muss sie gehen.

Denn da war Professor Brierly, der einen Vortrag über Milton hielt und mit dem kleinen Jim Hutton sprach (der nicht einmal bei einer Party wie dieser in der Lage war, sowohl Krawatte als auch Weste zu tragen oder sein Haar glatt fallen zu lassen), und selbst aus dieser Entfernung stritten sie, sie könnte sehen. Denn Professor Brierly war ein sehr seltsamer Fisch. Bei all diesen Abschlüssen, Ehrungen und Lehraufträgen zwischen ihm und den Schreibern vermutete er sofort, dass eine Atmosphäre herrschte, die seinem seltsamen Anwesen nicht förderlich war ; seine erstaunliche Gelehrsamkeit und Schüchternheit; sein winterlicher Charme ohne Herzlichkeit; seine Unschuld vermischte sich mit Snobismus; Er zitterte, wenn er durch das ungepflegte Haar einer Dame oder die Stiefel eines Jugendlichen auf eine Unterwelt aufmerksam gemacht wurde, die zweifellos sehr glaubwürdig war, auf Rebellen, auf glühende junge Leute. von Möchtegern-Genies, und mit einer kleinen Kopfbewegung, mit einem Schnüffeln – Hmpf! – den Wert der Mäßigung angedeutet; einer leichten Schulung in den Klassikern, um Milton schätzen zu lernen. Professor Brierly (Clarissa konnte es sehen) verstand sich wegen Milton nicht mit dem kleinen Jim Hutton (der rote Socken trug, da seine schwarzen in der Wäscherei waren). Sie unterbrach.

Sie sagte, sie liebe Bach. Hutton auch. Das war das Band zwischen ihnen, und Hutton (eine sehr schlechte Dichterin) hatte immer das Gefühl, dass Mrs. Dalloway die bei weitem beste der großen Damen war, die sich für Kunst interessierten. Es war seltsam, wie streng sie war. In Bezug auf Musik war sie völlig unpersönlich. Sie war eher ein Idiot. Aber wie bezaubernd anzusehen! Sie hätte ihr Haus so schön gemacht, wenn ihre Professoren nicht gewesen wären . Clarissa hatte fast Lust, ihn sich zu entreißen und ihn im Hinterzimmer ans Klavier zu setzen. Denn er spielte göttlich.

„Aber der Lärm!" Sie sagte. "Der Lärm!"

„Das Zeichen einer gelungenen Party." Der Professor nickte höflich und stieg vorsichtig ab.

„Er weiß alles auf der ganzen Welt über Milton", sagte Clarissa.

„Tut er das tatsächlich?" sagte Hutton, der den Professor in ganz Hampstead nachahmen würde; der Professor über Milton; der Professor zur Moderation; Der Professor steigt vorsichtig aus.

„Aber sie muss mit diesem Paar sprechen", sagten Clarissa, Lord Gayton und Nancy Blow.

Nicht, dass *sie* den Lärm der Party merklich verstärkt hätten. Sie redeten (merklich) nicht, während sie Seite an Seite vor den gelben Vorhängen standen. Bald würden sie zusammen woanders hingehen; und hatte unter keinen Umständen viel zu sagen. Sie schauten; das war alles. Das war genug. Sie sahen so sauber aus, so gesund, sie mit einem aprikosenfarbenen Hauch von Puder und Farbe, aber er schrubbte und spülte mit den Augen eines Vogels, so dass kein Ball an ihm vorbeikommen oder ihn überraschen konnte. Er schlug zu, er sprang, präzise, auf der Stelle. Der Mund des Ponys zitterte, als er seine Zügel hielt. Er ließ seine Ehrenzeichen , Ahnendenkmäler, Banner in der Kirche zu Hause aufhängen. Er hatte seine Pflichten; seine Mieter; eine Mutter und Schwestern; Sie war den ganzen Tag im Lords gewesen, und das war es, worüber sie gesprochen hatten – Cricket, Cousins, das Kino –, als Mrs. Dalloway auftauchte. Lord Gayton mochte sie am meisten. Das Gleiche gilt für Miss Blow. Sie hatte so charmante Manieren.

„Es ist engelhaft – es ist köstlich von dir, dass du gekommen bist!" Sie sagte. Sie liebte Lords; Sie liebte die Jugend, und Nancy, mit großem Aufwand von den größten Pariser Künstlern eingekleidet, stand da und sah aus, als hätte ihr Körper von selbst nur eine grüne Rüsche hervorgebracht.

„Ich hatte vorgehabt, tanzen zu gehen", sagte Clarissa.

Denn die jungen Leute konnten nicht reden. Und warum sollten sie? Schreien, umarmen, schwingen, im Morgengrauen aufstehen; Zucker zu den Ponys bringen; küssen und streicheln Sie die Schnauzen entzückender Chow-Chows; und dann alles kribbelt und strömt, taucht und schwimmt. Aber die enormen Ressourcen der englischen Sprache, die Fähigkeit, Gefühle zu kommunizieren (in ihrem Alter hätten sie und Peter den ganzen Abend gestritten), waren nichts für sie. Sie würden jung werden. Sie wären für die Menschen auf dem Anwesen über alle Maßen gut, aber allein vielleicht eher langweilig.

"Was für eine Schande!" Sie sagte. „Ich hatte gehofft, tanzen zu können."

Es war so außerordentlich nett von ihnen, dass sie gekommen sind! Aber reden wir vom Tanzen! Die Zimmer waren voll.

Da war die alte Tante Helena in ihrem Schal. Leider muss sie sie verlassen – Lord Gayton und Nancy Blow. Da war die alte Miss Parry, ihre Tante.

Denn Miss Helena Parry war nicht tot: Miss Parry lebte. Sie war über achtzig. Mit einem Stock stieg sie langsam Treppen hinauf. Sie wurde auf einen Stuhl gesetzt (Richard hatte dafür gesorgt). Menschen, die Burma in den siebziger Jahren kannten, wurden immer zu ihr geführt. Wo war Peter geblieben? Früher waren sie solche Freunde. Denn bei der Erwähnung Indiens oder sogar Ceylons wurden ihre Augen (nur einer war aus Glas) langsam tiefer und blau, sahen, keine Menschen – sie hatte keine zarten Erinnerungen, keine stolzen Illusionen über Vizekönige, Generäle, Meutereien – es waren Orchideen Sie sah, und Bergpässe und sie trugen sich in den sechziger Jahren auf dem Rücken von Kulis über einsame Gipfel; oder sie stieg hinab, um Orchideen auszureißen (verblüffende Blüten, die sie noch nie zuvor gesehen hatte), die sie mit Wasserfarben malte ; eine unbezwingbare Engländerin, ärgerlich, wenn sie zum Beispiel durch den Krieg gestört wurde, der eine Bombe direkt vor ihrer Tür abgeworfen hatte, von ihrer tiefen Meditation über Orchideen und ihrer eigenen Figur auf einer Reise in den sechziger Jahren durch Indien – aber hier war Peter.

„Komm und sprich mit Tante Helena über Burma", sagte Clarissa.

Und doch hatte er den ganzen Abend kein Wort mit ihr gesprochen!

„Wir reden später", sagte Clarissa und führte ihn mit ihrem Stock zu Tante Helena in ihrem weißen Schal.

„Peter Walsh", sagte Clarissa.

Das bedeutete nichts.

Clarissa hatte sie gefragt. Es war anstrengend; es war laut; aber Clarissa hatte sie gefragt. Sie war also gekommen. Schade, dass sie in London lebten – Richard und Clarissa. Nur für Clarissas Gesundheit wäre es besser gewesen, auf dem Land zu leben. Aber Clarissa hatte die Gesellschaft schon immer gern gehabt.

„Er war in Burma", sagte Clarissa.

Ah. Sie musste sich daran erinnern, was Charles Darwin über ihr kleines Buch über die Orchideen Burmas gesagt hatte.

(Clarissa muss mit Lady Bruton sprechen.)

Zweifellos war es jetzt vergessen, ihr Buch über die Orchideen Burmas, aber es erschien vor 1870 in drei Auflagen, erzählte sie Peter. Sie erinnerte sich jetzt an ihn. Er war in Bourton gewesen (und er hatte sie, wie sich Peter

Walsh erinnerte, an dem Abend, als Clarissa ihn gebeten hatte, mit dem Boot zu fahren, wortlos im Salon zurückgelassen).

„Richard hat seine Mittagsparty so sehr genossen", sagte Clarissa zu Lady Bruton.

„Richard war die größtmögliche Hilfe", antwortete Lady Bruton. „Er hat mir geholfen, einen Brief zu schreiben. Und wie geht es dir?"

„Oh, völlig in Ordnung!" sagte Clarissa. (Lady Bruton verabscheute Krankheiten bei den Frauen von Politikern.)

„Und da ist Peter Walsh!" sagte Lady Bruton (denn ihr fiel nie etwas ein, was sie Clarissa sagen könnte; obwohl sie sie mochte. Sie hatte viele gute Eigenschaften; aber sie hatten nichts gemeinsam – sie und Clarissa. Es wäre vielleicht besser gewesen, wenn Richard eine Frau geheiratet hätte mit weniger Charme, der ihm bei seiner Arbeit mehr geholfen hätte (Er hatte seine Chance auf das Kabinett verloren). „Da ist Peter Walsh!" sagte sie und schüttelte diesem angenehmen Sünder die Hand, diesem sehr fähigen Kerl, der sich einen Namen hätte machen sollen, es aber nicht getan hat (immer in Schwierigkeiten mit Frauen), und natürlich der alten Miss Parry. Wunderbare alte Dame!

Lady Bruton stand neben Miss Parrys Stuhl, einem gespenstischen Grenadier, in Schwarz gehüllt, und lud Peter Walsh zum Mittagessen ein; herzlich; aber ohne Smalltalk, ohne jegliche Erinnerung an die Flora oder Fauna Indiens. Sie war natürlich dort gewesen; war bei drei Vizekönigen geblieben; hielt einige der indischen Zivilisten für ungewöhnlich gute Kerle; aber was für eine Tragödie war es – der Staat Indien! Der Premierminister hatte es ihr gerade erzählt (die alte Miss Parry, zusammengekauert in ihrem Schal, kümmerte sich nicht darum, was der Premierminister ihr gerade erzählt hatte), und Lady Bruton würde gerne Peter Walshs Meinung hören, da er frisch aus der Mitte kam . und sie würde Sir Sampson dazu bringen, sich mit ihm zu treffen, denn tatsächlich hinderte es sie daran, nachts zu schlafen, was für eine Torheit und Bosheit es war, wie sie sagen würde, die Tochter eines Soldaten zu sein. Sie war jetzt eine alte Frau, die nicht mehr viel taugte. Aber ihr Haus, ihre Bediensteten, ihre gute Freundin Milly Brush – erinnerte er sich an sie? – waren alle da und baten nur darum, benutzt zu werden, wenn – kurz gesagt, wenn sie helfen könnten. Denn sie sprach nie von England, aber diese Männerinsel, dieses liebe, liebe Land, lag ihr im Blut (ohne Shakespeare zu lesen), und wenn jemals eine Frau den Helm hätte tragen und den Pfeil abschießen können, hätte sie Truppen zum Angriff führen können Sie regierte mit unbeugsamer Gerechtigkeit barbarische Horden und lag nasenlos unter einem Schild in einer Kirche oder errichtete einen grünen Grashügel auf einem urzeitlichen Hügel – diese Frau war Millicent Bruton. Aufgrund ihres Geschlechts und einer gewissen

Vernachlässigung ihrer logischen Fähigkeiten (es war ihr unmöglich, einen Brief an die *Times zu schreiben*) hatte sie den Gedanken an das Imperium immer zur Hand und hatte durch die Verbindung mit dieser gepanzerten Göttin ihren Ladestock erworben Ihr Auftreten, ihr robustes Auftreten , so dass man sich nicht vorstellen konnte, dass sie selbst im Tod von der Erde getrennt war oder Gebiete durchstreifte, über denen der Union Jack in irgendeiner spirituellen Form nicht mehr geflogen war. Selbst unter den Toten kein Engländer zu sein – nein, nein! Unmöglich!

Aber war es Lady Bruton (die sie früher kannte)? War es der ergraute Peter Walsh? fragte sich Lady Rosseter (wer war Sally Seton gewesen). Es war auf jeden Fall die alte Miss Parry – die alte Tante, die immer so verärgert war, als sie in Bourton übernachtete. Sie sollte nie vergessen, dass sie nackt durch den Gang lief und von Miss Parry geholt wurde! Und Clarissa! oh Clarissa! Sally packte sie am Arm.

Clarissa blieb neben ihnen stehen.

„Aber ich kann nicht bleiben", sagte sie. „Ich komme später. Warte", sagte sie und sah Peter und Sally an. Sie müssten warten, meinte sie, bis alle diese Leute gegangen seien.

„Ich werde zurückkommen", sagte sie und sah ihre alten Freunde Sally und Peter an, die sich die Hände schüttelten, und Sally, die sich zweifellos an die Vergangenheit erinnerte, lachte.

Aber ihre Stimme war ihrer alten hinreißenden Fülle beraubt; Ihre Augen strahlten nicht mehr so wie früher, als sie Zigarren rauchte, als sie den Flur entlang rannte, um ihre Schwammtasche zu holen, ohne einen Stich ihrer Kleidung zu tragen, und Ellen Atkins fragte: Was wäre, wenn die Herren sie getroffen hätten? Aber alle haben ihr vergeben. Sie stahl ein Huhn aus der Speisekammer, weil sie nachts Hunger hatte; sie rauchte Zigarren in ihrem Schlafzimmer; Sie ließ ein unschätzbares Buch im Kahn zurück. Aber alle vergötterten sie (außer vielleicht Papa). Es war ihre Wärme; ihre Vitalität – sie würde malen, sie würde schreiben. Die alten Frauen im Dorf haben bis heute nie vergessen, nach „Ihrer Freundin im roten Umhang, die so strahlend wirkte" zu fragen. Sie beschuldigte ausgerechnet Hugh Whitbread (und da war er, ihr alter Freund Hugh, der mit dem portugiesischen Botschafter sprach), sie im Raucherzimmer geküsst zu haben, um sie dafür zu bestrafen, dass sie gesagt hatte, dass Frauen wählen sollten. Vulgäre Männer täten das, sagte sie. Und Clarissa erinnerte sich, dass sie sie davon überzeugen musste, ihn beim Familiengebet nicht anzuprangern – wozu sie mit ihrem Wagemut, ihrer Rücksichtslosigkeit, ihrer melodramatischen Liebe, im Mittelpunkt von allem zu stehen und Szenen zu erschaffen, fähig war, und das musste sie denken, dachte Clarissa , um in einer schrecklichen Tragödie zu enden; ihr Tod; ihr Martyrium; Stattdessen hatte sie ganz unerwartet einen kahlköpfigen

Mann mit einem großen Knopfloch geheiratet, dem angeblich Baumwollspinnereien in Manchester gehörten. Und sie hatte fünf Jungen!

Sie und Peter hatten sich zusammen niedergelassen. Sie redeten: Es kam ihnen so vertraut vor, dass sie reden sollten. Sie würden über die Vergangenheit diskutieren. Mit den beiden teilte sie (noch mehr als mit Richard) ihre Vergangenheit; der Garten; die Bäume; der alte Joseph Breitkopf singt Brahms ohne Stimme; die Wohnzimmertapete; der Geruch der Matten. Ein Teil davon muss Sally immer sein; Peter muss es immer sein. Aber sie muss sie verlassen. Da waren die Bradshaws , die sie nicht mochte. Sie muss zu Lady Bradshaw gehen (in Grau und Silber, wie ein Seelöwe am Rand seines Beckens balancierend, nach Einladungen bellend, Herzoginnen, die typische Ehefrau eines erfolgreichen Mannes), sie muss zu Lady Bradshaw gehen und sagen … ..

Aber Lady Bradshaw kam ihr zuvor.

„Wir sind erschreckend spät dran, liebe Mrs. Dalloway, wir haben es kaum gewagt, hereinzukommen", sagte sie.

Und Sir William, der mit seinen grauen Haaren und blauen Augen sehr vornehm aussah, sagte ja; Sie hatten der Versuchung nicht widerstehen können. Er sprach wahrscheinlich mit Richard über diesen Gesetzentwurf, den sie im Unterhaus durchbringen wollten. Warum rollte sie sich zusammen, als er sah, wie er mit Richard sprach? Er sah aus, was er war: ein großartiger Arzt. Ein Mann, absolut führend in seinem Beruf, sehr kraftvoll, ziemlich abgenutzt. Denn denken Sie daran, welche Fälle vor ihm lagen – Menschen in tiefstem Elend; Menschen am Rande des Wahnsinns; Ehemänner und Ehefrauen. Er musste Fragen von entsetzlicher Schwierigkeit entscheiden. Doch ihrer Meinung nach wollte man nicht, dass Sir William einen unglücklich sah. NEIN; nicht dieser Mann.

„Wie geht es Ihrem Sohn in Eton?" sie fragte Lady Bradshaw.

Er habe seinen Elfmeterpunkt knapp verpasst, sagte Lady Bradshaw, wegen der Mumps. Sein Vater kümmerte sich noch mehr darum als er, sie dachte, er sei „nichts weiter als ein großartiger Junge", sagte sie.

Clarissa sah Sir William an, der mit Richard sprach. Er sah nicht wie ein Junge aus – nicht im Geringsten wie ein Junge. Sie war einmal mit jemandem gegangen , um ihn um Rat zu fragen. Er hatte völlig recht gehabt; äußerst sinnvoll. Aber mein Gott – was für eine Erleichterung, wieder auf die Straße zu gehen! Sie erinnerte sich, dass im Wartezimmer ein armer Kerl schluchzte. Aber sie wusste nicht, was es war – um Sir William; was genau ihr nicht gefiel. Nur Richard stimmte ihr zu, „mochte seinen Geschmack nicht, mochte seinen Geruch nicht." Aber er war außergewöhnlich fähig. Sie sprachen über diesen Gesetzentwurf. „Einen Fall", erwähnte Sir William mit gesenkter

Stimme. Es hatte Einfluss darauf, was er über die verzögerten Auswirkungen des Granatenschocks sagte. Der Gesetzentwurf muss eine Bestimmung enthalten.

Lady Bradshaw (die arme Gans – man konnte sie nicht ausstehen) murmelte mit gesenkter Stimme, zog Mrs. Dalloway in den Schutz einer gemeinsamen Weiblichkeit, eines gemeinsamen Stolzes auf die herausragenden Qualitäten von Ehemännern und ihre traurige Tendenz zur Überarbeitung und murmelte: „Gerecht Als wir anfingen, wurde mein Mann angerufen, ein sehr trauriger Fall. Ein junger Mann (das erzählt Sir William Mr. Dalloway) hatte sich umgebracht. Er war in der Armee gewesen." Oh! dachte Clarissa mitten in meiner Gruppe, hier ist der Tod, dachte sie.

Sie ging weiter in das kleine Zimmer, in das der Premierminister mit Lady Bruton gegangen war. Vielleicht war da jemand. Aber da war niemand. Die Stühle prägten noch immer den Eindruck des Premierministers und von Lady Bruton, sie drehte sich respektvoll um, er saß autoritär im Viereck. Sie hatten über Indien gesprochen. Da war niemand. Die Pracht der Party fiel zu Boden, so seltsam, dass es war, allein in ihrer Pracht hereinzukommen.

Was hatten die Bradshaws damit zu tun , auf ihrer Party über den Tod zu sprechen? Ein junger Mann hatte sich umgebracht. Und auf ihrer Party sprachen sie darüber – die Bradshaws sprachen vom Tod. Er hatte sich umgebracht – aber wie? Immer musste ihr Körper zuerst durchmachen, wenn ihr plötzlich von einem Unfall erzählt wurde; Ihr Kleid brannte, ihr Körper verbrannte. Er hatte sich aus einem Fenster gestürzt. Up hatte den Boden aufgeblitzt; Die rostigen Stacheln durchbohrten ihn, stolperten und verletzten ihn. Da lag er mit einem dumpfen Schlag in seinem Gehirn und dann einem Erstickungsgefühl vor Schwärze. Also hat sie es gesehen. Aber warum hatte er es getan? Und die Bradshaws sprachen auf ihrer Party darüber!

Sie hatte einmal einen Schilling in die Serpentine geworfen, nie mehr. Aber er hatte es weggeworfen. Sie lebten weiter (sie musste zurück; die Räume waren immer noch überfüllt; es kamen immer wieder Leute). Sie (den ganzen Tag hatte sie an Bourton, an Peter, an Sally gedacht), sie würden alt werden. Es gab etwas, das zählte; ein Ding, umhüllt von Geschwätz, verunstaltet, in ihrem eigenen Leben verdunkelt, jeden Tag in Korruption, Lügen, Geschwätz fallen gelassen. Dies hatte er bewahrt. Der Tod war Trotz. Der Tod war ein Kommunikationsversuch; Menschen spüren die Unmöglichkeit, das Zentrum zu erreichen , das ihnen auf mystische Weise entgeht; die Nähe löste sich auf; die Verzückung ließ nach, man war allein. Es gab eine Umarmung im Tod.

Aber war dieser junge Mann, der sich umgebracht hatte, mit seinem Schatz in die Tiefe gestürzt? „Wenn es jetzt sterben würde, wäre es jetzt am glücklichsten", hatte sie sich einmal gesagt, als sie in Weiß herunterkam.

Oder da waren die Dichter und Denker. Angenommen, er hätte diese Leidenschaft gehabt und wäre zu Sir William Bradshaw gegangen, einem großartigen Arzt, der ihr gegenüber jedoch auf verborgene Weise böse war, ohne Sex oder Lust, äußerst höflich zu Frauen, aber zu einer unbeschreiblichen Empörung fähig – die Seele zu zwingen, das war's – wenn dieser junge Mann war zu ihm gegangen, und Sir William hatte ihn mit seiner Macht so beeindruckt, hätte er damals nicht sagen können (tatsächlich spürte sie es jetzt): Das Leben ist unerträglich geworden; Sie machen das Leben unerträglich, solche Männer?

Dann (sie hatte es erst heute Morgen gespürt) war da der Schrecken; die überwältigende Unfähigkeit, dass die Eltern es einem in die Hand geben, dieses Leben bis zum Ende zu leben, gelassen damit umzugehen; In den Tiefen ihres Herzens herrschte eine schreckliche Angst. Auch heute noch wäre sie oft umgekommen, wenn Richard nicht dort gewesen wäre und die *Times gelesen* hätte, damit sie sich wie ein Vogel niederkauern und nach und nach zu neuem Leben erwachen und diese unermessliche Freude aufbrüllen könnte, indem sie einen Stock an den anderen gerieben hätte. Aber dieser junge Mann hatte sich umgebracht.

Irgendwie war es ihr Desaster – ihre Schande. Es war ihre Strafe, hier einen Mann, dort eine Frau in dieser tiefen Dunkelheit versinken und verschwinden zu sehen, und sie musste hier in ihrem Abendkleid stehen. Sie hatte Pläne gemacht; sie hatte gestohlen. Sie war nie wirklich bewundernswert. Sie hatte Erfolg gewollt. Lady Bexborough und der Rest. Und einmal war sie auf der Terrasse von Bourton spazieren gegangen.

Es war Richard zu verdanken; Sie war noch nie so glücklich gewesen. Nichts könnte langsam genug sein; nichts hält zu lange. Kein Vergnügen könnte gleichwertig sein, dachte sie, rückte die Stühle zurecht, schob ein Buch auf das Regal, nachdem sie mit den Triumphen der Jugend fertig war, verlor sich im Prozess des Lebens und fand es mit einem Schock der Freude wie die Sonne stieg, als der Tag sank. Oft war sie in Bourton gewesen, als sie alle redeten, um in den Himmel zu schauen; oder es beim Abendessen zwischen den Schultern der Leute gesehen haben; habe es in London gesehen, als sie nicht schlafen konnte. Sie ging zum Fenster.

Es war etwas Eigenes darin, so albern die Idee auch war, dieser Landhimmel, dieser Himmel über Westminster. Sie öffnete die Vorhänge; Sie hat nachgeschaut. Oh, aber wie überraschend! – im Zimmer gegenüber starrte die alte Dame sie direkt an! Sie ging zu Bett. Und der Himmel. Es wird ein feierlicher Himmel sein, hatte sie gedacht, es wird ein düsterer Himmel sein, der vor Schönheit seine Wange abweist. Aber da war es – aschfahl, schnell von den sich verjüngenden, riesigen Wolken überzogen. Es war neu für sie. Der Wind muss stärker geworden sein. Sie wollte im Zimmer gegenüber zu Bett gehen. Es war faszinierend zu beobachten, wie sie sich bewegte, diese alte Dame, wie sie den Raum durchquerte und ans Fenster kam. Konnte sie sie sehen? Es war faszinierend, während die Leute im Salon immer noch lachten und schrien, dieser alten Frau dabei zuzusehen, wie sie ganz leise zu Bett ging. Sie zog jetzt die Jalousie herunter. Die Uhr begann zu schlagen. Der junge Mann hatte sich umgebracht; aber sie hatte kein Mitleid mit ihm; Während die Uhr die Stunde eins, zwei, drei schlug, hatte sie kein Mitleid mit ihm, bei all dem, was vor sich ging. Dort! die alte Dame hatte ihr Licht gelöscht! Das ganze Haus sei jetzt dunkel geworden, wiederholte sie, und die Worte kamen ihr in den Sinn: Fürchte dich nicht mehr vor der Hitze der Sonne. Sie muss zu ihnen zurückkehren. Aber was für eine außergewöhnliche Nacht! Sie fühlte sich irgendwie sehr wie er – der junge Mann, der sich umgebracht hatte. Sie war froh, dass er es getan hatte; habe es weggeworfen. Die Uhr schlug. Die bleiernen Kreise lösten sich in der Luft auf. Er ließ sie die Schönheit spüren; ließ sie den Spaß spüren. Aber sie muss zurück. Sie muss sich zusammensetzen. Sie muss Sally und Peter finden. Und sie kam aus dem kleinen Zimmer herein.

„Aber wo ist Clarissa?" sagte Peter. Er saß mit Sally auf dem Sofa. (Nach all den Jahren konnte er sie wirklich nicht „Lady Rosseter" nennen.) „Wo ist die Frau hin?" er hat gefragt. „Wo ist Clarissa?"

Sally und Peter vermuteten, dass es wichtige Leute gab, Politiker, die keiner von ihnen kannte, es sei denn, sie sahen es in den Zeitungen an, mit denen Clarissa nett sein musste und mit denen sie reden mussten. Sie war bei ihnen. Doch Richard Dalloway war nicht im Kabinett. Er hatte keinen Erfolg gehabt, vermutete Sally? Sie selbst las kaum jemals Zeitungen. Manchmal sah sie, wie sein Name erwähnt wurde. Aber dann – nun ja, sie lebte ein sehr einsames Leben, in der Wildnis, würde Clarissa sagen, unter großen Kaufleuten, großen Fabrikanten, schließlich Männern, die Dinge taten. Sie hatte auch Dinge getan!

„Ich habe fünf Söhne!" Sie sagte ihm.

Herr, Herr, was für eine Veränderung war über sie gekommen! die Sanftheit der Mutterschaft; auch sein Egoismus. Das letzte Mal, als sie sich trafen, erinnerte sich Peter, war zwischen Blumenkohl im Mondlicht gewesen, die Blätter „wie raue Bronze", hatte sie mit ihrer literarischen Wendung gesagt; und sie hatte eine Rose gepflückt. Sie hatte ihn in dieser schrecklichen Nacht nach der Szene am Brunnen auf und ab geführt; er sollte den Mitternachtszug erreichen. Himmel, er hatte geweint!

Das war sein alter Trick, ein Taschenmesser zu öffnen, dachte Sally, er öffnete und schloss immer ein Messer, wenn er aufgeregt war. Sie und Peter Walsh waren sehr, sehr intim gewesen, als er in Clarissa verliebt war, und beim Mittagessen gab es diese schreckliche, lächerliche Szene mit Richard Dalloway. Sie hatte Richard „Wickham" genannt. Warum nennt man Richard nicht „Wickham"? Clarissa war aufgeflammt! und tatsächlich hatten sie sich seitdem nie wieder gesehen, sie und Clarissa, vielleicht nicht mehr als ein halbes Dutzend Mal in den letzten zehn Jahren. Und Peter Walsh war nach Indien gereist, und sie hatte vage gehört, dass er eine unglückliche Ehe geschlossen hatte, und sie wusste nicht, ob er Kinder hatte, und sie konnte ihn nicht fragen, weil er sich verändert hatte. Er sah ziemlich schrumpelig aus, aber freundlicher, empfand sie, und sie empfand echte Zuneigung zu ihm, denn er war mit ihrer Jugend verbunden, und sie hatte immer noch ein bisschen Emily Brontë, das er ihr geschenkt hatte, und er sollte sicherlich schreiben ? Damals sollte er schreiben.

"Hast du geschrieben?" fragte sie ihn und breitete ihre Hand, ihre feste und wohlgeformte Hand, auf eine Weise auf ihrem Knie aus, an die er sich erinnerte.

"Kein Wort!" sagte Peter Walsh und sie lachte.

Sie war immer noch attraktiv, immer noch eine Persönlichkeit, Sally Seton. Aber wer war dieser Rosseter? An seinem Hochzeitstag trug er zwei Kamelien – das war alles, was Peter über ihn wusste. „Sie haben unzählige Bedienstete, kilometerlange Wintergärten", schrieb Clarissa; so ähnlich. Sally besaß es mit einem schallenden Gelächter.

„Ja, ich habe zehntausend im Jahr" – ob vor oder nach der Steuerzahlung, das wusste sie nicht mehr, für ihren Mann, „den du unbedingt kennenlernen musst", sagte sie, „den du gerne hättest", sagte sie, habe das alles für sie getan.

Und Sally war früher in Lumpen und Fetzen. Sie hatte den Ring ihrer Großmutter, den Marie Antoinette ihrem Urgroßvater gegeben hatte, verpfändet, um nach Bourton zu kommen.

Oh ja, erinnerte sich Sally; Sie hatte ihn immer noch, einen Rubinring, den Marie Antoinette ihrem Urgroßvater geschenkt hatte. Damals besaß sie nie einen Penny, und nach Bourton zu gehen bedeutete immer eine schreckliche Prise. Aber nach Bourton zu gehen hatte ihr so viel bedeutet – sie hatte sie bei Verstand gehalten, glaubte sie, so unglücklich war sie zu Hause gewesen. Aber das gehöre jetzt der Vergangenheit an, sagte sie. Und Mr. Parry war tot; und Miss Parry lebte noch. Noch nie in seinem Leben hatte er einen solchen Schock erlebt! sagte Peter. Er war ziemlich sicher gewesen, dass sie tot war. Und die Ehe war, wie Sally annahm, ein Erfolg gewesen? Und diese sehr hübsche, sehr selbstbewusste junge Frau war Elizabeth, dort drüben, bei den Vorhängen, in Rot.

(Sie war wie eine Pappel, sie war wie ein Fluss, sie war wie eine Hyazinthe, dachte Willie Titcomb. Oh, wie viel schöner ist es, auf dem Land zu sein und zu tun, was sie wollte! Sie konnte ihren armen Hund heulen hören, da war sich Elizabeth sicher .) Sie war kein bisschen wie Clarissa, sagte Peter Walsh.

„Oh, Clarissa!" sagte Sally.

Was Sally fühlte, war einfach Folgendes. Sie hatte Clarissa einen enormen Betrag geschuldet. Sie waren Freunde gewesen, keine Bekannten, sondern Freunde, und sie sah Clarissa immer noch ganz in Weiß durch das Haus gehen, die Hände voller Blumen – bis heute erinnerten sie Tabakpflanzen an Bourton. Aber – verstand Peter ? – ihr fehlte etwas. Was fehlte? Sie hatte Charme; Sie hatte außergewöhnlichen Charme. Aber um ehrlich zu sein (und sie hatte das Gefühl, dass Peter ein alter Freund war, ein echter Freund – spielte Abwesenheit eine Rolle? Spielte Entfernung eine Rolle? Sie hatte ihm oft schreiben wollen, hatte es aber zerrissen und hatte dennoch das Gefühl, dass er es verstand, denn die Leute verstanden es außerhalb Wie man mit zunehmendem Alter erkennt , und alt sie war, war sie an diesem Nachmittag zu ihren Söhnen in Eton gegangen, wo sie an Mumps erkrankt waren. Um ganz ehrlich zu sein, wie konnte Clarissa das geschafft haben? – heiratete Richard Dalloway ? ein Sportler, ein Mann, der sich nur um Hunde kümmerte. Als er das Zimmer betrat, roch er buchstäblich nach Stallungen. Und dann das alles? Sie wedelte mit der Hand.

Es war Hugh Whitbread, der in seiner weißen Weste vorbeischlenderte, düster, fett, blind, an allem vorbei, was er aussah, außer an Selbstwertgefühl und Bequemlichkeit.

„Er wird es nicht erkennen „*Wir* ", sagte Sally, und sie hatte wirklich nicht den Mut – das war also Hugh! der bewundernswerte Hugh!

„Und was macht er?" sie fragte Peter.

Er habe in Windsor die Stiefel des Königs geschwärzt oder Flaschen gezählt, erzählte Peter ihr. Peter hielt seine scharfe Zunge still! „Aber Sally muss ehrlich sein", sagte Peter. Dieser Kuss jetzt, Hughs.

Auf den Lippen, versicherte sie ihm, eines Abends im Raucherzimmer. Wütend ging sie direkt zu Clarissa. Hugh hat so etwas nicht getan! Clarissa sagte: „Der bewundernswerte Hugh!" Hughs Socken waren ausnahmslos die schönsten, die sie je gesehen hatte – und jetzt auch sein Abendkleid. Perfekt! Und hatte er Kinder?

„Jeder im Raum hat sechs Söhne in Eton", sagte Peter, außer ihm selbst. Gott sei Dank hatte er keine. Keine Söhne, keine Töchter, keine Frau. „Nun, es schien ihm nichts auszumachen", sagte Sally. Er sah jünger aus, dachte sie, als alle anderen.

Aber es sei in vielerlei Hinsicht eine Dummheit gewesen, so zu heiraten, sagte Peter. „Sie war eine perfekte Gans", sagte er, aber „wir hatten eine großartige Zeit", aber wie konnte das sein? Sally fragte sich; Was hat er gemeint? und wie seltsam es war, ihn zu kennen und doch nichts zu wissen, was ihm passiert war. Und hat er das aus Stolz gesagt? Sehr wahrscheinlich, denn schließlich musste es für ihn ärgerlich sein (obwohl er eine Seltsamkeit war, eine Art Kobold, überhaupt kein gewöhnlicher Mann), es musste in seinem Alter einsam sein, kein Zuhause zu haben, nirgendwo hingehen zu können. Aber er muss wochenlang bei ihnen bleiben. Natürlich würde er es tun; er würde gerne bei ihnen bleiben, und so kam es. In all den Jahren waren die Dalloways noch nie dort gewesen. Immer wieder hatten sie sie gefragt. Clarissa (denn es war natürlich Clarissa) wollte nicht kommen. Denn, sagte Sally, Clarissa sei im Herzen ein Snob — man musste es zugeben, ein Snob. Und sie war davon überzeugt, dass das zwischen ihnen der Fall war. Clarissa dachte, sie hätte unter ihrer Würde geheiratet, da ihr Mann — darauf war sie stolz — der Sohn eines Bergmanns war. Jeden Penny, den sie hatten, hatte er verdient. Als kleiner Junge (ihre Stimme zitterte) hatte er große Säcke getragen.

(Und so würde sie, so spürte Peter, Stunde für Stunde weitermachen; der Sohn des Bergmanns; die Leute dachten, sie hätte schlechter geheiratet; ihre fünf Söhne; und was war das andere — Pflanzen, Hortensien, Spritzen, sehr, sehr seltene Hibiskuslilien die nie nördlich des Suezkanals wachsen, aber sie hatte zusammen mit einem Gärtner in einem Vorort in der Nähe von Manchester Beete davon, definitiv Beete, was Clarissa entgangen war, so unmütterlich sie auch war.)

War sie ein Snob? Ja, in vielerlei Hinsicht. Wo war sie die ganze Zeit? Es wurde spät.

„Aber", sagte Sally, „als ich hörte, dass Clarissa eine Party gab, hatte ich das Gefühl, dass ich nicht *kommen konnte* — sie unbedingt wiedersehen musste (und ich wohne in der Victoria Street, praktisch nebenan). Also bin ich einfach ohne Einladung gekommen. Aber", flüsterte sie, „sag es mir, tu es. Wer ist das?"

Es war Mrs. Hilbery, die nach der Tür suchte. Denn wie spät wurde es schon! Und, murmelte sie, als die Nacht später wurde und die Leute gingen, fand man alte Freunde; ruhige Ecken und Winkel; und die schönsten Aussichten. Wussten sie, fragte sie, dass sie von einem verzauberten Garten umgeben waren? Lichter und Bäume und wunderbar glitzernde Seen und der Himmel. Nur ein paar Lichterketten, hatte Clarissa Dalloway gesagt, im Garten hinter dem Haus! Aber sie war eine Zauberin! Es war ein Park... Und sie kannte ihre

Namen nicht, aber sie wusste, dass sie Freunde waren, Freunde ohne Namen, Lieder ohne Worte, immer die besten. Aber es gab so viele Türen, so unerwartete Orte, dass sie den Weg nicht finden konnte.

„Alte Mrs. Hilbery ", sagte Peter; aber wer war das? Diese Dame, die den ganzen Abend wortlos vor dem Vorhang stand? Er kannte ihr Gesicht; brachte sie mit Bourton in Verbindung. Sicherlich hat sie früher am großen Tisch am Fenster Unterwäsche zerschnitten? Davidson, war das ihr Name?

„Oh, das ist Ellie Henderson", sagte Sally. Clarissa war wirklich sehr hart zu ihr. Sie war eine Cousine, sehr arm. Clarissa *war* hart zu den Menschen.

Sie war eher, sagte Peter. Und doch, sagte Sally auf ihre emotionale Art, mit einem Anflug jener Begeisterung, für die Peter sie einst geliebt hatte und die er jetzt ein wenig fürchtete, so überschwänglich, dass sie werden könnte – wie großzügig Clarissa ihren Freunden gegenüber war! und was für eine seltene Eigenschaft man es fand, und wie sie manchmal nachts oder am Weihnachtstag, wenn sie ihre Segnungen zählte, diese Freundschaft an die erste Stelle setzte. Sie waren jung; das war es. Clarissa hatte ein reines Herz; das war es. Peter würde sie für sentimental halten. Das war sie. Denn sie hatte das Gefühl, dass es das Einzige war, was es wert war, gesagt zu werden – was man fühlte. Klugheit war albern. Man muss einfach sagen, was man gefühlt hat.

„Aber ich weiß nicht", sagte Peter Walsh, „was ich fühle."

Armer Peter, dachte Sally. Warum kam Clarissa nicht und redete mit ihnen? Das war es, wonach er sich sehnte. Sie wusste es. Die ganze Zeit über dachte er nur an Clarissa und fummelte mit seinem Messer herum.

Er habe das Leben nicht einfach gefunden, sagte Peter. Seine Beziehungen zu Clarissa waren nicht einfach gewesen. Es habe sein Leben ruiniert, sagte er. (Sie waren so intim gewesen – er und Sally Seton, es war absurd, es nicht zu sagen.) Man könne nicht zweimal verliebt sein, sagte er. Und was konnte sie sagen? Dennoch ist es besser, geliebt zu haben (aber er würde sie für sentimental halten – er war früher so scharfsinnig). Er muss kommen und bei ihnen in Manchester bleiben. Das ist alles sehr wahr, sagte er. Alles sehr wahr. Er würde gerne kommen und bei ihnen bleiben, sobald er in London getan hätte, was er tun musste.

Und Clarissa hatte sich mehr um ihn gekümmert als jemals zuvor um Richard. Sally war davon überzeugt.

"Nein nein Nein!" sagte Peter (Sally hätte das nicht sagen sollen – sie ging zu weit). Dieser gute Kerl – da war er am Ende des Raumes und hielt wie immer seine Stimme, der liebe alte Richard. Mit wem hat er gesprochen? fragte Sally, dieser sehr vornehm aussehende Mann? Sie lebte in der Wildnis und hatte eine unstillbare Neugier, zu wissen, wer die Menschen waren. Aber Peter wusste es nicht. Sein Aussehen gefiel ihm nicht, sagte er, wahrscheinlich ein Kabinettsminister . Von allen schien ihm Richard der Beste zu sein, sagte er – der Desinteressierteste.

„Aber was hat er getan?" fragte Sally. Öffentliche Arbeit, vermutete sie. Und waren sie glücklich zusammen? fragte Sally (sie selbst war äußerst glücklich); denn, wie sie zugab, wusste sie nichts über sie, sondern zog nur voreilige Schlüsse, wie man es eben tut, denn was kann man schon über die Menschen wissen, mit denen man jeden Tag zusammenlebt? Sie fragte. Sind wir nicht alle Gefangene? Sie hatte ein wunderbares Theaterstück über einen Mann gelesen, der an der Wand seiner Zelle kratzte, und sie hatte gespürt, dass das auch auf das Leben zutraf – einer, der an der Wand kratzte. Aus Verzweiflung über menschliche Beziehungen (Menschen waren so schwierig) ging sie oft in ihren Garten und schöpfte aus ihren Blumen einen Frieden, den ihr weder Männer noch Frauen gaben. Aber nein; er mochte keinen Kohl; Er bevorzuge Menschen, sagte Peter. „In der Tat sind die Jungen wunderschön", sagte Sally und beobachtete Elizabeth, wie sie den Raum durchquerte. Wie anders als Clarissa in ihrem Alter! Konnte er etwas aus ihr machen? Sie würde ihre Lippen nicht öffnen. Nicht viel, noch nicht, gab Peter zu. Sie sei wie eine Lilie, sagte Sally, eine Lilie am Rand eines Teiches. Aber Petrus stimmte nicht zu, dass wir nichts wissen. Wir wissen alles, sagte er; zumindest tat er es.

Aber diese beiden, flüsterte Sally, diese beiden, die jetzt kommen (und sie muss wirklich gehen, wenn Clarissa nicht bald kommt), dieser vornehm aussehende Mann und seine eher gewöhnlich aussehende Frau, die mit Richard gesprochen hatten – was konnte man schon wissen Solche Leute?

„Dass sie verdammte Humbugs sind", sagte Peter und sah sie beiläufig an. Er brachte Sally zum Lachen.

Aber Sir William Bradshaw blieb an der Tür stehen, um sich ein Bild anzusehen. Er suchte in der Ecke nach dem Namen des Graveurs. Seine Frau sah auch aus. Sir William Bradshaw interessierte sich sehr für Kunst.

Als man jung war, sagte Peter, war man zu aufgeregt, um Leute kennenzulernen. Nun, die eine war alt, zweiundfünfzig, um genau zu sein (Sally war körperlich fünfundfünfzig, sagte sie, aber ihr Herz war wie das eines zwanzigjährigen Mädchens); Jetzt, wo man reif sei, sagte Peter, könne man zusehen, man könne verstehen, und man verliere nicht die Kraft des Gefühls, sagte er. „Nein, das stimmt", sagte Sally. Sie empfand jedes Jahr tiefer und leidenschaftlicher. Es nahm zu, sagte er, leider vielleicht, aber man sollte darüber froh sein – seiner Erfahrung nach nahm es immer weiter zu. Es gab jemanden in Indien. Er möchte Sally von ihr erzählen. Er möchte, dass Sally sie kennenlernt. Sie sei verheiratet, sagte er. Sie hatte zwei kleine

Kinder. Sie müssen alle nach Manchester kommen, sagte Sally – er muss es versprechen, bevor sie gehen.

Da ist Elizabeth, sagte er, sie empfindet nicht halb so viel wie wir, noch nicht. Aber, sagte Sally, als sie beobachtete, wie Elizabeth zu ihrem Vater ging, man kann sehen, dass sie einander ergeben waren. Sie konnte es an der Art spüren, wie Elizabeth zu ihrem Vater ging.

Bradshaws sprach , und er hatte bei sich gedacht: Wer ist dieses hübsche Mädchen? Und plötzlich wurde ihm klar , dass es seine Elisabeth war, und er hatte sie nicht erkannt , sie sah in ihrem rosa Kleid so hübsch aus! Elizabeth hatte gespürt, wie er sie ansah, als sie mit Willie Titcomb sprach. Also ging sie zu ihm und sie standen zusammen, jetzt, da die Party fast vorbei war, und sahen zu, wie die Leute gingen und die Räume immer leerer wurden und die Dinge auf dem Boden verstreut waren. Sogar Ellie Henderson ging fast zuletzt, obwohl niemand mit ihr gesprochen hatte, aber sie wollte alles sehen, um es Edith zu erzählen. Und Richard und Elizabeth waren ziemlich froh, dass es vorbei war, aber Richard war stolz auf seine Tochter. Und er hatte es ihr nicht sagen wollen, aber er konnte nicht anders, als es ihr zu sagen. Er habe sie angeschaut, sagte er, und er habe sich gefragt: Wer ist dieses hübsche Mädchen? und es war seine Tochter! Das hat sie glücklich gemacht. Aber ihr armer Hund heulte.

„Richard hat sich verbessert. Du hast recht", sagte Sally. „Ich werde gehen und mit ihm reden. Ich werde gute Nacht sagen. „Was bedeutet das Gehirn", sagte Lady Rosseter und stand auf, „im Vergleich zum Herzen?"

„Ich werde kommen", sagte Peter, blieb aber einen Moment sitzen. Was ist dieser Terror? Was ist das für eine Ekstase? dachte er sich. Was erfüllt mich mit außergewöhnlicher Begeisterung?

Es ist Clarissa, sagte er.

Denn da war sie.

DAS ENDE

* 9 7 8 9 3 5 9 9 4 0 6 1 8 *